TOME 3

action
liaison 1

FRANÇAIS, 1re SECONDAIRE

Huguette Desrochers-Meury

Ginette Lavoie
Andrée Marcotte
Claire-Andrée Dorval

en collaboration avec

Suzanne Chénard
Ghislaine Desjardins
Diane L'Ecuyer

Éditions HRW
Groupe Éducalivres inc.
955, rue Bergar
Laval (Québec) H7L 4Z6
Téléphone : (514) 334-8466
Télécopieur : (514) 334-8387
Internet : http://www.educalivres.com

Remerciements

Pour leur travail de vérification scientifique du manuel
Action liaison 1, l'Éditeur témoigne sa gratitude à
Mme Sylvie Viola ;
M. Marcel Robillard, conseiller pédagogique,
Commission scolaire des Trois-Lacs.

Pour leurs judicieux commentaires, remarques
et suggestions à l'une ou l'autre des étapes du projet,
l'Éditeur tient à remercier
M. Jacques Boisvert, École secondaire Grande-Rivière ;
Mme Michèle Desrosiers, École secondaire de Rochebelle ;
Mme Marie-Rose Dessurault ;

Mme Reine Gendron, École secondaire Massey-Vanier ;
M. Jean-Denis Gosselin, Polyvalente Honoré-Mercier ;
Mme Hélène Guérard, École secondaire de Rochebelle ;
Mme Maryse Mack, École Marguerite-de-Lajemmerais ;
Mme Chantal Majeau, École de l'Odyssée ;
Mme Édith Shannon, École Mgr-de-Laval.

Pour leur précieuse collaboration à la recherche de textes,
l'Éditeur remercie également
Mme Carole Lefebvre ;
M. Yves Lizotte.

TOME 3

action liaison 1

FRANÇAIS, 1re SECONDAIRE

Collaboratrice : Brigitte Belzile

Ce livre est imprimé sur un papier « Éduco satin blanc bleuté ». Fabriqué par Rolland inc., Groupe Cascades Canada, ce papier contient 30 % de fibres recyclées de postconsommation et n'est pas blanchi au chlore atomique.

CODE PRODUIT 2533
ISBN 0-03-927741-0

Dépôt légal — 4e trimestre
Bibliothèque nationale du Québec, 1997
Bibliothèque nationale du Canada, 1997

Imprimé au Canada
2 3 4 5 6 7 8 9 S 6 5 4 3 2 1 0 9 8

Table des matières

La structure de ton manuel VII

THÈME 13
La langue française VIII

👁 LECTURE

Amorce.. 404
Je planifie ma lecture 404
Je lis.. 404
   Une langue vivante 405
   La subversion créatrice
     d'Anne-Marie Alonzo 408
Je construis le sens du texte................... 409
Je réagis au texte 410
  🔑 Halte savoir-faire :
    Les textes littéraires et courants 411
      Des mots pour rêver de Georges Jean........ 411
      Avec des mots… de Georges Jean 411
J'évalue ma démarche de lecture 413

☀ CONNAISSANCES

Lexique
   Synonymes, antonymes,
   homonymes, paronymes.......................... 414
     Homonymes de Maurice Carême 414
Grammaire du texte
   La cohérence et la progression 417
     Le dernier vol de l'engoulevent
      de Francine Allard 419
     Le perroquet qui bégayait
      d'Alfred Hitchcock 419
     La tête pour penser de Gianni Rodari 421
Grammaire de la phrase
   Les pronoms et la reprise de l'information........... 421
Orthographe grammaticale
   Les pronoms référents et les participes passés........ 422
Orthographe d'usage
   Le doublement de consonnes 425

✏ ÉCRITURE

Amorce.. 426
Je prépare la production de mon texte 426
   Poésie et *Pot et scie* de Pef....................... 426
   L'adversité de Marc Favreau 427

Je planifie la production de mon texte 428
   Les hiboux de Robert Desnos 430
Je rédige... 431
Je révise 431
J'évalue ma démarche d'écriture...................... 431

🎙 COMMUNICATION ORALE

Amorce.. 432
Je lis.. 432
   La fille de 3e B de Christian Grenier.................. 432
Je planifie ma présentation........................ 433
J'ai lu l'extrait : j'en parle 434
Je réagis au texte 434
Je prépare ma présentation........................ 435
Je m'exerce et j'ajuste ma présentation 435
Je présente mes propos............................ 436
J'évalue ma présentation 436
  🔑 Halte plaisir 437

THÈME 14
Les inventions 438

👁 LECTURE

Amorce.. 440
Je planifie ma lecture 440
Je lis.. 441
   Fichez-moi la paix! de Briac 441
Je construis le sens du texte...................... 443
Je réagis au texte 444
  🔑 Halte savoir-faire : J'apprends à reconnaître
    les marques d'organisation dans un texte........ 445
     Entre deux temps de Louise Lévesque 446
Je planifie ma lecture 450
Je lis.. 450
   Trois inventeurs.................................... 450
Je construis le sens du texte...................... 452
Je réagis au texte 453
   Une gomme à effacer liquide........................ 453
J'évalue ma démarche de lecture 454

☀ CONNAISSANCES

Lexique
   Les familles de mots
   (connotation et dénotation) 456

Grammaire du texte
Le système des temps verbaux 458

Grammaire de la phrase
La subordonnée circonstancielle de temps 460

Orthographe grammaticale
Les adverbes 463

La machine à beauté
de Raymond Plante 463

Orthographe d'usage
Les abréviations 466

ÉCRITURE

Amorce 468
Je prépare la production de mon texte 468
Je planifie la production de mon texte 468
Je rédige 469
Je révise 470
J'évalue ma démarche d'écriture 470
Halte plaisir 471

THÈME 15

Les sports 472

LECTURE

Amorce 474
Je planifie ma lecture 474
Je lis 475
La mort suspendue de Joe Simpson 475
Je construis le sens du texte 478
Je réagis au texte 480
Je planifie ma lecture 480
Je lis 480
Chantal Petitclerc : un exemple de courage 481
Je construis le sens du texte 482
Je réagis au texte 483
Halte savoir-faire :
J'apprends à reconnaître les différentes
formes d'organisation de textes courants 484
Le surf des neiges 485
La planche à roulettes 486
Le BMX acrobatique 486
J'évalue ma démarche de lecture 487

CONNAISSANCES

Lexique
Le procédé de l'antonymie 488

Grammaire du texte
Le système des temps verbaux 489

Premier kyu : seconde ceinture marron
de Nicholas Walker 489
La Grèce antique 492

Grammaire de la phrase
La phrase non verbale 492
Le déterminant complexe 494

Orthographe grammaticale
Le pluriel des noms en « s », « x », « z »,
« al », « au », « eu », « eau », « ail » et « ou » .. 495

Orthographe d'usage
Les lettres « c » et « g » devant une voyelle
La lettre « m » devant « b », « m » et « p » 497

ÉCRITURE

Amorce 499
Je prépare la production de mon texte 499
Je planifie la production de mon texte 501
Je rédige 501
Je révise 502
J'évalue ma démarche d'écriture 502
Halte plaisir 503

THÈME 16

Le cinéma RENFORCEMENT 504

LECTURE

Amorce 506
*Quand le cinéma s'appelait
le cinématographe* 507
Matusalem de Roger Cantin 510
Faire du cinéma 514
La comédienne disparue de Sonia Sarfati 515
L'équipe de tournage   Qui fait quoi ? 517
J'évalue mes connaissances 519
Halte plaisir 521

THÈME 17

La poésie 522

LECTURE

Amorce 524
Je planifie ma lecture 524
Je lis 524
Jaune et blanc de Monique Proulx 525
Je construis le sens du texte 529
Écrire un poème d'Anne Hébert 531

Je planifie ma lecture 531
Quand Rose va chez son fils
de Marie Michèle Desrosiers........................ 531
Je construis le sens du texte 532
L'étrangère de Gabriela Mistral..................... 533
Je construis le sens du texte 534
Je réagis aux textes 534
🔑 Halte savoir-faire :
Différencier la poésie de la prose 535
Le bourgeois gentilhomme de Molière....... 535
Béatrice d'Émile Nelligan 536
Le bestiaire : la carpe
de Guillaume Apollinaire 536
Le léopard de Robert Desnos 536
La rose de Robert Desnos 536
J'évalue ma démarche de lecture 537

☀ **CONNAISSANCES**

Lexique
Les mots-valises 538
Grammaire du texte
Le point de vue 539
Touche pas de Judi Richards et Pierre Légaré ... 540
L'organisation du texte poétique 541
Chansonnette de Cécilia Meireles 541
Grammaire de la phrase
Le groupe adjectival (GAdj) 542
Orthographe grammaticale
L'accord de l'adjectif............................... 545
Orthographe d'usage
Autopsie d'un texte 546
Une ardente patience d'Antonio Skarméta..... 546

✎ **ÉCRITURE**

Amorce... 548
Je prépare la production de mon texte 548
Je planifie la production de mon texte 549
Je rédige.. 549
Je révise 550
J'évalue ma démarche d'écriture..................... 550

🗣 **COMMUNICATION ORALE**

Amorce... 551
Y a les mots de Francine Raymond 551
Je planifie ma présentation.......................... 551
Je présente mes propos 552
J'évalue ma présentation 552
🖌 Halte plaisir 553

THÈME 18
L'informatique 554

👁 **LECTURE**

Amorce... 556
Je planifie ma lecture 556
Je lis... 557
La route du futur.................................. 557
Je construis le sens du texte 559
Je réagis au texte 560
🔑 Halte savoir-faire : Les formes de discours
rapporté : le discours direct et indirect 561
J'évalue ma démarche de lecture 562

☀ **CONNAISSANCES**

Lexique
La synonymie et l'antonymie........................ 563
Grammaire du texte
La reprise de l'information : la substitution 565
L'infographie : au service du cinéma............ 566
Grammaire de la phrase
La subordonnée circonstancielle
de temps et les indices de temps 568
Orthographe grammaticale
L'accord du verbe avec le sujet 570
Orthographe d'usage
La révision de l'orthographe d'usage................. 573

✎ **ÉCRITURE**

Amorce... 575
Je prépare la production de mon texte 575
Jiwa et Ariane de Nadya Larouche 575
Je planifie la production de mon texte 579
Je rédige.. 579
Je révise 580
J'évalue ma démarche d'écriture..................... 580
🖌 Halte plaisir 581

THÈME 19
Les animaux 582

👁 **LECTURE**

Amorce... 584
Je planifie ma lecture 584
Je lis... 585
Le loup solitaire de Claude Arbour 585
Je construis le sens du texte.......................... 588

Je planifie ma lecture 590
Je lis.. 590
   Le loup et l'agneau de Jean de La Fontaine 590
Je construis le sens du texte.................... 591
Je réagis aux textes 592
J'évalue ma démarche de lecture 592

☀ CONNAISSANCES

Lexique
   La dérivation et la composition 594
     Loup, qui es-tu?.................................... 594
Grammaire du texte
   Les discours rapportés 596
     Baleines en péril................................... 596
     Le livre de la jungle de Rudyard Kipling........ 598
Grammaire de la phrase
   Place et organisation
   de la subordonnée dans la phrase 598
Orthographe grammaticale
   L'accord du verbe avec différents sujets 600
Orthographe d'usage
   Les règles d'usage 602
     Bye Bye Chaperon rouge
     de Viviane Julien 602

✎ ÉCRITURE

Amorce.. 604
Je prépare la production de mon texte 604
   Maïna de Dominique Demers.................... 604
Je planifie la production de mon texte 607
Je rédige... 607
Je révise 608
J'évalue ma démarche d'écriture.................... 608
   Halte plaisir 609

THÈME 20
Les vacances 610

👁 LECTURE

Amorce.. 612
Je lis.. 612
   Des vacances dans l'espace 612
   La guerre des mouches!........................ 615
   Comme la fleur du nénuphar
   de Madeleine Arsenault 618
J'évalue mes connaissances.................... 622
Je fais le bilan de mes connaissances.................... 622

✎ ÉCRITURE

Amorce.. 624
Je prépare la production de mon texte 624
   En sortant de l'école de Jacques Prévert............. 624
Je planifie la production de mon texte 626
Je rédige... 626
Je révise 627
Je prépare la production de mon texte 627
Je planifie la production de mon texte 628
Je rédige... 628
Je révise 629
J'évalue ma démarche d'écriture.................... 629
   Halte plaisir 630

La trousse 631
Index général.. 645
Index des œuvres................................... 647
Index des auteurs et auteures 647
Références bibliographiques.................... 648
Crédits photographiques...................... 650

Mieux parler la langue française et mieux l'écrire, voilà un défi que tu veux sûrement relever et qui suscitera en toi beaucoup de fierté.

L'effort que tu fournis et le goût pour la lecture que tu développes t'incitent à réfléchir sur tes apprentissages et à les approfondir.

Je te sais capable de m'étonner et d'aller au-delà des attentes des gens qui t'entourent. Pourquoi ? Tout simplement parce que tu prends une part active à ta formation. Mes collaboratrices et moi sommes très fières de toi et nous t'encourageons à continuer.

L'année s'achève. Bientôt tu pourras te reposer, rire, rêver et voyager. Je te souhaite des vacances réjouissantes.

L'auteure

La structure de ton manuel

LE PREMIER TOME

Les cinq thèmes du premier tome t'ont fourni davantage de renseignements sur la mémoire, l'école, l'organisation, le travail d'équipe et le plaisir de lire et d'écrire. Les différents sujets t'ont également permis de te familiariser avec des outils de travail qui te seront toujours utiles.

LE DEUXIÈME TOME

Le deuxième tome t'a permis d'explorer des sujets variés, tels que l'humour, la musique, les inventions et le sport, et de côtoyer diverses personnalités.

LE TROISIÈME TOME

Le troisième tome te fera parcourir des mondes différents. Tout le long de ton itinéraire, tu découvriras les origines de la langue française, tu connaîtras des inventeurs renommés et d'autres qui ont ton âge, tu exploreras le merveilleux monde du cinéma et celui des sports extrêmes. Par la suite, tu éprouveras les plaisirs que la chanson, la poésie, ta poésie... peuvent te procurer.

Tu es un ou une adepte de l'informatique et de la science-fiction ? Alors, il t'intéressera sûrement de traiter de cette forme de mémoire ou d'intelligence. Le monde des animaux, et plus particulièrement celui du loup, te permettra d'approfondir tes connaissances et d'en acquérir de nouvelles.

Enfin, il sera temps d'organiser tes vacances. Des vacances pendant lesquelles tu pourras te détendre, rire, t'amuser, voyager, lire et écrire. Pourquoi pas ? Après une année aussi remplie, tu les auras bien méritées. Bon été !

THÈME 13

La langue française

ITINÉRAIRE

À la fin de ce thème,
tu devrais être capable :

- de reconnaître les structures
d'un texte descriptif et d'en
faire le schéma ;

- de reconnaître les éléments
de la description ;

- d'identifier les sous-aspects
d'un texte descriptif ;

- de distinguer les textes
littéraires des textes
courants ;

- de rédiger un texte ludique
ou poétique ;

- d'observer la cohérence
d'un texte assurée
par la disposition
graphique, les signes
et les procédés typogra-
phiques, les intitulés,
les paragraphes ;

- de te situer par rapport aux
textes lus et d'établir des
comparaisons entre eux ;

- d'identifier les différents
pronoms ;

- d'accorder le participe
passé avec le pronom
complément ;

- de repérer et de corriger
les erreurs causées par le
doublement ou l'absence
de doublement des
consonnes dans un mot.

- de t'exprimer oralement
sur une œuvre en
comparant tes sentiments
et tes opinions avec ceux
d'un personnage.

POINT DE RALLIEMENT

1 Sais-tu quels sont les premiers mots que tu as prononcés ?

2 Te souviens-tu de tes premières comptines, de tes premières chansons ?

3 As-tu l'impression de maîtriser de mieux en mieux ta langue ?

4 Quelle importance a la langue française dans ta vie personnelle et scolaire ?

5 Connais-tu des gens dont le métier est de créer des images, de jongler avec les mots, de les agencer, de les corriger, de les enseigner ?

6 Prends une feuille et réponds aux questions suivantes par deux mots.

a) Quels sont tes mots préférés ?

b) Quels mots détestes-tu ?

c) Quels mots te font du bien ?

d) Quels mots te font du mal ?

e) Quels mots te font rêver ?

f) Quels mots te font vivre ?

g) Quels mots te stimulent ?

h) Quels mots aimes-tu répéter ?

i) Quels mots te font rire ?

j) Quels mots te font danser ?

7 Parmi les mots que tu as écrits, choisis-en 10 et rédige un court texte dans lequel tu expliqueras les raisons de ton choix. Ton texte peut être humoristique et fantaisiste.

MISE EN COMMUN

1 **a)** Partage avec quelques camarades les mots que tu as choisis.

b) Y a-t-il des ressemblances et des différences entre tes mots et ceux de tes camarades ?

c) Y a-t-il des mots parmi ceux rédigés par tes camarades qui t'étonnent ou que tu aimes beaucoup ? Lesquels ? Explique pourquoi.

2 Avec tes camarades, classe les mots trouvés dans les catégories suivantes : rêve, amitié, souffrance, rire, amour.

3 En utilisant les mots mis en commun, rédige avec tes camarades un texte poétique que l'un de vous lira ensuite à l'ensemble de la classe.

Amorce

La langue, c'est beaucoup plus qu'une série de mots et de règles qui la régissent. Elle renferme toute la vie, toute la culture, toute la personnalité d'un peuple. C'est la langue qui te permet d'exprimer tes désirs, tes joies, tes peines. Sans elle, il te faudrait réinventer tes façons de communiquer avec les autres.

C'est justement au contact de différents peuples que s'est développé le français que tu connais aujourd'hui. Le français est une langue vivante qui ne cesse de se modifier. Il est parlé dans plusieurs pays et possède une littérature riche et variée qui s'exprime de bien des façons.

Je planifie ma lecture

1 Quelles langues sont à l'origine du français? Comment le sais-tu?

2 Depuis quand (quel siècle) le français tel que tu le connais existe-t-il?

3 Le français (écrit et parlé) a donné naissance à plusieurs genres littéraires. Nomme ceux que tu connais.

4 Sais-tu ce qu'est un best-seller? Nommes-en un.

5 Observe le texte des pages 405 à 408 et relève les organisateurs graphiques qu'il contient.

6 Quel type de texte liras-tu?

7 Dans quelle intention ce texte a-t-il été écrit? Et toi, dans quelle intention liras-tu ce texte?

Je lis

Lis le texte « Une langue vivante » en faisant une pause après chaque section. Pose-toi la question suivante : « Qu'est-ce que j'ai appris de nouveau dans cette section? » Note tes nouvelles connaissances au fur et à mesure de ta lecture.

Une langue vivante

1 Toute langue a une histoire, intimement liée à celle des hommes qui la parlent. L'histoire de la langue française reflète l'histoire de la France. Elle commence avec la venue des peuples que les Romains ont appelés *Galli* : les Gaulois. Elle évolue ensuite sous l'influence des hommes qui se sont installés tour à tour sur le territoire. La plus évidente manifestation de l'évolution de la langue est la littérature, qui peut prendre plusieurs formes.

À L'ORIGINE : LE LATIN

2 Ce n'est pas le latin classique, mais la langue des soldats et des marchands romains, c'est-à-dire le *latin vulgaire* ou *roman commun,* qui s'est imposée en Gaule au début de l'ère chrétienne. Seuls quelques mots subsistent de l'ancienne langue celtique.

3 À partir du 5e siècle, des éléments nouveaux – apports des civilisations barbares qui envahissent notre pays – enrichissent la langue et la transforment.

LANGUE D'OC ET LANGUE D'OÏL

4 Au Moyen Âge, on appelle *langue d'oc* les dialectes issus du latin et parlés au sud de la Loire, et *langue d'oïl* ceux parlés au nord (*oc* et *oïl* étant les deux façons de prononcer *oui* dans le midi et dans le nord de la France).

5 Le *francien,* dialecte parlé en Île-de-France, dans le domaine royal, appartient à la langue d'oïl. C'est lui qui devient la langue littéraire puis politique de la France.

je fouille dans ma mémoire

Astérix et Obélix étaient des Gaulois qui combattaient les Romains. Le cadre historique de cette bande dessinée est réel.

carnet-info

Quand tu parles avec tes amis et tes amies, tu utilises un langage différent de celui que tu utiliserais si tu rencontrais un personnage important. Il est normal d'utiliser différents niveaux ou registres de langue. Le latin vulgaire était le latin parlé tous les jours par la population.

carnet-info

Existe-t-il des mots latins encore employés en français ?

Oui, et des mots très courants, comme « villa », « album », « aquarium », « maximum »...

Beaucoup d'autres mots utilisés dans le français moderne ont pour origine :

- le gaulois : bec, borne...
- le grec : alphabet, athlète...
- le germanique : guerre, robe...
- l'italien : piano, balcon...
- l'arabe : café, sirop, zéro...
- l'anglais : standard, bouledogue...

842 : LE PREMIER TEXTE ÉCRIT EN FRANÇAIS

6 C'est le *Serment de Strasbourg* qui scelle l'alliance entre Charles le Chauve et Louis le Germanique contre leur frère Lothaire.

7 Le français de ce texte est encore très proche du latin.

DE L'ANCIEN FRANÇAIS AU FRANÇAIS MODERNE

8 Sans perdre ses origines latines, notre langue évolue au long des siècles. Son écriture au 12e siècle était assez simple : on notait toutes les lettres prononcées. Ce sont les scribes qui, au siècle suivant, pour des raisons d'honoraires, la compliquent. Une grande fantaisie règne alors. Il y a des mots qui s'écrivent de dix façons différentes !

9 Au 16e siècle, Robert Estienne essaie de régulariser l'orthographe en se référant à l'origine des mots. Mais ce n'est qu'en 1835 que l'Académie française rendra ces règles officielles. [...]

LE FRANÇAIS DANS LE MONDE ACTUEL

10 C'est la langue usuelle de 90 millions de personnes.

QU'APPELLE-T-ON « LITTÉRATURE » ?

11 C'est l'ensemble des œuvres écrites qui reflètent une culture. Ainsi, les œuvres contemporaines et celles qui, depuis la *Chanson de Roland* (Moyen Âge), ont survécu à travers les siècles constituent la littérature française.

DE L'ORAL À L'ÉCRIT

12 Légendes, contes, récits, traditions se sont d'abord transmis par la parole. Une *littérature orale* a précédé, précède encore parfois, la *littérature écrite*.

13 C'est surtout à partir du 15e siècle, grâce à l'utilisation de l'imprimerie, que les œuvres littéraires sont largement diffusées et mieux connues.

L'ÉCRIVAIN ET LE LANGAGE

14 Tout écrit n'est pas œuvre littéraire. Seuls quelques auteurs, artistes du langage, parviennent à traduire avec justesse, originalité, éclat, les grands thèmes marquant les préoccupations de leur époque (vie, mort, amour, haine...).

15 Chaque siècle connaît ses grands écrivains qui assurent, à travers le temps, la continuité de la vie littéraire. [...]

LES GENRES LITTÉRAIRES

16 Ils sont nombreux et se distinguent par le sujet traité ou la manière de le traiter. Parmi eux :

17 Le *roman* : c'est le genre le plus populaire. C'est une œuvre d'imagination. L'auteur fait vivre des personnages, peint leurs sentiments, leurs passions, leurs aventures. Il existe des romans policiers, historiques, sentimentaux, de science-fiction, d'espionnage...

18 La *nouvelle* : c'est un roman court.

19 L'*essai* : l'auteur livre brièvement ses impressions sur un sujet précis.

20 Le *pamphlet* est un écrit satirique.

21 Le *journal* rend compte de faits quotidiens dont l'auteur est le témoin.

22 Les *mémoires* sont des récits d'événements auxquels l'auteur a participé. On peut encore citer les *maximes*, les *lettres*, les *souvenirs*...

carnet-info

Les genres littéraires comprennent aussi les biographies, les recueils de poésie, les bandes dessinées...

UNE LITTÉRATURE UNIVERSELLE

23 Les écrits de certains auteurs franchissent les frontières. Il en est ainsi de nombreux chefs-d'œuvre de la littérature française traduits à l'étranger. De même [...], nous pouvons connaître et apprécier la littérature *russe* (Tolstoï, Dostoïevski), *allemande* (Goethe), *italienne* (Dante), *espagnole* (Cervantès), *anglaise* (Shakespeare, Dickens, Kipling), *américaine* (London, Steinbeck, Faulkner, Hemingway)...

DES LIVRES DOCUMENTAIRES

24 Un grand nombre d'ouvrages – encyclopédies, dictionnaires, manuels scolaires, guides pratiques – ne « racontent pas d'histoires ». Ils sont essentiellement destinés à apporter la connaissance.

DES LIVRES PARTOUT

25 La création et le développement de nombreuses bibliothèques dans les villes, dans les campagnes, dans la plupart des établissements scolaires, rendent possible l'accès

aux livres pour tous et pour un moindre coût. Même les habitants des lieux les plus retirés peuvent bénéficier d'un service de prêt grâce au *bibliobus* [...].

LES « BEST-SELLERS »

26 C'est le nom donné à certains ouvrages qui connaissent une importante diffusion, «ceux qu'on vend le mieux». Ainsi, la *Bible*, traduite en *1685 langues*, a été tirée à 3 milliards d'exemplaires du début du 19ᵉ siècle jusqu'à nos jours. *Autant en emporte le vent*, de la romancière américaine Margaret Mitchell, est un «best-seller» contemporain.

27 La langue parlée au Québec a évolué différemment, ce qui lui a permis d'élaborer un vocabulaire qui lui est propre (québécismes). Cependant, dans un monde de communication et de mondialisation, le français international reste le dénominateur commun de toute la francophonie. La littérature québécoise (Marie-Claire Blais, Anne Hébert, Michel Tremblay...) fait aussi partie de la grande famille littéraire française. ■

ANNE-MARIE ALONZO
Anne-Marie Alonzo est née à Alexandrie, en Égypte, le 13 décembre 1951. Elle vit au Québec depuis 1963. Connaissant plusieurs langues, elle choisit le français comme langue d'écriture. Cette auteure a écrit treize livres, dont Bleus de mine *qui lui a valu le prix Émile-Nelligan. Son style d'écriture est très intimiste et poétique. À l'adolescence, elle subit un accident de voiture qui la rendra handicapée. Anne-Marie Alonzo est cofondatrice et codirectrice des Éditions Trois et de la revue que celles-ci publient. Elle est également directrice d'une entreprise de livres-cassettes. Anne-Marie Alonzo, une femme et une auteure à découvrir!*

Pour certaines personnes qui ont dû émigrer, la langue parlée est une langue de choix et non une langue maternelle. Vois, dans le texte suivant, ce qu'en dit Anne-Marie Alonzo, immigrante égyptienne au Québec.

La subversion créatrice

1 *Écrire maintenant en français, choisir cette langue d'écriture, de travail, se vouloir subversive, créatrice, marginale, ne pas renier l'arabe ou l'allemand mais choisir le français. Le choisir comme on déguste un mets, un plaisir, une tendresse.*

2 *Choisir la langue, c'est s'y intéresser dans l'instant, la vouloir autre et semblable à la fois, écrite aussi dans cet élan, ce rythme, cette course unique puisque mienne avant tout.*

3 *Se souvenir alors du choc des lectures premières, s'être dit :
je veux écrire comme on dit je veux vivre. Je n'ai pas
d'autre choix !*

4 *Choisir – puisque c'est le mot voulu – est convenir, dès
le début, que ce choix se fait AVANT la réflexion, AVANT
la conscience, avant même le savoir que l'écriture peut
advenir, peut devenir.*

5 *Je ne me suis pas intéressée à la langue et la littérature,
elles, de connivence et commun accord m'ont happée, ont
fait de moi leur encre.*

6 *Aujourd'hui, tout simplement, j'écris.*

7 *Le reste importe peu.* ♣

(Anne-Marie Alonzo)

Je construis le sens du texte

Les numéros 1 à 3 et 6 à 10 portent sur le texte « Une langue vivante ».

1 À quel siècle l'ère chrétienne débute-t-elle ?

2 Quelle langue les troubadours du Moyen Âge qui vivaient dans le sud de la France parlaient-ils ?

3 **a)** À quel siècle le premier texte écrit en français remonte-t-il ? Quel était ce texte ?

b) Est-ce une nouvelle information pour toi ?

4 Nomme cinq pays actuels où le français est utilisé. Comment as-tu trouvé la réponse ?

5 **a)** Sur une carte géographique, qu'est-ce qui te permet de calculer la distance d'un point à un autre ?

b) Qu'est-ce qui te permet de comprendre la signification des couleurs ou des symboles utilisés ?

6 **a)** Quelle invention a permis la diffusion de la littérature écrite ?

b) La littérature existait-elle avant cette invention ? Sous quelle forme ?

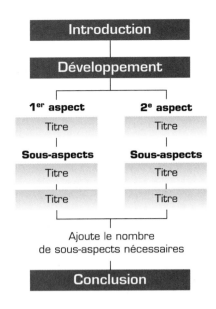

Introduction

Développement

1er aspect   **2e aspect**

Titre   Titre

Sous-aspects   **Sous-aspects**

Titre   Titre

Titre   Titre

Ajoute le nombre
de sous-aspects nécessaires

Conclusion

7 Comment l'auteur du texte « Une langue vivante » classe-t-il les livres qui ont pour intention d'informer le lecteur ou la lectrice ?

8 **a)** Ce texte aborde deux grands aspects. Lesquels ?

b) Quelle phrase du premier paragraphe annonce deux sous-aspects ?

c) Donne un titre à chacun de ces aspects.

d) Quels paragraphes inclurais-tu dans le premier aspect ?

9 En fonction des divisions trouvées au numéro précédent, construis le schéma de ce texte. Inspire-toi du schéma ci-contre.

10 Quel élément nouveau te dévoile la conclusion ? Donne un titre à cette conclusion.

11 Dans le texte « La subversion créatrice », par quelles expressions Anne-Marie Alonzo explique-t-elle l'importance vitale de la langue dans nos vies ?

Je réagis au texte

1 Reprends tes réponses aux questions de l'étape *Je planifie ma lecture* (page 404). Compare ce que tu savais déjà avec trois éléments d'information que tu as appris dans le texte « Une langue vivante ».

2 Ce texte n'a peut-être pas répondu à toutes tes questions sur l'histoire de la littérature. Rédige une question que tu te poses encore.

3 **a)** Si ton enseignante ou ton enseignant te demandait de compléter ce texte, quelles autres informations y ajouterais-tu ?

b) Où ajouterais-tu ces informations dans le schéma du numéro 9 ci-dessus ?

4 **a)** Connais-tu des auteurs et des auteures du Québec autres que celui et celles cités dans le texte, au paragraphe 27 ?

b) Nomme un « best-seller » québécois.

5 Dans un court texte de trois lignes, explique pourquoi tu choisirais la langue que tu parles aujourd'hui.

LES TEXTES LITTÉRAIRES ET COURANTS

Les mots sont le principal outil de la langue. Il existe plusieurs façons d'en parler. Lis les trois textes qui suivent.

A

Des mots pour rêver

J'aime les mots! Et vous?

J'aime les mots parce qu'ils me parlent. Je les aime quand ils chantent à mes oreilles. J'aime surtout ceux qui me font rêver. Et parmi tous ces mots, il en est que j'aime plus que d'autres.

J'en ai choisi un certain nombre. Pas tous! Car il m'aurait fallu un trop gros livre. Je vous les présente ici.

Ce sont mes mots. Ce ne sont peut-être pas les vôtres. Mais certains d'entre eux deviendront, j'en suis sûr, vos mots pour rêver. Et vous trouverez dans vos lectures, sur les murs de vos villes ou de vos villages, en écoutant les gens, en regardant vos feuilletons à la télévision, dans vos classes en écoutant vos maîtres, d'autres mots que vous aimerez vous dire, vous murmurer, vous chantonner… sans chercher toujours à les comprendre…

(Georges Jean)

B

Avec des mots…

Des mots pour rêver,
C'est mieux que des choses,
Car avec les mots
On peut fabriquer
Des métamorphoses.
Des mots pour parler,
C'est bien nécessaire;
Mais les mots aussi,
Servent à se taire,
Quand on les traduit
Dans l'imaginaire!

Quand on les écoute
Tout au fond de soi
Et que montent toutes
Les chansons les voix
Celles d'aujourd'hui
Celles d'autrefois
Et pour les enfants
D'ici et d'ailleurs,
Les mots en jouant
Enchantent les heures…

(Georges Jean)

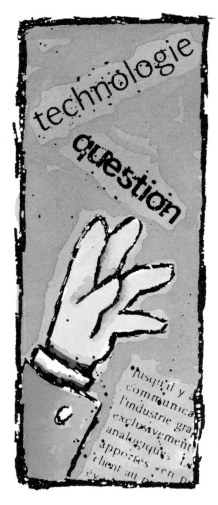

Mot n.m. (bas lat. *muttum*, grognement). **I.** Élément de la langue constitué d'un ou de plusieurs phonèmes et susceptible d'une transcription graphique comprise entre deux blancs. *Mot mal orthographié.* [...] **II. 1.** Petit nombre de paroles, de phrases. *Dire un mot à l'oreille de qqn. Écrire un mot.* [...] **2. a.** Sentence, parole historique. **b.** Parole remarquable par la drôlerie, le bonheur de l'expression, l'invention verbale. *C'est un mot que l'on attribue à plusieurs humoristes. Mot d'auteur.* **3.** INFORM. Élément d'information stocké ou traité d'un seul tenant dans un ordinateur. ■

(Le petit Larousse)

1 Dans quelle intention Georges Jean a-t-il écrit les textes A et B?

2 Qu'est-ce qui différencie ces deux textes?

3 Donne une raison pour laquelle un auteur ou une auteure choisit d'écrire sous la forme d'un poème.

4 Un texte en prose peut-il aussi être poétique? Si tu le peux, explique ta réponse en présentant un titre comme exemple.

5 Dans quelle intention le texte C a-t-il été écrit? Pourquoi lis-tu un texte comme le texte C?

Voici les caractéristiques des différents textes.

Le texte littéraire	Le texte courant
1. L'intention de l'auteur ou de l'auteure est de te raconter quelque chose, d'exprimer des sentiments, des émotions ou de te distraire.	L'intention de l'auteur ou de l'auteure est de t'informer sur quelque chose ou de t'inciter à faire une action.
2. L'auteur ou l'auteure utilise le type de texte narratif, poétique ou dialogal (théâtre).	L'auteur ou l'auteure utilise le type de texte descriptif, explicatif ou argumentatif.
3. Parmi les textes littéraires, tu trouves, par exemple, • le roman (policier, d'amour, de science-fiction, historique, d'espionnage, d'aventures); • la nouvelle; • le conte; • la pièce de théâtre, etc. Ces textes sont en prose ou en vers (poésie).	Dans les textes courants, tu trouves, par exemple, • l'article encyclopédique; • le fait divers; • l'article de dictionnaire; • le texte publicitaire • la recette; • l'éditorial, etc. Ce sont toujours des textes en prose.
4. L'intention du lecteur ou de la lectrice est de se distraire, de connaître des émotions.	L'intention du lecteur ou de la lectrice est de s'informer.

J'évalue ma démarche de lecture

Tu as terminé ta démarche de lecture. C'est le moment d'évaluer tes apprentissages.

1 Le texte « Une langue vivante » t'est-il apparu difficile à lire ? Pourquoi ?

2 Tes difficultés concernent-elles le vocabulaire utilisé ? Si oui, explique ta réponse.

3 Les phrases sont-elles trop longues ?

4 Le texte contient-il trop d'informations nouvelles ?

5 La grille ci-dessous correspond à la numérotation des questions des pages 404 à 410. Reproduis-la et mets un X à côté des numéros des questions auxquelles tu n'as pas répondu correctement.

Je planifie ma lecture			
1 ≈	3 ≈	5 ≈	7 ≈
2 ≈	4 ≈	6 ≈	

Je construis le sens du texte			
1 ≈	4 ≈	7 ≈	10 ≈
2 ≈	5 ≈	8 ≈	11 ≈
3 ≈	6 ≈	9 ≈	

Je réagis au texte		
1 ≈	3 ≈	5 ≈
2 ≈	4 ≈	

6 Maintenant, note les étapes où tu as éprouvé de la difficulté. Demande-toi pourquoi cette partie est plus difficile pour toi.
- Je planifie ma lecture ≈
- Je construis le sens du texte ≈
- Je réagis au texte ≈

7 Trouve des façons de surmonter tes difficultés en lecture, note-les sur une feuille et soumets-les à ton enseignante ou à ton enseignant.

8 Conserve ta feuille pour être en mesure de te souvenir des façons trouvées quand tu en auras besoin. Identifie bien le problème avant d'en écrire la solution.

lexique

Synonymes, antonymes, homonymes, paronymes

Cette leçon est une invitation à jouer avec les mots, avec leurs sens et leur sonorité.

J'observe

1 Lis les phrases suivantes.

- J'entends la sirène de l'ambulance.
- En ville, on a peine à percevoir le chant des oiseaux.
- J'écoute mon émission préférée.

Dans les phrases précédentes, relève trois mots qui ont presque le même sens. Explique les différences de sens qu'il y a entre ces mots.

2 Lis le texte suivant.

Homonymes

Il y a le vert du cerfeuil
Et il y a le ver de terre.
Il y a l'endroit et l'envers,
L'amoureux qui écrit en vers,
Le verre d'eau plein de lumière,
La fine pantoufle de vair
Et il y a moi, tête en l'air,
Qui dit toujours tout de travers. ⚜

(Maurice Carême)

Dans le texte précédent, relève les mots qui se prononcent de la même façon. Trouve la définition de chacun de ces mots.

3 Lis les couples de mots suivants.

- Beau / laid
- Réfléchi / irréfléchi
- Capable / incapable

Quel lien unit ces couples de mots? Note tous les préfixes que tu peux ajouter pour composer le contraire d'un mot.

4 Lis les phrases suivantes.

- Ton travail de français est vraiment original ; es-tu originaire de France ?
- Les soldats souffrant d'amnésie ne se souvenaient pas du jour de l'amnistie.
- Cette grotte regorge de stalactites et de stalagmites.

Quels mots peuvent te causer des problèmes dans ces phrases ? Pourquoi ? Trouve une façon de ne pas tomber dans le piège.

Je garde en mémoire

Énoncés	Exemples
1. Synonymes : mots qui ont un sens semblable. Les synonymes permettent d'éliminer certaines répétitions dans un texte.	parler : s'exprimer, baragouiner, jargonner, prononcer, rabâcher, causer, converser, dialoguer, discuter
2. Antonymes : mots qui ont des sens contraires. Plusieurs sont créés par l'ajout d'un préfixe (in-, im-, il-, ir-, dé-, dés-, mé-, més-, mal-, dis-, a-, an-).	rapide / lent proche / lointain parfait / imparfait adroit / maladroit normal / anormal
3. Homonymes : mots qui se prononcent de la même façon, mais qui n'ont pas le même sens et qui ne s'écrivent pas de la même façon.	un verre d'eau un manteau vert un ver de terre écrire en vers la pantoufle de vair de Cendrillon
4. Paronymes : mots qui se ressemblent tellement que tu as tendance à les confondre. Ils ont pourtant des sens très différents.	amener / emmener collision / collusion enduire / induire justesse / justice littéraire / littéral

Je m'exerce

1 **a)** Trouve la nuance qui existe entre le sens du verbe « parler » et celui de chacun des verbes suivants.

> bafouiller • jaser • murmurer
> nasiller • radoter • bavarder

b) Utilise chacun des mots ci-dessus dans une phrase.

Être peureux	Être courageux
≈	≈

2 Reproduis la grille ci-contre et classe les adjectifs qui suivent sous l'une ou l'autre de ces catégories.

> affolé • alarmé • angoissé • audacieux • brave
> catastrophique • couard • craintif • dégonflé
> effrayé • épouvanté • fonceur • froussard • hardi
> héroïque • imprudent • intimidé • intrépide • lâche
> peureux • poltron • téméraire • terrifié • terrorisé
> timoré • vaillant • valeureux

Attention ! Il y a des intrus.

3 Tu connais plusieurs séries d'homonymes, par exemple :
mer, mère, maire – hais, haie, est, ait – tant, t'en, temps...

a) Trouve tous les mots d'une série d'homonymes de ton choix et compose une strophe de quatre vers en imitant le poème de Maurice Carême à la page 414.

b) Échange ton texte contre ceux de tes camarades.

c) En groupe, faites-en la lecture.

d) Choisissez le texte que vous jugez le meilleur et affichez-le au babillard de la salle de classe.

4 À l'aide de préfixes, trouve l'antonyme de chacun des mots suivants.

> lettré • prudent • réel • aimé • entente • intéressé
> connaître • estimer • courtois • normal

5 Les antonymes peuvent aussi être des mots tout à fait différents. Trouve le contraire de chacun des mots suivants.

> attaque • guerre • détester • peureux • monter
> naître • ouverture • sage • caduque • étourdi

6 Voici quelques paires de paronymes. Choisis le mot approprié dans chacune des phrases suivantes. En cas de doute, consulte le dictionnaire.

a) Le voleur est entré chez nous par (effraction, infraction).

b) Rouler à cette vitesse est une (effraction, infraction) au code de la route.

c) Mon amie est (originale, originaire) de Port-Cartier.

d) Elle a évité cet (accident, incident) en freinant à temps.

e) Cette grande savante a prononcé une (allocution, allocation) devant des milliers de collègues.

7 a) Écris une phrase avec chacun des mots suivants.

> conjonction • congestion • affectif
> effectif • compréhensif • compréhensible
> collision • collusion

b) Échange tes phrases contre celles de tes camarades.

8 Quelle remarque peux-tu formuler après ces exercices ?

grammaire du texte

La cohérence et la progression

J'observe

Lis les deux textes suivants.

 A

Quand l'inspecteur arrive sur les lieux, Johanne est déjà là. Puisqu'elle a acquis une solide réputation de détective, il trouve normal qu'elle ait déjà commencé l'enquête. Elle a relevé des empreintes sur un vase du salon. L'inspecteur note alors le désordre dans la chambre ainsi que les traces de pas dans le jardin.

L'affaire semble très claire mais, soudain, ils découvrent un objet insolite… ⚜

 B

L'inspecteur arrive sur les lieux Johanne est là. Elle a acquis une solide réputation de détective il trouve normal qu'elle ait commencé l'enquête. Elle a relevé des empreintes sur un vase du salon. L'inspecteur note le désordre dans la chambre les traces de pas dans le jardin. L'affaire semble très claire, ils découvrent un objet insolite… ⚜

1 Lequel des deux textes ci-dessus est le plus agréable à lire ? Pourquoi ?

2 Compare ces deux textes et relève deux différences.

3 Dresse la liste des mots qui se trouvent dans le texte A et qui ont été enlevés dans le texte B.

4 Quelles informations supplémentaires ces mots apportaient-ils au texte A?

5 À quelles classes appartiennent ces mots?

6 Quel rôle jouent ces mots dans un texte?

7 Dis pourquoi la personne qui a écrit le texte A a divisé son texte en deux paragraphes.

8 Certains signes de ponctuation du texte A ont disparu dans le texte B. Le sens des phrases a-t-il changé?

9 Quel est le rôle des virgules dans une phrase?

10 À quel temps sont conjugués la plupart des verbes de ces deux textes?

11 Pourquoi certains autres verbes sont-ils au passé composé?

12 Selon toi, quels sont les éléments qui rendent le texte A plus agréable à lire que le texte B?

Je garde en mémoire

Un texte doit sa cohérence et sa progression à un ensemble d'éléments.

Énoncés	Exemples
1. La division en paragraphes. Dans un récit, un paragraphe est créé dès que la situation change, qu'un élément nouveau est amené : la description d'un personnage, d'un incident…	Une jeune fille et son père pêchaient en silence au milieu du lac. Tout à coup, une bête monstrueuse surgit des eaux!
2. La ponctuation. Elle indique le lien à faire entre les mots, ou les respirations (pauses) dans la phrase.	Le père saisit le bras de sa fille et lui souffla : « Reste calme ! »
3. Les mots de relation. Ces mots invariables créent des liens de temps (hier, ensuite, puis, enfin) ou des liens logiques (mais, donc, parce que, etc.).	Il leur fallait d'abord s'assurer de ne pas tomber à l'eau, car ils auraient alors été vulnérables.
4. Le bon choix des temps verbaux.	Il nage jusqu'à la rive puisque le monstre a disparu. Il nagea jusqu'à la rive puisque le monstre avait disparu.

Je m'exerce

1 Reproduis le texte ci-dessous et complète-le à l'aide des mots suivants. Certains mots peuvent être employés plus d'une fois.

> pour • sur • que • mais • au • à
> sans • à la fin • parce que • qui

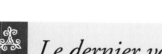

Le dernier vol de l'engoulevent

*Michel Lachance nous a invités ≈ prendre place.
≈ la première partie du concours, il nous a demandé
d'épeler des mots. ≈ premier tour, j'ai buté ≈ le
mot imbécillité ≈ je croyais qu'il prenait un l. ≈ ,
≈ la dernière seconde, je me suis rappelé ≈ ma
mère disait : « imbécillité et tranquillité sont des bibittes
≈ deux ailes » (deux l).*

*≈ dixième tour, je dominais la situation. J'ai épelé
euphémisme ≈ me tromper. ≈ , il ne restait ≈
Marissa et moi. Michel Lachance lui a demandé le mot :
orfèvrerie, ≈ elle a épelé o-r-f-è-v-e-r-i-e. Il lui manquait un r. C'est moi ≈ ai remporté la partie.*

(Francine Allard)

2 Voici un passage d'un roman d'Alfred Hitchcock. Place en ordre les sections A à I du dialogue entre Bob Andy et sa mère. Utilise tous les indices de cohérence du texte.

Le perroquet qui bégayait

A
Bob Andy terminait son dessert lorsque sa mère, une charmante jeune femme, mince et châtaine, voyant que Bob ne quittait pas le téléphone des yeux, s'écria tout à coup :

B
— Attends, je l'ai noté quelque part. Tu sais, il est impossible de se rappeler mot pour mot les messages d'Hannibal Jones : ils sont si bizarres. Ah ! le voici. »

astuce

La cohérence d'un texte, c'est aussi le bon sens ! L'histoire doit avoir du sens pour être cohérente. Les actions doivent se dérouler dans un ordre logique. Si tu trouves que certaines réponses n'ont pas de sens, c'est que tes paragraphes sont encore mêlés.

C ⌈ *Mme Andy poussa un profond soupir :*
⌊ *« Je me demande ce que cela peut signifier. Vous avez inventé un code, peut-être ? »*

D ⌈ *— Mais non, toi, je t'expliquerai, si tu veux. Nous sommes à la recherche d'un perroquet perdu.*
| *— Voilà qui me paraît très inoffensif, commenta Mme Andy, visiblement soulagée.*
| *— Et le Roquet de la porte rouge…*
⌊ *— Ça n'a pas d'importance. Puisque tu as fini de dîner, tu peux aller retrouver ton ami. Ne rentre pas trop tard. »*

E ⌈ *« Mon Dieu ! J'ai reçu un message pour toi et j'ai oublié de te le transmettre. C'est d'Hannibal Jones.*

F ⌈ *— Mais non, maman. Cela me paraît parfaitement clair.*
| *— Pas à moi.*
| *— Oui, bien sûr, c'est exprès. Si une personne étrangère à la firme recevait ce message par erreur, elle le prendrait pour un texte codé et indéchiffrable.*
⌊ *— La personne étrangère à la firme, je suppose que c'est moi ?*

G ⌈ *Elle tira un papier de sa poche et lut :*
| *« Pour qu'un peu plus vite l'enquête bouge, adresse-toi au Roquet de la porte rouge. Sois prudent, on ne l'est jamais trop : suis la flèche et viens au bureau. »*

H ⌈ *— Qu'est-ce qu'il me dit, ce message, maman ?*

I ⌈ *Bob ne se le fit pas dire deux fois. Quelques minutes plus tard, il roulait à bicyclette vers Le Paradis de la Brocante, entrepôt de bric-à-brac appartenant à M. Titus Jones, l'oncle d'Hannibal.* ⚜

(Alfred Hitchcock)

3 Saurais-tu aussi replacer en ordre les vers du poème de la page suivante, « La tête pour penser » ?

La tête pour penser

Je connais l'odeur des métiers :
le boulanger sent la farine,
des médicaments a l'odeur.
les maçons sentent le mortier,
Ceux qui ne font rien, c'est curieux,
et l'épicier sent le gruyère,
ne sentent rien et puent un peu.
le peintre, la térébenthine,
la blouse blanche du docteur
les paysans sentent la terre

(Gianni Rodari)

CONNAISSANCES

grammaire de la phrase

Les pronoms et la reprise de l'information

J'observe

Lis les phrases suivantes.

A Je crois en toi.

B Tes yeux sont noirs, les miens sont verts.

C Fais ceci ou cela, mais fais vite !

D Lequel de ces chandails veux-tu ?

E J'ai vu le film dont tu me parles.

F Quelqu'un est venu te voir.

1 À quelle classe appartiennent les mots de couleur dans les phrases précédentes ?

2 Lesquels des pronoms dans ces phrases ont un antécédent ?

3 Pourquoi le pronom « les miens » est-il masculin pluriel ?

4 Quel est le genre et le nombre de « dont » ? Pourquoi ?

5 Il existe plusieurs catégories de pronoms. Nomme la catégorie de chacun des pronoms de couleur.

Je garde en mémoire

1 Un pronom peut être simple (toi, cela, qui, plusieurs) ou complexe (celui-ci, le mien, quelques-uns, n'importe lequel).

2 Le pronom qui a un antécédent est un pronom référent. Le pronom qui n'a pas d'antécédent est un pronom nominal.

Je m'exerce

1 Reproduis la grille ci-dessous et inscris-y les pronoms que tu relèveras dans les phrases suivantes.

Pronom	Antécédent, s'il y a lieu	Genre et nombre	Catégorie	Fonction
Exemple : Quelqu'un	X	masc. sing.	indéfini	sujet de « arrive »

a) Si quelqu'un arrive, avertis-moi.

b) Je pense que ce cahier est le mien, mais celui-là est à toi.

c) Tous ont participé au concours, mais aucun d'eux n'a gagné.

d) Celles-ci sont appétissantes ; j'en veux.

2 Rédige six phrases contenant chacune un pronom. Ces pronoms doivent être de catégories différentes.

orthographe grammaticale

Les pronoms référents et les participes passés

J'observe

Lis les ensembles de phrases suivants.

A 1. Tous les élèves aiment Claudine.

2. Tous les élèves l'aiment. Ils l'aiment.

3. Tes tantes arrivent. Paul les voit.

4. Elles arrivent. Il les voit.

B **1.** Tous les élèves ont aimé Claudine.

2. Tous les élèves l'ont aimée. Tous l'ont aimée.

3. Tes tantes sont arrivées. Paul les a vues.

4. Elles sont arrivées. Il les a vues.

1 **a)** Identifie les GNs des phrases de l'ensemble A. Indique le genre et le nombre de ces GNs.

b) À quelle classe de mots appartient le noyau de ces GNs?

2 **a)** Relis les phrases 2, 3 et 4 de l'ensemble A. Identifie les mots que remplacent les pronoms l', Ils, l', les, Elles, Il, les.

b) Trouve le genre et le nombre de ces pronoms et justifie ta réponse.

c) Quelle est la fonction des pronoms mentionnés dans le numéro 2 a)?

d) Comment as-tu procédé pour le découvrir?

e) Si tu devais expliquer à des camarades ce que tu as observé, comment procéderais-tu?

3 **a)** Observe les phrases de l'ensemble B. Compare ces phrases avec celles de l'ensemble A.

b) Identifie les mots ou groupes de mots qui changent ou modifient le message.

c) Comment expliquerais-tu l'orthographe des mots aimée, arrivées, vues?

d) Quels mots interviennent dans l'orthographe de aimée, arrivées, vues?

e) Quelle est la fonction de ces mots et à quelle classe de mots appartiennent-ils?

4 Si tu devais rédiger des conclusions sur les observations et les vérifications que tu as faites, quelles seraient-elles?

astuce

1. Observe chacun des groupes de mots de chacune des phrases.

2. Vérifie et nomme la fonction de ces mots ou groupes de mots à l'intérieur de ces phrases.

3. Observe la structure du GV et les temps de verbe employés dans ces GV.

4. Vérifie si tu peux remplacer les GNs et les GN compléments par des pronoms. Utilise la manipulation appelée pronominalisation.

Je garde en mémoire

astuce

Pour connaître le genre d'un pronom nominal, il faut examiner le contexte du pronom. Par exemple, si tu lis : « Je suis chanceu**se.** Tu es joli**e.** », tu sais que « je » et « tu » sont féminins. En l'absence de tels indices, ces pronoms sont masculins.

Énoncés	Exemples
1. Le pronom référent prend toujours le genre et le nombre de son antécédent.	Les étudiantes arrivent. Je les vois. Les : fém. plur., antécédent : étudiantes
2. Le pronom nominal a un genre et un nombre qui lui sont propres.	Toutes sont arrivées à l'heure. Toutes : fém. plur.
3. Le participe passé employé avec l'auxiliaire avoir s'accorde toujours avec le complément direct si celui-ci est placé avant le verbe. Si ce complément direct est un pronom, il faut trouver le genre et le nombre de ce pronom.	Les étudiantes arrivent. Je les ai vues. Vues : fém. plur. parce que le CD est les, mis pour étudiantes, fém. plur.

Je m'exerce

Récris les phrases suivantes et accorde tous les participes passés. Souligne l'auxiliaire, s'il y a lieu, et relie par une flèche chaque participe passé au mot avec lequel il s'accorde.

a) Mes cousines sont arrivé aujourd'hui. Je les ai rencontré à la gare.

b) Louis et ma sœur jouent du saxophone. Les avez-vous entendu ?

c) J'aime beaucoup la crème glacée. Je crois que j'en ai trop mangé.

d) Louise m'a parlé et m'a avoué : « Je suis vraiment trop fatigué. »

e) Je l'ai cru quand elle me l'a dit.

f) Les élèves de la classe voisine sont arrivé en retard. On les avait pourtant averti. Ils n'écoutent jamais les recommandations.

g) « Je croyais que vous m'aviez bien compris », dit Mme Leduc.

C
O
N
N
A
I
S
S
A
N
C
E
S

Le doublement de consonnes

Parmi toutes les règles d'orthographe que tu dois connaître, celle qui exigera toujours une attention particulière concerne le doublement des consonnes.

Il n'y a pas de règle absolue dans ces cas. Tes meilleurs amis demeurent le dictionnaire et ta mémoire. Trouve des façons d'aider cette dernière. Chaque fois que tu doutes, cherche le mot dans le dictionnaire. Note-le dans un cahier réservé à cette fin. Utilise des moyens mnémotechniques.

Récris les phrases qui suivent. Relève les mots mal orthographiés et corrige-les. Il y a 17 erreurs.

a) Je ne suis absolument pas d'acord avec toi sur cette question.

b) Tu aurais dû aporter ce nouvel appareil dans ton nouvel apartement.

c) M'as-tu donné ta nouvelle addresse pour que je fasse suivre tes baggages ?

d) Ne sois pas inquiette. Tu peux partir en toute tranquilité. Les membres de cet équippage sont très honêtes.

e) Je sais que tu crains la sollitude et la violence.

f) Tu es très habille mais je préférais l'originnal.

g) Je dois faire aprouver ce changement par mon courtier d'assurrances.

h) C'est un homme d'honneur, il agit honorablement.

i) C'est très ennuyeux, mais j'ai horeur de cette villaine habitude.

j) Vous a-t-on interrogé sur la géographie nationnale ?

Amorce

La langue t'est bien utile pour échanger, t'informer, apprendre, te faire comprendre. Elle peut aussi t'amuser. Tu connais les humoristes qui manient bien les mots pour te distraire. Plusieurs auteurs et auteures manient bien la plume pour jouer avec les mots.

Un choix de jeux de mots à réaliser t'est proposé. Tu auras des modèles pour t'aider à devenir, toi aussi, un ou une humoriste de la langue.

Je prépare la production de mon texte

Connais-tu la princesse Dézécolle et le prince de Motordu? Celui-ci est un as dans l'art d'inventer de nouveaux sens aux mots de tous les jours. Lis les textes suivants et apprécie toi-même toutes les possibilités de la langue.

Poésie

1 *Et lasse, comme toujours,*
La nuit tombe au soir,
Levant cent vols d'hirondelles!
Le froid s'avance
Et ferme les fleurs.

2 *Ciel, étoile filante,*
Que de soleils!
C'est ça, le destin.
Et de là-haut
As-tu vu ma lessiveuse en fer?
Et de beaucoup plus haut
As-tu vu six machines à laver?

3 *Que d'îles amères,*
Toute la neige tricote,
Des flocons roulent,
Divaguent, secs, roulent
Saoulés, remords cœurs froids,
Mais c'est l'avis,
L'avis de l'amer!

La princesse

Pot et scie

1 *Hélas, comme tout jour,*
La nuit tond, beau soir,
Levant sans vol, dix rondelles!
L'œuf roi s'avance
Et faire meuh l'effleure.

2 *Si elle est toile filante,*
Que deux seaux l'ayent.
C'est ça le dé se teint!
Aide-la, eau!
As-tu vu ma lessive, œuf sans fer?
Aide beaucoup plus eau!
As-tu vu si ma Chine à laver?

3 *Que dit la mer?*
Toute l'année je trie côte
Des flots qu'on roule.
Dix vagues s'écroulent
Sous les remorqueurs froids,
Mais c'est la vie,
La vie de la mer!

Le prince
(Pef)

1 Dans les poèmes de la princesse et du prince, relève les mots qui n'ont pas leur sens habituel et indique les mots qu'ils remplacent. *Exemple :* je trie côte : tricote.

2 **a)** Quel poème a le plus de sens, selon toi ? Comment le sais-tu ?

b) Quel poème est le plus drôle ? Explique ta réponse.

3 À ton tour. Écris une phrase poétique et récris-la ensuite à la façon du prince.

carnet-info

Le **thème** est le sujet dont tu parles ; le **propos** est ce que tu en dis.

Un humoriste québécois utilise aussi ce type de jeux de mots. Il s'agit de Marc Favreau, connu sous le nom de Sol. Lis le monologue suivant.

carnet-info

Sol fait de la contrepèterie. Il change les sons en modifiant certaines voyelles ou consonnes pour obtenir un effet drôle et amusant.

L'adversité

1 *moi*
pôvre petit moi
j'a jamais été instructionné
c'est pas ma faute
quand j'étais tout petit
j'a suivi seulement les cours
de récréation
et après
il paraît que l'école
c'est secondaire
alors

2 *ensuite*
j'ai même pas eu la chance d'aller à l'adversité
c'est elle qui a venue à moi

3 *quand même j'aurais aimé ça*
ç'aurait été vermouilleux
je me voye entrer à l'adversité
ouille alors
d'abord j'aurais passé l'exgamin d'entrée
ah oui
il m'aurait laissé passer
l'exgamin
bien sûr
passeque j'aurais été gentil
je serais pas arrivé là
en faisant mon frais de scolarité
c'est sûr

4 *et après*
j'aurais travallé fort

(Marc Favreau)

4 Relève les jeux de mots de Sol dans le texte de la page précédente.

5 Que penses-tu de ce monologue?

6 **a)** Compare les textes « L'adversité » de Marc Favreau et « Pot et scie » de Pef.

b) En quoi sont-ils différents?

c) En quoi sont-ils semblables?

7 Lequel te plaît le plus? Explique ta réponse.

Je planifie la production de mon texte

PROJET 1

LES MOTS-VALISES

1 Lis bien les consignes du texte suivant.

Dans une valise on peut mettre une autre valise…

Dans un mot, on peut mettre un autre mot!

Par exemple, je choisis dans un livre le mot *cagibi*. Je rêvasse autour de ce mot et je m'amuse à y faire entrer le mot *gibier*. […] Et je trouve : un *cagibier,* c'est une cage où l'on garde les lapins de garenne, les lièvres, les faisans…

Ou bien je marie le mot *libellule* avec le mot hulotte et cela me donne une *libellulotte*. Mais une *libellulotte*, « ça n'existe pas », diront les gens sérieux. Et pourquoi pas? C'est une petite chouette aux ailes de libellule ou une libellule qui a des yeux de chouette! À vous, maintenant… ■

2 Ouvre ton dictionnaire, choisis des mots que tu trouves jolis.

3 À la manière de Pef ou de Sol, réunis-en deux et rédige une définition qui convient bien à ton nouveau mot. Sois fantaisiste.

4 Trouve trois nouveaux mots-valises et donne-leur une définition drôle.

PROJET 2
LES ACROSTICHES

Il s'agit d'un autre jeu bien connu. Tu prends un mot de ton choix, pas trop court cependant. Le mot «arbalète», par exemple. Et tu l'écris verticalement. Chacune des lettres de ce mot doit constituer la première lettre d'un vers. Ainsi, cela pourrait donner l'acrostiche suivant :

A l'horizon sur la plaine,
R egarde! Les cavaliers!
B ardés de fer et casqués
A rrivent à perdre haleine!
L es fantassins les attendent,
E t leurs arbalètes tendent,
T andis que leur capitaine
E crit à sa bien-aimée!

1 Choisis un mot d'au moins six lettres. Tu peux aussi prendre le nom d'un ami ou d'une amie et écrire un poème à son intention.

2 Ne te préoccupe pas trop des rimes. C'est déjà assez difficile de trouver les premiers mots. Tu peux illustrer ton texte.

1 Lis d'abord ce poème de Robert Desnos.

Les hiboux

1   Ce sont les mères des hiboux
    Qui désiraient chercher les poux
    De leurs enfants, leurs petits choux,
    En les tenant sur les genoux.

2   Leurs yeux d'or valent des bijoux
    Leur bec est dur comme cailloux,
    Ils sont doux comme des joujoux,
    Mais aux hiboux point de genoux!

3   Votre histoire se passait où?
    Chez les Zoulous? Les Andalous?
    Ou dans la cabane bambou?
    À Moscou? Ou à Tombouctou?
    En Anjou ou dans le Poitou?
    Au Pérou ou chez les Mandchous?

4   Hou! Hou!
    Pas du tout, c'était chez les fous.

(Robert Desnos)

Comme tu le vois, le son « ou » est à l'honneur dans ce poème. Même si les phrases sont correctes, leur sens est pour le moins humoristique.

2 Choisis un son qui te plaît (el, ac, oin, euil).

3 Trouve le plus de mots possible qui finissent par le son choisi.

4 En reprenant les huit derniers vers du poème de Desnos, compose un texte à l'aide des mots choisis au numéro 3.

astuce

Cherche des noms propres de villes ou de pays dans ton dictionnaire. Ton texte doit imiter celui de Robert Desnos.

Je rédige

1 **a)** Pourquoi as-tu choisi un projet plutôt qu'un autre ?

b) Revois les étapes du projet choisi.

2 N'oublie pas que ton texte doit amuser. Tu dois d'abord toi-même le trouver amusant.

3 Relis ton texte avec attention et modifie-le. Même si tu joues avec les mots, tu dois respecter la cohérence.

Je révise

1 Je porte attention à l'orthographe. Même si j'invente de nouveaux mots, ceux-ci doivent respecter l'orthographe des mots d'origine.

2 Les règles d'orthographe restent toujours les mêmes. J'utilise *La trousse* pour réviser mes textes.

J'évalue ma démarche d'écriture

Tu dois maintenant évaluer tes capacités en écriture. Tu peux découvrir tes points forts et tes points faibles en répondant aux questions suivantes. Tu trouveras ensuite des façons de résoudre tes difficultés en écriture.

1 Ce texte t'est-il apparu difficile à rédiger ? Pourquoi ?

2 Quelles étapes de la démarche d'écriture te donnent le plus de difficulté ? Selon toi et selon ton enseignant ou ton enseignante, quels points de grammaire vus dans le présent thème te causent des ennuis ?

3 Selon le scénario choisi par ton enseignant ou ton enseignante, trouve des solutions pour aplanir tes difficultés en écriture.

4 Écris ces solutions pour être en mesure de t'en souvenir quand tu en auras besoin. Identifie bien le problème avant d'en écrire la solution.

Amorce

Tu as déjà lu un extrait du *Pianiste sans visage*. Tu te rappelles Jeanne, cette jeune fille qui découvre la musique à l'occasion du premier concert d'un mystérieux pianiste. Pierre, un camarade de lycée, l'aidera à comprendre la musique. Toute cette démarche permettra à Jeanne de faire revivre la mémoire de son père. Jeanne est la narratrice de ce roman. Ainsi en a décidé l'auteur Christian Grenier. Il existe une suite à ce roman : *La fille de 3ᵉ B*. Pierre en est le narrateur. Il a deux passions, l'une connue, la musique, l'autre cachée, Jeanne, la fille de 3ᵉ B. Pierre est un virtuose de la musique. Par contre, il n'est pas un virtuose des mots du cœur. Il ne sait pas, dit-il, exprimer ses sentiments à Jeanne. C'est ce qu'il raconte dans l'extrait qui suit l'amorce.

Ta tâche est de préparer un court exposé de deux minutes. Tu ne dois pas excéder 2 minutes 30 secondes. Ton intention est d'informer ton auditoire en exprimant et en expliquant tes sentiments, tes goûts, tes opinions sur Pierre et sur la situation vécue par ce personnage. Tu dois raconter une situation que tu aurais vécue et qui ressemblerait à celle de Pierre. Tu dois lui suggérer des solutions. Ces solutions devraient aussi pouvoir t'aider à mieux communiquer. Tes destinataires sont tes camarades et ton enseignante ou ton enseignant.

Je lis

La fille de 3ᵉ B

1 *Dans la vie, j'ai un problème : je ne sais pas bien m'exprimer. Tout ce que j'ai dans le cœur et la tête, je ne trouve pas les mots pour le dire. Je suis un infirme du verbe, un malparlant, comme qui dirait. Ceux qui voient mal, on leur pardonne. C'est une infirmité reconnue, c'est comme être sourd ou manchot. Mais quand on est handicapé de la parole, c'est une vraie tare, un vice, un défaut qu'on aurait acquis à la suite de mauvaises habitudes.*

2   *Il y a des gens, quand ils parlent, on croirait
    presque qu'ils lisent. Ils font des phrases
    de style, on dirait du Louis XV, c'est
    plein de belles dorures. Mais si on
    pouvait fouiller dans leur tête, on
    serait parfois déçu : leurs mots, c'est
    un décor qui cache souvent du
    vulgaire, des pensées et des
    intentions qu'on a repeintes
    pour faire bien net.*

3   *Moi, ce serait plutôt l'inverse :
    à l'intérieur, c'est tendre et
    doux, mais quand je veux
    le faire sortir, ça devient rêche
    et tout bête. Alors, comme
    l'emballage est trompeur, on se
    méfie de mes mots. On les prend
    avec des pincettes. Ou bien on les
    laisse au bord de la conversation,
    sans les ouvrir.* ⚜

(Christian Grenier)

Je planifie ma présentation

Méthode de travail

Comment t'y prendras-tu pour réaliser ton projet ?

- Relis la tâche proposée et note les actions à poser. Rappelle-toi ton intention de communication.

  N'oublie pas que les destinataires sont tes camarades et ton enseignant ou ton enseignante.

- Établis ton plan, dresse un horaire des périodes que tu dois consacrer à la réalisation de ton projet :

  – réflexion ;

  – recherche à la bibliothèque ;

  – conversation avec tes parents et tes camarades.

J'ai lu l'extrait : j'en parle

1 Note par écrit tes sentiments, tes opinions relativement à la situation vécue par Pierre.

2 Demande-toi si tu as déjà vécu ou si tu vis une situation semblable à celle de Pierre.

Exemple : préparer une communication orale devant ses camarades.

a) Résume l'événement et rédige un texte décrivant tes opinions et tes sentiments.

b) Indique à quel moment précis tu ressens ces sentiments.

c) Cherche des solutions qui pourraient t'aider à mieux communiquer.

d) As-tu, comme Pierre, un moyen autre que la parole pour t'exprimer?
- Un instrument de musique.
- Un journal.
- Un ami ou une amie.
- Un loisir : art, sport, lecture.

e) Énumère les raisons qui peuvent nuire à une bonne communication.

3 Rends-toi à la bibliothèque, prépare une fiche indiquant les moyens que tu peux développer pour t'aider à mieux communiquer.

4 Tu peux parler de cette situation à tes parents et leur demander des conseils.

Je réagis au texte

Rédige un court compte rendu personnel de ta lecture de l'extrait précédent. Cet aperçu te permettra de constater que communiquer est souvent difficile et qu'il existe des moyens qui peuvent t'aider à mieux le faire.

C'est sur ces moyens que doivent porter tes informations.

Je prépare ma présentation

Tu as déjà recueilli certaines informations à la bibliothèque, auprès de tes parents et de tes camarades.

a) Organise ta présentation.

b) Présente ta réflexion sur la situation de Pierre et sur la tienne.

c) Présente cinq moyens ou solutions pour mieux communiquer.

d) Exprime tes sentiments, tes opinions relativement à la difficulté ou à la facilité de communiquer.

Je m'exerce et j'ajuste ma présentation

1 Présente ta communication à tes parents ou à des camarades.

2 Décide de la façon dont tu présenteras ton exposé. Porteras-tu un costume? Apporteras-tu un accessoire qui t'aidera à mieux communiquer? Fais preuve d'originalité.

3 N'oublie pas ton plan. Ressemble-t-il à celui-ci?

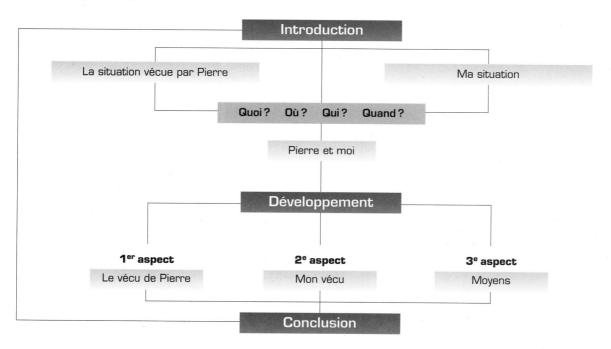

Je présente mes propos

As-tu le trac? Respire profondément, souris et présente ton sujet en saluant l'auditoire. Fais preuve de naturel, présente tes opinions, tes sentiments sur la situation vécue par Pierre et sur celle que tu vis. Rappelle-toi que tes camarades vivent sans doute des expériences semblables à la tienne et que l'évaluation de ton exposé portera sur la qualité de ta langue parlée et sur l'intérêt que tu auras suscité dans ton auditoire.

J'évalue ma présentation

Tu as terminé ton exposé. Il te faut maintenant l'évaluer. Reproduis la grille ci-dessous et remplis-la pour vérifier si tu as bien respecté la tâche.

Grille d'autoévaluation d'un exposé	Oui	Non
1. J'ai respecté la durée demandée.	≈	≈
2. J'ai bien prononcé chaque mot afin de me faire comprendre des autres.	≈	≈
3. J'ai varié mes intonations.	≈	≈
4. J'ai fait des gestes afin de maintenir l'intérêt de mes auditeurs et auditrices.	≈	≈
5. Mon débit n'était ni trop lent ni trop rapide.	≈	≈

HALTE PLAISIR

En exil... chez mon père

Mireille vit presque toujours avec sa mère depuis le divorce de ses parents. Un jour, sa mère accepte un poste à l'étranger. Mireille doit aller vivre chez son père, qu'elle connaît très peu. Crois-tu que tout se passe bien? Peut-être vis-tu une expérience semblable? Alors, lis ce roman et compare ton expérience avec celle de Mireille.

Œil de tigre

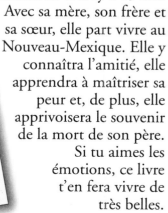

Le père de Davey est assassiné dans son commerce. Davey a 15 ans. Avec sa mère, son frère et sa sœur, elle part vivre au Nouveau-Mexique. Elle y connaîtra l'amitié, elle apprendra à maîtriser sa peur et, de plus, elle apprivoisera le souvenir de la mort de son père. Si tu aimes les émotions, ce livre t'en fera vivre de très belles.

Un monde à la dérive
Un pas dans l'éternité
Un vent de liberté

Voilà des lectures pour occuper ton été. Marie-Danielle Croteau est une auteure que les jeunes adorent. Pourquoi? Parce qu'elle raconte avec de beaux mots des histoires émouvantes. Anna et son grand-père aiment la voile. Ils visitent les îles environnantes. Un jour, ils s'arrêtent à Sainte-Amélie, un village étrange... Pourquoi n'y a-t-il personne au quai pour les accueillir?

Anna vivra un drame qui lui fera découvrir l'importance de la vie et des êtres aimés. Pour Anna, ce sera un long et dur apprentissage. Elle connaîtra des moments tendres et des moments douloureux. Anna est une fille qui aime la vie. Bonne lecture!

Josée l'imprévisible

Ressembles-tu à Josée? Josée a le don de se mettre les pieds dans les plats. Elle commet toutes sortes de bévues. Ses parents ne la comprennent plus, son frère la fait rager. À l'école, rien ne va plus. Josée vit un autre drame. Serait-ce la cause de ses comportements imprévisibles? À toi de le découvrir.

La station orbitale Mir ▶

La Ford Model T (1914) ▲

THÈME 14

Les inventions

ITINÉRAIRE

À la fin de ce thème,
tu devrais être capable :

- de reconnaître les
  composantes d'un texte
  narratif littéraire ;

- de reconnaître les
  composantes d'un texte
  descriptif courant ;

- d'observer les temps
  verbaux dans
  la narration ;

- d'établir des liens entre
  ton milieu socioculturel
  et celui présenté dans
  un texte ;

- d'observer différents
  signes graphiques ;

- de comprendre la valeur
  sémantique et syntaxique
  de la subordonnée
  circonstancielle
  de temps ;

- de découvrir le sens
  d'un mot nouveau
  en le reliant à des mots
  de la même famille ;

- d'orthographier
  correctement
  un adverbe ;

- de conjuguer correctement
  les verbes en « yer » ;

- de reconnaître certaines
  abréviations ;

- d'écrire un texte descriptif
  ou narratif en respectant
  ton intention de
  communication.

1 Observe les photos et les illustrations présentées dans ces deux pages.

2 **a)** Qui est à l'origine de toutes ces inventions?

b) Pourquoi ont-elles été créées?

c) Crois-tu qu'elles sont utiles? Explique ta réponse.

3 **a)** Es-tu d'accord avec l'affirmation suivante?

Les inventions peuvent jouer différents rôles dans ta vie et dans celle de la planète :
- elles peuvent te faciliter la vie;
- améliorer tes connaissances;
- te sauver la vie;
- détruire la vie sur la planète.

b) Nomme deux inventions associées à chacun des cas soumis ci-dessus.

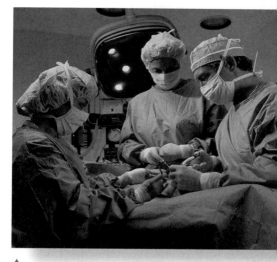
▲
Une intervention chirurgicale

▲
Différents modèles de roues

Le Flyer *des frères Wright (1903)* ▶

La bombe atomique
▼

MISE EN COMMUN

1 **a)** Avec des camarades, tente de déterminer laquelle de ces inventions est la plus utile à l'humanité.

b) Explique, avec l'aide des membres de ton équipe, les raisons qui justifient votre choix.

2 Compare le choix de ton équipe avec ceux des autres équipes.

a) En quoi diffèrent-ils?

b) En quoi se ressemblent-ils?

3 Nomme deux inventions dont tu ne pourrais te priver. Explique pourquoi.

LECTURE

Amorce

Patrice Bolduc est un jeune homme distrait qui a la réputation de tout oublier. Ses nombreuses étourderies en font le souffre-douleur de plusieurs élèves de son école, en particulier de Jean-Simon Leroux, son ennemi juré. Celui-ci l'attire sans cesse dans des pièges malins et méchants. Mais voilà que Patrice fait la rencontre de Maurice Landry, un intervenant de son école, qui organise un séjour de plein air pour les élèves de la deuxième secondaire. Pour le week-end, il a prévu une expédition qui mènera les participants dans différents endroits sur le site choisi. Un des défis de l'expédition consiste, pour les participants, à entrer dans une vieille cabane et à y signer une feuille en guise de preuve de leur passage. Pour l'occasion, Maurice requiert les services de Patrice qui, grâce à ses talents de bricoleur, lui confectionnera un mannequin parlant qui surprendra les visiteurs. Il s'agit, bien entendu, d'un projet secret et personne ne doit s'en douter, pas même les parents de Patrice. Voilà pourquoi, ce soir-là, le jeune bricoleur rentre chez lui après avoir camouflé son matériel dans les buissons, sous la fenêtre de sa chambre...

Je planifie ma lecture

1 À la suite de cette amorce, quel type de texte t'attends-tu à lire? Explique ta réponse.

2 **a)** Observe le texte que tu devras lire. Quel est le titre du roman? Où as-tu pris cette information?

b) Le titre confirme-t-il ta réponse à la question 1 à propos du type de texte?

3 Les différentes parties des revues et des encyclopédies constituent des articles. Comment les parties d'un roman se nomment-elles?

4 **a)** Quel est le titre du chapitre que tu liras?

b) Ce titre te donne-t-il une idée plus précise que ne le fait le titre du roman sur le contenu de l'extrait?

c) Formule une hypothèse sur le contenu du roman en mettant en relation le titre du roman et celui du chapitre.

d) Détermine maintenant ton intention de lecture.

5 Tu es maintenant en mesure de bien lire cet extrait de chapitre. Bonne lecture!

astuce

Pour connaître les grandes lignes d'un roman, tu peux lire le titre des chapitres. Ceux-ci peuvent t'en apprendre long sur le contenu du roman.

Fichez-moi la paix !

UNE CRÉATURE EFFRAYANTE

1 *À 11 heures, toutes les lumières étaient éteintes chez les Bolduc. Soudain, sur le côté de la maison, une ombre se faufila. Quelques instants plus tard, une échelle se dressa jusqu'à l'une des fenêtres. Patrice y grimpa silencieusement, chargé d'un encombrant paquet. Il descendit et remonta avec un autre paquet. Puis, à l'aide d'une corde, il fit glisser délicatement l'échelle le long de la maison.*

2 *L'adolescent ouvrit doucement la porte de sa chambre et tendit l'oreille : le silence régnait. Il en conclut fièrement que sa performance avait été digne d'un cambrioleur professionnel. La chambre de ses parents se trouvant sous la sienne, il ne fallait surtout pas les réveiller. Une fois la fenêtre refermée, il se permit d'allumer sa lampe de travail. La lumière envahit toute la pièce.*

3 *Le fouillis le plus total y régnait. Le lit était couvert de vêtements et ne semblait pas avoir été fait depuis très longtemps. Des cahiers, des feuilles et des livres jonchaient le sol. Çà et là, quelques appareils électroniques à moitié défaits témoignaient du passe-temps favori de Patrice. Ses parents avaient depuis longtemps cessé d'exiger qu'il range sa chambre. C'était inutile. Ils en étaient venus à croire que leur garçon avait besoin de désordre pour se retrouver. Seul le bureau avait été dégagé pour faire place au projet qui occupait toutes les pensées du jeune inventeur.*

4 *Patrice se pencha sur son plan, amélioré depuis la réunion de l'après-midi. Il avait même ajouté des*

éléments qui ne pourraient qu'enchanter les responsables de l'animation. Quand il était rentré de ses courses avec monsieur Landry, il s'était fait un sandwich. Puis il était monté dans sa chambre et s'était immédiatement mis au travail. Une fois toute la famille endormie, il avait récupéré son matériel.

5   Il s'assura que rien ne manquait. Il prit les deux paquets et se dirigea sur la pointe des pieds vers le grenier. Plus que toute autre pièce de la maison, le grenier était un véritable refuge pour Patrice. Il aimait s'y retrouver pour réfléchir ou simplement pour être seul. C'est là aussi qu'il avait fait ses premières expériences en électronique.

6   Il entreprit d'abord de confectionner le mannequin en remplissant de paille les vêtements qu'il avait choisis. Il le solidifia en glissant un morceau de bois à l'intérieur de chaque membre. Il remit ensuite de la paille à certains endroits pour qu'il ait l'air aussi réel que possible. Puis, il lia les extrémités des vêtements pour empêcher la paille de sortir et mit une ceinture au pantalon. Enfin, il vissa deux autres morceaux de bois à la structure et chaussa son chef-d'œuvre d'une vieille paire de bottes.

7   La tête, en styromousse, lui causa quelques problèmes. Il n'arrivait pas à la fixer. Il dut insérer un autre morceau de bois dans le corps et utiliser de la broche très mince pour l'immobiliser. Il lui fallait aussi prévoir l'ajout d'un haut-parleur et d'un micro. Il installa donc son haut-parleur et en fit la bouche du mannequin. Le fil passerait sous la chemise et sortirait par la manche. L'emplacement du micro était sans importance. Il choisit de le piquer dans la poche de la chemise de chasseur dont il revêtirait son bonhomme. Il mit aussi, à l'endroit des yeux, deux petites lumières rouges qui s'allumeraient chaque fois que le mannequin parlerait. Finalement, pour rendre sa créature plus effrayante, il lui recouvrit la tête d'une espèce de masque de gorille chevelu. L'effet était saisissant. Il était alors 3 heures du matin. « Je vérifierai les connexions demain », se dit-il en regagnant sa chambre.

8 *Le lendemain matin, il n'entendit pas sonner sa montre. Ce fut son frère Benoît qui le réveilla :*

9 *— Patrice! Tu vas être en retard!*

10 *— Quelle heure est-il ? marmonna l'autre.*

11 *— 7 h 45. Allons! Lève-toi!*

12 *— Ouais, ouais. Ça va! Ne parle pas si fort! Encore cinq minutes et je suis debout.*

13 *Quand il ouvrit les yeux à nouveau, il était déjà 8 h 30.* ♣

(Briac)

Je construis le sens du texte

1 **a)** De quel personnage ce récit raconte-t-il l'histoire?

   b) Où la chambre du personnage central de ce récit se situe-t-elle?

   c) Est-ce que cela peut influencer les actions de ce personnage? Explique ta réponse.

   d) Quel est le véritable refuge de Patrice? Comment le sais-tu?

2 Relève dans l'extrait précédent une phrase qui représenterait bien la situation finale.

3 Reproduis la grille suivante et complète-la. Indique, dans la partie intitulée **Résultats,** si l'action est réussie (**R**) ou est un échec (**É**).

DÉROULEMENT DE L'EXTRAIT	
Péripéties ou actions	**Résultats** Réussite (R) Échec (É)
1. a) Patrice doit monter le matériel qu'il a dissimulé dans les buissons.	≈
b) Il passe par la fenêtre.	≈
2. Il vérifie le matériel avant de monter au grenier.	≈

4 Patrice a travaillé une partie de la nuit sur son mannequin. Quelle en est la conséquence? Comment le sais-tu?

5 ☼ GT **a)** Dans l'extrait suivant, relève les verbes et précise à quel mode et à quel temps ils sont employés.

« L'emplacement du micro était sans importance. Il choisit de le piquer dans la poche de la chemise de chasseur dont il revêtirait son bonhomme. »

b) Quel verbe sert à :
- décrire un état, une situation ?
- exprimer une action qui a lieu ?
- exprimer une action qui est envisagée ?

6 **a)** Relève, parmi les cinq premiers paragraphes du texte « Fichez-moi la paix ! », un paragraphe qui décrit un lieu.

b) Récris ce paragraphe au présent de l'indicatif et compare ton texte avec le texte original.

7 ☼ GT **a)** À la fin du texte, tu trouves un passage dialogué. Quel état du personnage principal ce passage sert-il à illustrer ?

b) Combien de temps se passe-t-il entre la fin du paragraphe 8 et le début du paragraphe 13 ? Comment le sais-tu ?

8 **a)** Qui raconte cette histoire ?
- Un personnage présent dans l'histoire.
- Un narrateur absent mais qui sait tout des personnages.
- Le héros de l'histoire.

b) Comment le sais-tu ? À partir du texte, donne des indices précis pour appuyer ta réponse.

Je réagis au texte

1 **a)** À ton avis, la chambre de Patrice est-elle une chambre typique d'adolescent ou d'adolescente ? Pourquoi ?

b) Quel thème de ton premier tome ferais-tu lire à Patrice ? Pourquoi ?

2 **a)** Aimerais-tu pouvoir inventer des monstres, des robots ou d'autres gadgets électroniques ? Pourquoi ?

b) Qu'inventerais-tu ?

c) Quel usage ferais-tu de ces inventions ?

3 **a)** Crois-tu qu'il soit possible qu'une personne de ton âge puisse fabriquer de tels objets ?

b) Connais-tu de tels inventeurs ou de telles inventrices ? Nomme-les.

HALTE SAVOIR-FAIRE

J'APPRENDS À RECONNAÎTRE LES MARQUES D'ORGANISATION DANS UN TEXTE

Lorsque tu lis une bande dessinée, tu sais que plusieurs éléments jouent le rôle important d'organisateurs de texte. Voici quelques-unes des marques d'organisation utilisées par l'auteur ou l'auteure d'une bande dessinée ; ces informations t'aideront à mieux profiter de tes lectures.

Les dessins :
- présentent les lieux et les personnages ;
- décrivent les gestes et les actions faits par le héros ;
- indiquent, parfois, l'attitude d'un personnage.

Les cases :
- indiquent les changements de lieux ou d'actions.
- permettent au récit de progresser.

Les bulles :
- présentent, selon leur forme, les paroles ou les pensées des personnages ;
- indiquent le personnage qui parle ;
- permettent de suivre les dialogues.

Les onomatopées :
- présentent les sentiments (réactions) des personnages ou les bruits créés par un événement. Tu pourrais comparer les onomatopées à des phrases exclamatives.

Il existe bien d'autres signes qui ajoutent du sens au récit dans une bande dessinée. Mais celle-ci n'est pas la seule à posséder de telles marques d'organisation du texte. Lis le texte suivant et observe attentivement les signes qui introduisent des dialogues, des réflexions, des changements de lieu ou d'action.

Entre deux temps

Chapitre 2

16 JUILLET 1998

1 *« Ah, zut ! » s'exclame Mathieu en arrachant un coussinet fixé au sparadrap sur son front et en envoyant valser une autre page à moitié imprimée dans le coin de la corbeille à papier. Au fond, mon problème, c'est que je suis trop sentimental.*

2 *Deux semaines auparavant, à l'occasion de ses dix-neuf ans et pour célébrer ses débuts journalistiques, son frère Olivier lui avait fait cadeau d'une de ses dernières inventions : un traitement de texte télépathique.*

3 *C'est très ingénieux comme machine. Elle fonctionne selon le principe que tous les messages, sensations et impulsions du corps sont transmis au cerveau par des courants électriques, et qu'il doit donc y avoir un moyen de capter ces courants sans utiliser ses doigts. Mathieu n'a qu'à s'asseoir devant son appareil, coller sur son front le récepteur de pensées, et grâce à deux fils pratiquement invisibles à l'œil nu, celles-ci se transmettent immédiatement à l'ordinateur qui les imprime.*

4 *Ce serait merveilleux si les pensées de Mathieu n'avaient tendance à s'égarer continuellement. Un rien les distrait. Le jeune homme est conscient de ce problème, mais son admiration envers son frère aîné l'empêche de céder à l'impulsion de retourner au bon vieux clavier qu'il pouvait maîtriser du bout des doigts.*

5 *Mathieu se lève et contemple le mouvement de la rue par la fenêtre. Puis, dans un ultime effort de volonté, il ferme le store vénitien, éteint la radio, tourne ses photos face au mur, recolle le coussinet sur son front et poussant un énorme soupir, se concentre énergiquement sur son labeur.*

6 *L'imprimante s'active et inscrit en grosses lettres :*
DU NOUVEAU DANS LE DOMAINE DE LA BOUFFE RAPIDE!

*　*　*　*

7 *— Olivier, es-tu là?*

8 *— 4,5, dit ce dernier à la bombe rousse qui vient de faire irruption dans son labo en croquant une pomme.*

9 *— Quoi?*

10 *— Ta façon de dévaler les marches indique 4,5 à l'échelle Richter. Serait-ce trop te demander que de faire moins de vibrations, Dom? Tu es grosse comme un pou et on dirait que tu pèses deux cents kilos! Te rends-tu compte que tu viens de réduire mon catalyseur en poussière?*

11 *— Ton cataquoi?*

12 *— Catalyseur. Tu sais, l'élément qui n'est rien en soi mais provoque des réactions chimiques entre…* ♣

(Louise Lévesque)

Depuis que tu sais lire, tu remarques des éléments qui ont pour fonction d'organiser le texte.

LA DISPOSITION GRAPHIQUE OU LA MISE EN PAGES DES TEXTES COURANTS ET LITTÉRAIRES

Les paragraphes
Tout comme les cases de la bande dessinée, ils permettent de changer de temps, de lieu ou de faire progresser l'action. Par exemple, le passage du paragraphe 1 au 2 dans le texte que tu viens de lire permet le retour en arrière, qui explique le traitement de texte télépathique.

L'alinéa
C'est l'espace laissé au début de chaque paragraphe pour en faciliter l'identification.

Les titres et les intertitres
Ils informent le lecteur ou la lectrice sur le sujet qui suit.

Trois astérisques ✳ ✳ ✳
Dans un roman, ceux-ci sont souvent utilisés pour marquer une coupure importante entre deux paragraphes. Habituellement, ils sont placés au centre de la page.

LES SIGNES TYPOGRAPHIQUES

Les guillemets « »

Ils encadrent une citation, c'est-à-dire un mot ou une phrase célèbre, ou les paroles d'un personnage. Ils peuvent également encadrer un mot ou une expression de l'auteur ou l'auteure du texte pour suggérer un autre sens.

Le tiret —

Il indique le changement d'interlocuteur ou d'interlocutrice dans un dialogue, comme à la fin de l'extrait que tu viens de lire. De plus, le tiret est utile pour introduire une liste d'éléments.

Les parenthèses ( )

Elles encadrent une information qui n'est pas nécessaire à la compréhension.

Exemple : Cette invention (il allait s'en apercevoir un jour) lui serait sûrement utile.

Parfois, à la place des parenthèses, des crochets sont utilisés.

Les crochets [ ]

Ils ressemblent aux parenthèses, mais ils sont souvent employés pour isoler des mots à l'intérieur d'un passage figurant déjà entre parenthèses. De plus, dans le cours d'une citation, ils sont utilisés pour remplacer des mots […] que l'auteur ou l'auteure préfère ne pas reproduire.

Le point .

Il indique la fin d'une phrase déclarative positive ou négative et de la plupart des phrases impératives.

Exemple : Mathieu se lève et contemple le mouvement de la rue par la fenêtre.

Le point d'interrogation ?

Il exprime une interrogation et son intonation est caractéristique.

Exemple : – Olivier, es-tu là ?

Le point d'exclamation !

Il suit une exclamation et indique le ton de l'interlocuteur ou de l'interlocutrice.

Exemple : DU NOUVEAU DANS LE DOMAINE DE LA BOUFFE RAPIDE !

Le deux-points :

Il annonce une citation ou un discours direct.

Exemple : L'imprimante s'active et inscrit en grosses lettres : DU NOUVEAU DANS LE DOMAINE DE LA BOUFFE RAPIDE !

Le deux-points peut également servir à introduire une énumération.

Exemple : Elle n'aime pas certains légumes verts : le chou, le brocoli et les épinards.

Le deux-points peut aussi servir à introduire un exemple.

Exemple : Il existe encore des volcans en activité : le Vésuve.

Les points de suspension …

Ils indiquent que la phrase est incomplète, soit parce que l'interlocuteur ou l'interlocutrice se fait couper la parole ou parce que l'auteur ou l'auteure préfère sous-entendre son idée, ou permettre aux lecteurs ou aux lectrices de s'immiscer dans le texte.

Exemple : Si je ne me retenais pas…

La virgule ,

Elle sert à séparer les éléments énumérés à la suite dans une phrase.

Exemple : L'humain a inventé la roue, l'électricité, l'automobile, la télévision…

La virgule peut également séparer un cp (complément de phrase) en début de phrase.

Exemple : Aujourd'hui, j'ai envie d'inventer quelque chose.

La virgule sert à séparer un mot, un groupe de mots, un GN mis en apostrophe, ou un GN mis en apposition.

Exemple : Benjamin Franklin, inventeur du paratonnerre, a fait progresser la science.

La virgule peut aussi isoler tout groupe de mots détaché d'un autre groupe de mots.

Exemple : Cet enfant, joyeux et serein, accompagnera sa sœur au parc.

La virgule peut être employée pour joindre deux phrases par juxtaposition.

Exemple : Louise se rend à la bibliothèque, Irma va à l'épicerie.

Le point-virgule ;

Il sert à séparer des phrases indépendantes ayant un lien logique et à éviter ainsi l'emploi d'une conjonction.

Exemple : Je vais au musée ce matin ; ce soir, j'irai au cinéma.

Le point-virgule sert aussi à séparer, dans une phrase, des éléments déjà séparés par la virgule.

Exemple : Les enfants attendaient, impatients ; leur père devait arriver avec sa nouvelle invention.

Le point-virgule sépare également des éléments énumérés.

Exemple : Pour devenir inventeur ou inventrice, il faut :

1. faire preuve de créativité ;
2. détenir une idée originale ;
3. croire en ses capacités ;
4. s'armer de patience et foncer.

LES CARACTÈRES

Le gras

Les caractères gras indiquent un titre ou un intertitre ou, encore, un mot important à l'intérieur d'un paragraphe.

L'italique

Les caractères italiques peuvent indiquer la pensée d'un personnage.

Exemple : Au fond, mon problème, c'est que je suis trop sentimental.

Parfois, les caractères italiques servent à indiquer une information importante.

LES MARQUES LINGUISTIQUES

Les organisateurs textuels

Ils servent à organiser l'information contenue dans un texte et facilitent la compréhension du texte. Enfin, ils assurent l'enchaînement logique des paragraphes. Par exemple, dans l'extrait de *Entre deux temps*, l'auteure situe l'action du deuxième paragraphe en débutant par : « Deux semaines auparavant… »

Tu as lu, dans l'extrait narratif des pages 446 et 447, un exemple d'invention venant directement de l'univers imaginaire d'un être créateur ou créatif. Les possibilités sont illimitées ! Mais qu'en est-il de la réalité ? Te réserve-t-elle d'aussi grandes surprises ? À toi de le découvrir…

1 **a)** Dans ton école, existe-t-il des expo-sciences?

   b) Connais-tu des expo-sciences qui s'adressent à des jeunes de ton âge? Si oui, lesquelles?

2 Quel genre d'inventions y trouves-tu?

3 **a)** Connais-tu la revue *Les Débrouillards*?

   b) Connais-tu d'autres revues scientifiques?

4 Observe le texte qui suit et ses intertitres. Rédige une hypothèse concernant la nature des sujets qui sont traités dans ce texte.

5 Lis maintenant le texte. Annote-le si tu possèdes ta propre copie.

Haïgo Djambazian
et sa main électronique
▼

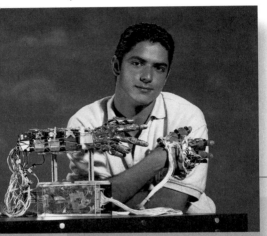

Je lis

Trois inventeurs

1 On peut être inventeur ou «patenteux» à tout âge! C'est le cas de nos débrouillards en action de ce mois-ci. Les appareils qu'ils ont conçus et fabriqués leur ont valu plusieurs prix à la dernière expo-sciences.

2 L'appareil conçu par Haïgo Djambazian a l'air d'un gadget tiré d'un film de science-fiction! C'est en fait une main électronique qui reproduit les mouvements d'une vraie main. L'appareil comprend une main de métal reliée à une sorte de gant.

3 Pour mettre en mouvement la main de métal, on enfile le gant puis on bouge les doigts. Par exemple, on lève le pouce. Aussitôt, un circuit électronique envoie des signaux à la main de métal, et son pouce se dresse. C'est très impressionnant!

4 «Cette main fonctionne sur le même principe que les voitures téléguidées. Les moteurs qui font bouger les doigts sont les mêmes que ceux de ces voitures», dit Haïgo. Les commandes sont transmises grâce à des fils. Au total, il y a 122 mètres de fils!

LA SCIENCE POUR LE PLAISIR!

5 Lorsqu'il a commencé à travailler sur sa main électronique, Haïgo avait 16 ans. Pourquoi s'est-il lancé dans un tel projet? «Pour le plaisir! répond-il. Il y en a qui écoutent de la musique dans leurs temps libres. Moi, je bricole.»

6 Ce projet était aussi un défi pour lui. «J'avais vu une main comparable lors d'une visite à l'Université McGill. Mais elle n'avait que quatre doigts. Je l'ai observée, et je me suis dit que je pourrais sûrement en faire une à cinq doigts.»

7 Tu l'as compris : Haïgo est un vrai passionné de technologie. «Quand j'étais plus jeune, je m'amusais à démonter des objets. J'ai démonté une radio, une caméra… Ça m'a permis d'apprendre plein de choses!» À 15 ans, il a construit un petit robot téléguidé muni d'une pince.

DES ARTS… À LA SCIENCE

8 Ann Jones et Lydia Tremblay, elles, ne sont pas des *mordues* de science. Elles fréquentent toutes deux une école où l'on met l'accent sur les arts : le cinéma, le dessin, la musique. On y trouve aussi un club science. «Je m'y suis inscrite parce que ça avait l'air *le fun*» dit Ann, qui s'intéresse au cinéma d'animation, comme le dessin animé.

9 En s'inscrivant au club science, Ann et Lydia devaient réaliser un projet en vue de participer à une expo-sciences. Les deux filles ont pensé mettre au point une machine qui permettrait de tourner les pages d'une partition de musique sans y toucher. Le musicien n'aurait qu'à appuyer sur une pédale. «Quand un musicien tourne lui-même les pages, ça le déconcentre, dit Lydia. D'ailleurs, dans les concerts, c'est souvent un assistant qui le fait.» Lydia sait de quoi elle parle. Elle joue du piano depuis sept ans!

ET QUE ÇA TOURNE!

10 La machine de Ann et de Lydia est très simple. Le mécanisme qui permet de tourner les feuilles consiste en une colonne de disques placée au centre de la partition. En tournant, chaque disque

entraîne la page à laquelle il est relié. «Au total, il y a 213 pièces, dit Lydia. On les a presque toutes fabriquées nous-mêmes. À notre école, il y a toutes sortes de machines-outils : des perceuses, des machines à souder, etc.»

LA SIMPLICITÉ, C'EST COMPLIQUÉ!

11 Bien sûr, un tel projet ne se réalise pas en criant lapin. Avant de réussir cette main, Haïgo avait fait un premier modèle qui n'a pas fonctionné. «Ça m'a demandé beaucoup de temps et beaucoup de patience, dit Haïgo. J'ai fait des erreurs, j'ai recommencé… Un projet comme ça, c'est une série de problèmes à régler!»

12 Ann et Lydia sont aussi de cet avis : il leur a fallu six mois pour obtenir un premier modèle. «Ça pressait, dit Ann, car la date de l'expo-sciences approchait!» Que deviendront Haïgo, Ann et Lydia? Des inventeurs? Seul l'avenir le dira! ■

(Luc Dupont et Sarah Perreault)

Je construis le sens du texte

1 Quel est le sujet du texte descriptif précédent ?

2 Pour chacune des inventions, trouve un nouveau mot dans le texte qui reprend l'information.

3 **a)** Qui a écrit le texte « Trois inventeurs » ?

b) Où as-tu découvert cette information ?

c) Trouve trois personnes qui prennent la parole dans le texte.

d) Pourquoi les auteurs cèdent-ils la parole à ces trois personnes ?

4 **a)** Observe le passage suivant.

« J'avais vu une main comparable lors d'une visite à l'Université McGill. Mais elle n'avait que quatre doigts. Je l'ai observée, et je me suis dit que je pourrais sûrement en faire une à cinq doigts. »

b) Quels sont les trois mots qui reprennent l'idée de « main » ?

c) Ce passage sert-il à expliquer :

- la visite de Haïgo à l'Université McGill ?
- la raison pour laquelle Haïgo a décidé de construire une main à cinq doigts ?
- le fonctionnement de la main électronique ?
- l'intérêt de Haïgo pour l'Université McGill ?

je fouille dans ma mémoire

Tu sais ce qu'est la reprise de l'information, rappelle-toi.

Les auteurs du texte « Trois inventeurs » décrivent les inventions des trois adolescents. Ils doivent constamment penser, au cours de leur processus d'écriture, à reprendre différemment les mêmes idées (mots) pour éviter les répétitions qui, en trop grand nombre, rendraient le texte terne et sans éclat.

Exemple : l'automobile, la voiture, l'engin, le bolide, le véhicule, le moyen de transport...

astuce

Trouver des mots pour reprendre l'information est une façon de créer le champ lexical d'un mot.

Chaîne de montage robotisée. ▶

Je réagis au texte

1 Quelles industries utilisent les robots et les mains électroniques?

2 Quel usage peut-on faire d'une main électronique aussi développée que celle de Haïgo?

3 **a)** Lis le texte suivant. Tu le compareras ensuite avec ceux que tu as lus jusqu'à présent dans ce thème.

Une gomme à effacer liquide

1 En 1951, Bette Nesmith Graham venait d'être embauchée comme secrétaire de direction par la Texas Bank & Trust à Dallas. Or, quand elle essayait d'effacer des fautes de frappe à l'aide d'une gomme, les caractères imprimés au ruban carboné des machines électriques laissaient sur le papier une trace sombre. Mettant à profit une technique de correction qu'elle avait utilisée en tant que peintre d'enseignes, Bette Graham prépara un peu de détrempe blanche, dont elle se servit dès lors pour camoufler les erreurs.

2 Bette Graham garda le secret de son correcteur liquide pendant cinq ans. Puis, peu à peu, ses collègues commencèrent à lui emprunter son petit flacon et son pinceau. En 1956, elle avait créé une petite industrie à domicile et fournissait à ses collègues le précieux correcteur concocté dans sa cuisine. Quand IBM refusa de commercialiser son invention, Bette Graham décida de s'atteler elle-même à la tâche.

3 À sa mort, en 1980, la Liquid Paper Corporation qu'elle avait fondée était en plein essor. La moitié de sa fortune, estimée à 50 millions de dollars, revint à son fils né d'un premier mariage, Michael Nesmith (l'un des membres du groupe de rock «les Monkees»). Le reste fut versé à des œuvres de bienfaisance. ■

b) Reproduis la grille suivante et remplis-la.

GRILLE COMPARATIVE DES TEXTES		
Invention de Haïgo	**Invention d'Ann et de Lydia**	**Invention de Bette**
1. Je connaissais cette invention (oui ou non). ≈	≈	≈
2. Je connaissais son inventeur (oui ou non). ≈	≈	≈
3. Pour quel motif (raison) cette invention fut-elle créée ? ≈	≈	≈
4. Cette invention est-elle fréquemment utilisée de nos jours (oui ou non) ? ≈	≈	≈
5. Sera-t-elle utilisée davantage dans le futur (oui ou non) ? ≈	≈	≈
6. Quelle est sa qualité principale ? ≈	≈	≈
7. Quel est son principal défaut ? ≈	≈	≈
8. Appose un X vis-à-vis de ton invention préférée. ≈	≈	≈

c) Explique ta réponse au numéro 8 de la grille.

J'évalue ma démarche de lecture

Il est maintenant temps d'évaluer tes capacités en lecture. Tu dois connaître tes forces et tes faiblesses, et trouver des façons d'aplanir tes difficultés.

1 Les textes « Fichez-moi la paix ! » de Briac et « Trois inventeurs » de Luc Dupont et Sarah Perreault te sont-ils apparus difficiles à lire ? Pourquoi ?

2 Les grilles de la page suivante correspondent à la numérotation des questions portant sur ces deux textes. Reproduis ces grilles et mets un X à côté des questions auxquelles tu n'as pas répondu correctement.

Fichez-moi la paix !
Je planifie ma lecture

1 ≋   2 ≋   3 ≋   4 ≋   5 ≋

Je construis le sens du texte

1 ≋   3 ≋   5 ≋   7 ≋
2 ≋   4 ≋   6 ≋   8 ≋

Je réagis au texte

1 ≋   2 ≋   3 ≋

Trois inventeurs
Je planifie ma lecture

1 ≋   2 ≋   3 ≋   4 ≋   5 ≋

Je construis le sens du texte

1 ≋   2 ≋   3 ≋   4 ≋

Je réagis au texte

1 ≋   2 ≋   3 ≋

3 Maintenant, identifie les étapes où tu as éprouvé de la diffi-culté et demande-toi pourquoi ces parties sont plus difficiles pour toi.

- Je planifie ma lecture ≋
- Je construis le sens du texte ≋
- Je réagis au texte ≋

4 Selon le scénario choisi par ton enseignant ou ton enseignante, trouve des solutions pour aplanir tes difficultés en lecture.

5 Écris ces solutions sur une feuille pour être en mesure de t'en souvenir quand tu en auras besoin. Identifie bien le problème avant d'en écrire la solution.

Les familles de mots (connotation et dénotation)

J'observe

Lis le texte suivant.

> Le cinéma existe depuis le début du siècle. Les frères Lumière ont inventé le cinématographe (appareil servant à reproduire les mouvements par une suite de photographies) en 1892. L'amateur de cinéma (cinéphile) peut visionner un film dans une cinémathèque, dans un cinéma ou encore dans un ciné-parc. Il s'y connaît en matière de cinéma. La cinétique est la science qui étudie le mouvement des gaz en sciences ou la forme et le mouvement en art plastique. La cinématique étudie le mouvement au cinéma. ∎

1 Relève tous les mots comportant le radical « ciné- » et trouve leur définition.

2 Que signifie le radical « ciné- » ?

3 Que signifie le suffixe « -graphe » ?

4 **a)** Connais-tu d'autres mots dont le radical est « ciné- » ? Énumère-les.

b) Donne le sens propre de ces mots.

Je garde en mémoire

1 Lorsque tu rencontres un mot nouveau, tu peux en saisir le sens en faisant appel à sa formation (dérivation ou composition). C'est sa dénotation (sens propre).

Exemple : cinéphile [« ciné » et « phile » (qui aime)] : personne qui aime le cinéma.

2 Tu peux ensuite trouver des mots de la même famille.

3 Une famille de mots regroupe des mots qui ont une racine commune, comme dans le cas du mot « cinéma ».

---

je fouille dans ma mémoire

Tu as appris ce que sont la dérivation et la composition.

Dérivation : Procédé qui consiste à ajouter des préfixes ou des suffixes au radical d'un mot :

Exemple : disque, endisquer, disquaire...

Composition : Procédé qui consiste à former un mot à partir d'un ou de plusieurs mots.

Exemples : Arc-en-ciel, chou-fleur, pause-café, tire-bouchon, tournevis...

CONNAISSANCES

4 Les autres mots de la même famille sont formés par dérivation ou par composition.

5 Dans d'autres cas, tu peux découvrir le sens d'un mot en faisant appel à ce qu'il te suggère. C'est la connotation (sens figuré). Ainsi, le mot «cinématographe» suggère l'idée d'un appareil ancien, même si cet appareil est moderne et encore utilisé aujourd'hui.

Sens propre (dénotation)

Il a trouvé une jolie **plume.**

Sens figuré (connotation)

Cet écrivain a une belle **plume.**

Je m'exerce

1 **a)** Trouve cinq mots de la même famille que «disque», autres que ceux inscrits dans la rubrique *Je fouille dans ma mémoire* (page 456), et explique leur sens.

b) Rédige une phrase avec chacun des mots trouvés en a).

c) Dans quel type de texte pourrais-tu utiliser ces phrases? Explique ta réponse.

2 Récris les définitions suivantes et complète-les.

a) La ≈ est la science qui étudie le mouvement.

b) La ≈ est un petit disque souple utilisé pour le stockage des données.

c) Nous achetons des disques chez le ≈ .

d) Le ≈ adore le cinéma.

e) La liste de l'ensemble des disques d'une vedette est sa ≈ .

f) Le ≈ réalise des films. (Ce mot peut également signifier «metteur en scène» ou «opérateur».)

g) Steven Spielberg a réalisé de nombreuses œuvres ≈ .

3 **a)** Lorsque tu entends le mot «discothèque», à quel genre de musique penses-tu?

b) Si tu as pensé à un genre de musique en particulier, l'as-tu fait en fonction de la connotation du mot ou de sa dénotation? Comment le sais-tu?

c) Rédige une phrase où tu donneras un autre sens au mot «discothèque».

4 Si tu devais expliquer ou schématiser les connaissances que tu as acquises dans cette partie de ton manuel, comment procéderais-tu?

grammaire
du texte

Le système des temps verbaux

J'observe

1 Lis les phrases suivantes.

   a) Luce devra réagir avant qu'il ne soit trop tard.

   b) Majorie écoutera la télévision quand elle aura terminé ses devoirs.

   c) Lorsque le rideau tombe, les spectateurs quittent la salle.

   d) Les enfants attendent à l'intérieur jusqu'à ce qu'il cesse de pleuvoir.

   e) Quand j'étais en vacances, je me reposais.

2 Identifie la subordonnée circonstancielle de temps de chacune des phrases précédentes. Précise ensuite le mode et le temps des verbes utilisés dans chacune de ces phrases.

3 **a)** Parmi les phrases du numéro 1, trouves-en deux dont le verbe de la subordonnée exprime une action qui n'a pas forcément lieu.

   b) À quel mode et à quel temps sont conjugués les verbes de ces subordonnées ?

4 Observe la phrase suivante.

$$P_1$$

Clothilde nous parlera .... P_2

GNs + **GV** + ⎡lorsque⎤ le moment sera venu.

   a) Repère la subordonnée et indique le mode et le temps de chacun des verbes de la phrase.

   b) Quelle action est située le plus loin dans le temps ?

   c) Réduis cette phrase ($P_1 + P_2$) à une phrase de base. Quelles manipulations as-tu employées ?

   d) Récris cette phrase ($P_1 + P_2$) en utilisant le déplacement.

astuce

Pour t'aider à comprendre la phrase matrice et la phrase enchâssée, place-les à deux niveaux différents et encadre le mot qui relie les deux phrases comme au numéro 4.

5 Observe la phrase suivante et procède de la même façon qu'au numéro précédent.

J'étais toujours heureuse lorsque j'avais terminé mon travail.

6 Observe la phrase suivante et procède de la même façon qu'au numéro 4.

Quand le téléphone sonne, je me précipite dans sa direction.

Je garde en mémoire

- Comme tu peux le constater, le verbe d'une subordonnée circonstancielle de temps n'est pas toujours conjugué au même mode et au même temps que le verbe de la phrase matrice.

  Exemple : J'aime ce disque depuis que tu me l'as offert.

- Les temps des verbes sont harmonisés selon l'ordre dans lequel se produisent les actions de la phrase. L'action de la subordonnée peut être antérieure (passé), simultanée (présent) ou postérieure (futur) aux autres actions.

  Antérieure : Depuis que j'ai fait une chute, j'ai mal au dos.

  Simultanée : Aussitôt que le film commence, Andrée s'endort.

  Postérieure : J'avais déjà lu le livre quand j'ai vu le film.

- Lorsque l'ordre des actions est déterminé, il te suffit alors d'harmoniser les temps des verbes.

LIGNE DE TEMPS

... Passé	Présent	Futur...
Antériorité	Simultanéité	Postériorité
passé simple, plus-que-parfait, passé composé, imparfait	PRÉSENT	futur antérieur, futur simple

Attention : les subordonnées circonstancielles introduites par **avant que** et **jusqu'à ce que** contiennent généralement un verbe au subjonctif et expriment une action postérieure à une autre.

Je m'exerce

1 Corrige les fautes de temps que tu trouveras dans la conjugaison des verbes de couleur. Observe le verbe de chacune des phrases matrices.

a) Quand le feu était vert, les voitures avancent.

b) Maryse a attendu Chantal jusqu'à ce qu'elle était arrivée.

c) Louise a ouvert la porte comme je sors.

d) Je partirai dès que tu entres.

e) Je partirai lorsque tu reviens.

2 Récris les verbes des phrases matrices au futur. Quel changement cela entraîne-t-il dans les subordonnées ?

a) Claire ouvre son parapluie lorsqu'il pleut.

b) Les enfants voulaient de la crème glacée quand il faisait chaud.

c) Élisabeth se reposait lorsqu'elle avait terminé sa journée.

d) Sylvie dort quand elle est fatiguée.

e) Pendant que le temps passe, Mathilde reste immobile.

3 Pour chacune des phrases du numéro 2, indique si l'action de la subordonnée (P$_2$) est antérieure, simultanée ou postérieure à celle de la phrase de base (P$_1$).

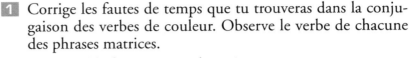

grammaire
de la phrase

La subordonnée circonstancielle de temps

J'observe

1 Lis les phrases suivantes.

a) Demain, j'irai à l'école.

b) Élodie écoute la radio avant son départ.

c) Nous aimions cette émission avant qu'elle ne change.

d) Depuis deux jours, France est en vacances.

e) Les voisins s'ennuient depuis que nous sommes partis.

2 Relève le complément de phrase (cp) de chacune des phrases du numéro précédent, s'il y a lieu.

3 **a)** Parmi les phrases du numéro 1, lesquelles ont, à ton avis, une subordonnée qui peut être effacée et déplacée?

b) Récris-les.

c) À quel mode et à quel temps est conjugué le verbe de chacune des subordonnées que tu as trouvées au numéro b)?

4 Quelle information apportent les groupes de mots que tu as relevés au numéro 2?

a) Le lieu de l'action.

b) Le temps où a lieu l'action.

c) Les causes de l'action.

d) Les conséquences de l'action.

e) Le but de l'action.

5 Lis les phrases suivantes.

a) Quand je m'ennuie, je bricole des inventions de toutes sortes.

b) Dès que je rentrerai, je me mettrai au travail.

c) Nous partirons lorsque tout le monde sera prêt.

d) Depuis l'invention de la roue, le progrès n'a jamais cessé.

e) Pendant que je consulte cette revue scientifique, les minutes passent.

6 Relève tous les GNs des phrases précédentes.

7 Note les deux GV de chacune des phrases du numéro 5.

8 Sépare chacune des phrases du numéro 5 en deux parties, comme ci-dessous, en plaçant d'abord la matrice (P_1), puis la subordonnée (P_2). Encadre le mot qui joint la P_1 à la P_2.

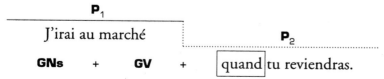

9 Quels mots réunissent les différentes paires de phrases?

10 Quel nom donnerais-tu à ces mots?

astuce

Attention! Souviens-toi que les cp peuvent être déplacés et effacés.

je fouille dans ma mémoire

La langue utilise d'autres procédés pour indiquer le temps.

• Un GN : **Le jour suivant,** elle revint.

• Un GPrép : **Après un moment,** elle revint.

• Un GAdv : **Demain,** elle reviendra.

C O N N A I S S A N C E S

Dans une phrase, la subordonnée circonstancielle de temps :

1. peut être effacée et déplacée ;

P₁
Le soleil resplendit   **P₂**

GNs + **GV** + depuis que nous sommes arrivés.

Exemples :
Le soleil resplendit.
Depuis que nous sommes arrivés,
le soleil resplendit.

2. remplit la même fonction qu'un complément de phrase ;

Depuis hier, le soleil resplendit.
Depuis que nous sommes arrivés, le soleil resplendit.

3. est une expansion de la phrase matrice ;

La lune brille depuis que la nuit est tombée.

4. marque le temps d'une action.

Quand le chat n'est pas là, les souris dansent.

? carnet-info

Tu dois porter une attention particulière au mot **comme.**

• Si tu peux le remplacer par **au moment où,** il introduit une subordonnée circonstancielle de temps ; c'est un **subordonnant.**

Exemple : Elle est partie **comme j'arrivais.**

• Si tu peux le remplacer par **puisque,** il introduit une subordonnée circonstancielle de **cause** ; c'est également un **subordonnant.**

Exemple : **Comme nous avons bien travaillé,** nous serons récompensés.

• S'il indique la **manière,** c'est également un **subordonnant.**

Exemple : J'ai assemblé le robot **comme c'était indiqué sur le plan.**

• Lorsque **comme** n'introduit pas un **GNs** + un **GV,** il ne joue pas le rôle de subordonnant.

Exemple : **Comme un chat,** elle s'est faufilée jusqu'à moi.

Je m'exerce

1 Relève, dans chacune des phrases suivantes, la subordonnée circonstancielle de temps.

a) Quand les filles seront prêtes, nous partirons.

b) L'été, lorsque le soleil brille, il fait chaud.

c) Ouvre la fenêtre, avant que nous n'étouffions.

d) Les fillettes jouent à l'extérieur dès qu'elles le peuvent.

e) Comme j'ouvrais la porte, il s'est envolé !

2 Récris les phrases du numéro 1 et remplace les subordonnées circonstancielles de temps par des GFcp.

3 En observant les phrases du numéro 1, dresse une liste des conjonctions de subordination et des locutions conjonctives de subordination qui peuvent introduire des subordonnées circonstancielles de temps.

orthographe grammaticale

Les adverbes

J'observe

Lis attentivement le texte suivant.

La machine à beauté

1   *Après avoir pris soin de fermer tous les rideaux, Arsène Clou se frotte les mains. Le déménagement lui a été profitable. Il a pu réunir sur une série de petites cartes trouées toutes les informations contenues dans le dossier d'Anne-Marie Galope.*

2   *Pour certaines personnes, ces petits trous ne veulent rien dire. C'est carrément du chinois ou du martien. Quand on ne connaît pas intimement un ordinateur, on s'embourbe facilement dans le langage de l'informatique.*

3   *Un spécialiste comme Arsène Clou ne piétine pas inutilement. Il faut le voir nourrir sa machine à beauté.*

4   *Il insère délicatement ses cartes perforées dans de petites fentes taillées à cet effet. La machine ronronne un peu, allume quelques-unes de ses lumières et laisse bouger les aiguilles de ses cadrans. Tout cela veut dire qu'elle accepte les informations. Et elle les digère très bien. Gourmande, elle bouffe les cartes avec le plus bel appétit.*

5   *La scène devient touchante. La machine avale gloutonnement et le savant, au comble de la joie, sourit béatement. Ses trois assistants sourient également. La bouche ouverte, ils suivent attentivement chacun des gestes du professeur.*

6   *Après un gros quart d'heure durant lequel même Catou n'a osé bouger une oreille, la machine est prête. Et le professeur Clou s'énerve. Il tourne en rond. Ses petits yeux n'ont pas besoin de dire un mot. Ils cherchent évidemment le premier cobaye. Qui sera volontaire? Qui voudra bien risquer de devenir la plus belle personne de la ville? Qui, le plus franchement du monde, voudra franchir la porte de la célébrité?* ⚜

(Raymond Plante)

1 Note tous les mots en « -ment » que tu as rencontrés au cours de ta lecture.

2 Dans les phrases suivantes, pourrais-tu effacer les mots en « -ment » ?
a) Il insère délicatement sa carte…
b) C'est carrément du chinois ou du martien.

3 Quel genre d'information apportent **délicatement** et **carrément** ? Ils précisent :
a) le temps où a lieu l'action ;
b) le lieu de l'action ;
c) la manière ;
d) que l'action n'a pas lieu.

4 Lis les phrases suivantes.
a) Elle comprend facilement.
b) Elle comprend bien.
c) Elle comprend petit à petit.
d) Elle comprend difficilement.

5 Quelles phrases ont un sens semblable dans le numéro précédent ?

6 Au numéro 4, quelle phrase a un sens contraire aux autres ? Quel mot te l'indique ?

7 Au numéro 4, quelle phrase a un sens de progression ?

Je garde en mémoire

1 L'adverbe modifie le sens du mot qu'il accompagne. Cette classe de mots invariables précise le sens d'un mot ou d'une phrase en apportant des informations sur :

La manière : vite, mal, bien, lentement, ensemble…
Exemple : Nous travaillons rapidement.

Le lieu : là, ailleurs, ici, dehors…
Exemple : Ils sont partis ailleurs.

Le temps : autrefois, à l'instant, souvent, hier, demain, parfois…
Exemple : Hier, nous étions en congé.

La négation : aucunement, jamais, non, ne pas…
Exemple : Les clients ne sont pas intéressés par ce produit.

2 L'adverbe peut être complexe : sans doute, peut-être, bien sûr, à contrecœur, petit à petit…

3 L'adverbe peut indiquer l'intensité (le degré) de l'action exprimée par le mot qu'il accompagne.

COMPARATIF		SUPERLATIF
d'infériorité	**de supériorité**	
Moins… Moins mal…	Plus, davantage… Mieux… Plus mal…	Le plus, le mieux, le moins, le pire…

4 **a)** Généralement, on forme les adverbes en « -ment » en ajoutant le suffixe « -ment » au féminin de l'adjectif (si celui-ci se termine par une consonne au masculin).

Exemple : doux, doucement.

b) Quand l'adjectif masculin se termine par une voyelle, on ajoute immédiatement le suffixe.

Exemple : vrai, vraiment.

c) Les adjectifs en « -ant » et en « -ent » deviennent respectivement des adverbes en « -amment » et en « -emment ».

Exemples : vaillant, vaillamment ;
prudent, prudemment.

- Attention !
gentil, gentiment ;
énorme, énormément.

Je m'exerce

1 Forme des adverbes avec les adjectifs suivants.

a) grand **h)** faible **o)** fréquent

b) poli **i)** grave **p)** vaillant

c) nul **j)** juste **q)** gentil

d) rageur **k)** abondant **r)** habile

e) frais **l)** prudent **s)** inverse

f) lent **m)** négligent **t)** énorme

g) piteux **n)** puissant

2 Indique si les adverbes de couleur suivants précisent le temps, le lieu, la manière ou la négation.

a) On s'embourbe facilement dans ce langage.

b) Louise n'ira pas camper.

c) Une spécialiste ne piétine pas inutilement.

d) Plus tard, l'appareil sera installé.

e) Dehors, il fait froid.

f) Cet appareil ne nous rend pas service.

g) Autrefois, le cinématographe n'était pas perfectionné.

h) Tiens, pose-le là.

i) Anne-Marie est arrivée hier.

orthographe d'usage

Les abréviations

J'observe

Lis la liste d'épicerie qui suit.

> ### Liste d'épicerie
>
> 1 L de lait
> 725 ml de jus de pomme
> 1 kg de viande hachée
> 300 g de café moulu
> 2 m de ficelle
> 3 ampoules électriques de 60 W

1 Trouve la quantité désirée pour chacun des produits qui s'y trouve.

2 Quand tu vérifies un mot dans le dictionnaire, que signifient les lettres suivantes, qui précèdent la définition ?

a) n.m. b) n.f. c) adv. d) v. e) prép. f) adj. g) conj.

3 a) Selon toi, est-ce que l'abréviation est un procédé utile ?

b) Explique ta réponse.

Je garde en mémoire

Énoncés	Exemples
1. L'abréviation consiste à écrire un mot en n'utilisant qu'une partie des lettres qui le composent.	M. (monsieur), p.c.q. (parce que), masc. (masculin)
2. Dans la plupart des cas, une abréviation ne s'emploie qu'à l'écrit et n'a pas de prononciation propre. L'abréviation permet d'économiser du temps et de l'espace à l'écrit.	On dit « monsieur », même si c'est écrit M.
3. Les abréviations par initiales : Un mot peut être remplacé par sa première lettre ou, dans le cas d'une locution, par la lettre initiale de chacun des mots qui la compose.	p. (page), c.-à-d. (c'est-à-dire)
4. L'initiale est suivie d'un point, sauf dans le cas où l'abréviation est un sigle.	ONU (Organisation des Nations unies)
Les abréviations d'unités de mesure ne prennent pas de point.	km, cm
5. La suppression des lettres médianes : On peut abréger un mot en ne gardant que le début et la fin de ce dernier. Généralement, la fin du mot s'écrit au-dessus de la ligne et on ne met aucun point.	N^o (numéro), Cie (compagnie) Mme (madame), D^r (docteur)
6. La réduction du mot (phénomène un peu différent de l'abréviation) : On réduit un mot en enlevant complètement un des éléments (souvent grecs ou latins) qui le composent. Dans de tels cas, on ne met pas de point. Ces abréviations s'utilisent à l'oral quand tu parles avec tes camarades. Elles sont proscrites à l'écrit à moins que tu ne veuilles les reproduire dans un dialogue.	auto (mobile), prof (esseur)

Je m'exerce

1 Trouve la réduction des mots suivants.

a) photographie
b) motocyclette
c) kilogramme
d) métropolitain
e) stylographe
f) microphone
g) radiophonie
h) vélocipède
i) taximètre

2 Trouve la signification des abréviations suivantes.

a) m
b) kg
c) cm
d) 2^e
e) 1er
f) D^r
g) St, Ste
h) max.
i) masc.
j) plur.

Amorce

Comme tu as pu le constater tout au long de ce thème, l'être humain invente depuis la nuit des temps. Au fait, l'acte d'écrire est une forme d'invention puisque celle-ci permet aux scripteurs d'inventer des personnages, des scènes, des actions… qui prennent vie par la lecture.

Je prépare la production de mon texte

Lorsque tu as lu « Fichez-moi la paix ! » de Briac, aux pages 441 à 443, tu as constaté que toutes les raisons sont bonnes pour imaginer un tour pendable. Dans le cas de Patrice, il a inventé une créature dans le but de jouer un tour qui le fera sans doute bien rigoler. Au besoin, relis le texte afin de répondre aux questions suivantes.

1 L'invention de Patrice est-elle vraisemblable ?

2 Si l'auteur de cette aventure l'avait voulu, aurait-il pu permettre à son héros (Patrice) d'inventer une créature invraisemblable ?

3 Dans cet extrait narratif, quel signe typographique l'auteur utilise-t-il pour faire parler ses personnages ?

4 Crois-tu que le titre du roman représente bien cette histoire ? Explique ta réponse.

Je planifie la production de mon texte

je fouille dans ma mémoire

Tu connais la structure du texte narratif. Au besoin, relis les pages 632 et 633 de ton manuel.

Voici maintenant l'occasion pour toi de faire fonctionner ton imagination.

TEXTE NARRATIF

Ça y est ! Ton invention est juste à point. Tu y as travaillé tellement longtemps ! Après tous ces efforts, te voilà enfin devant le résultat final, qui te satisfait pleinement. Tu pourras enfin la faire fonctionner et profiter de ses nombreuses utilités. Et hop ! Mais… que se passe-t-il ? Le plancher tremble, ta machine semble vouloir éclater en morceaux… À toi de poursuivre ce texte narratif.

1. Quel effet souhaites-tu produire sur ton lecteur ou ta lectrice?
   a) L'émouvoir.
   b) Le ou la distraire.
   c) Le ou la tenir en haleine.
   d) L'étonner.

2. Dans la production de ce type de récit, peux-tu aller au-delà du réel? Veux-tu créer un objet qui se rapprocherait de la science-fiction?

3. En guise d'événement déclencheur, reproduis la phrase ci-dessous et complète-la.

   Soudain, une fumée grisâtre s'échappa du côté de l'engin…

4. Prépare le plan de ton texte. Revois les parties du schéma narratif à la page 632 de *La trousse*.

5. Couche tes idées sur papier sans composer de phrases. Précise les lieux, le temps (l'an 2000, ou l'an 2400, ou l'an 1800); n'oublie pas tes personnages et, surtout… ton invention ou l'invention créée par ton personnage.

Je rédige

1. Après avoir transcrit et complété l'élément déclencheur, poursuis ta tâche en rédigeant le déroulement (qui doit contenir au moins deux péripéties), le dénouement et la situation finale. Rappelle-toi que celle-ci consiste en un retour à une situation d'équilibre.

2. Si tu choisis d'insérer des dialogues, assure-toi de le faire convenablement en recourant aux informations données dans la Halte savoir-faire, aux pages 445 à 449.

3. Tu devras choisir un type de narrateur ou de narratrice et le conserver tout au long de ton texte.
   a) Présence du narrateur ou de la narratrice. (Alors, indique sa présence par le «je».)
   b) Absence du narrateur ou de la narratrice. (Cela veut dire que l'histoire sera racontée par un «il» ou une «elle».)

4. Assure-toi de recourir à différents mots de substitution pour éviter les répétitions.

   Exemple : l'invention, l'engin, la machine…

5 Utilise les organisateurs textuels que tu connais pour indiquer les relations entre les principales étapes de ton récit.

6 Divise ton texte en paragraphes.

7 Ton texte devra contenir de 150 à 200 mots.

Je révise

1 J'ai bien suivi les consignes qui m'étaient présentées.

2 Je m'assure d'avoir respecté toutes les étapes de la tâche.

3 **a)** Je révise mon texte à l'aide de la grille de révision prévue à cet effet.

b) Je tiens compte des connaissances que j'ai acquises dans ce thème afin de bien organiser mon texte.

4 Je transcris mon texte au propre en soignant ma calligraphie.

J'évalue ma démarche d'écriture

Tu dois maintenant évaluer tes capacités en écriture. Tu peux découvrir tes points forts et tes points faibles en répondant aux questions suivantes. Tu trouveras ensuite des façons de résoudre tes difficultés en écriture.

1 Ce texte t'est-il apparu difficile à rédiger ? Pourquoi ?

2 Quelles étapes de la démarche d'écriture te donnent le plus de difficulté ? Selon toi et selon ton enseignant ou ton enseignante, quels points de grammaire étudiés dans le présent thème te causent des ennuis ?

3 Selon le scénario choisi par ton enseignant ou ton enseignante, trouve des solutions pour aplanir tes difficultés en écriture.

4 Écris ces solutions pour être en mesure de t'en souvenir quand tu en auras besoin. Identifie bien le problème avant d'en écrire la solution.

Le monde selon Jean de...

Dans ce livre, les fables de Jean de La Fontaine sont présentées de façon peu banale. Elles sont illustrées d'une manière très contemporaine. De plus, une cassette accompagne ce livre. Jean Besré prête sa voix à un vieux Jean de La Fontaine toussotant et vieillissant, qui commente ses textes en compagnie de son chien.

Un jeu dangereux

As-tu le goût qu'on s'occupe de toi? Irais-tu jusqu'à faire une fugue pour arriver à tes fins? C'est le cas de Natasha. Elle vivra une expérience douloureuse. Réussira-t-elle à sortir de cette impasse où la drogue joue un certain rôle? Pour le savoir, lis ce roman de Chrystine Brouillet.

Le microscope

Dans la collection «Des objets font l'histoire», publiée par les éditions Casterman, ce livre t'explique la provenance du microscope et l'utilité de cet appareil scientifique.

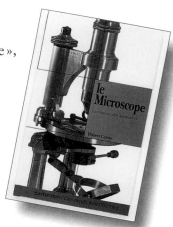

Le mystère de Compton

Sans doute es-tu de celles ou de ceux qui adorent les livres «dont tu es le héros». Voici un roman que tu aimeras tout spécialement. La particularité de ce roman policier, c'est que la lectrice ou le lecteur devient un véritable détective. Tu devras résoudre une disparition et en déterminer les causes. Y a-t-il eu assassinat? Dénoue le mystère en lisant ce captivant récit.

Le don

Joëlle reçoit en cadeau le journal d'une grand-tante. Ce journal lui permet de voir l'avenir et de voyager dans le temps. Ce pouvoir aura des conséquences tragiques. Joëlle devra faire un choix. Lequel? Tu le découvriras en lisant ce roman de David Schinkel et d'Yves Beauchesne.

Les sports

ITINÉRAIRE

À la fin de ce thème,
tu devrais être capable :

- de reconstituer le contenu
  d'un texte narratif
  ou descriptif;

- de reconstituer le plan
  d'un texte narratif
  ou descriptif;

- de comparer le déroulement
  du récit et la chronologie
  de l'histoire;

- d'observer la continuité
  dans un texte par
  l'utilisation des mots
  de substitution;

- de reconnaître un passage
  descriptif dans un texte
  narratif;

- d'utiliser le procédé
  de l'antonymie;

- de reconnaître la phrase
  de base et ses constituants;

- de reconnaître la phrase
  matrice et la phrase
  enchâssée ou subordonnée;

- d'utiliser les temps verbaux
  appropriés;

- de reconnaître une phrase
  non verbale;

- d'orthographier correctement le pluriel des noms
  se terminant par « s », « x »,
  « z », « al », « au », « eu »,
  « eau », « ail » et « ou »;

- d'utiliser correctement
  les lettres « c » et « g »
  devant une voyelle;

- d'utiliser correctement
  la lettre « m » devant
  les lettres « b », « m »
  et « p »;

- d'écrire une situation finale
  en respectant ton intention
  de communication.

1 **a)** Parmi les sports illustrés dans ces deux pages, lequel as-tu déjà pratiqué?

   b) Lequel aimerais-tu pratiquer un jour?

2 Nomme trois qualités nécessaires à la pratique active et régulière d'un sport.

3 **a)** Relève, parmi les documents visuels de ces deux pages, ceux qui illustrent les sports d'équipe.

   b) Nomme deux qualités nécessaires au bon fonctionnement d'une équipe (thème 4).

4 De quels avantages bénéficies-tu en pratiquant un sport :

   a) d'équipe?

   b) individuel?

MISE EN COMMUN

1 Sous forme d'échanges avec un ou une camarade, présente ton sport favori ou un sport que tu aimerais pratiquer. Insiste sur les raisons pour lesquelles tu aimes ce sport ou sur celles pour lesquelles tu aimerais essayer ce sport.

2 Toujours oralement, formule des réponses personnelles aux questions suivantes.

   a) Crois-tu que les sports peuvent rapprocher les êtres?

   b) Peux-tu nommer un événement qui le prouve?

3 Que sais-tu des Jeux du Québec?

4 **a)** Connais-tu les Jeux olympiques?

   b) Saurais-tu nommer des athlètes du Québec qui se sont illustrés à ces jeux?

   c) Pourrais-tu préciser dans quelles disciplines ces athlètes se sont distingués?

   d) Pourquoi éprouves-tu de l'admiration pour ces athlètes? Énumère deux raisons.

Amorce

Depuis ton entrée à l'école, tu as pratiqué et tu continues à pratiquer des sports, en équipe ou individuellement. Certains t'attirent sûrement plus que d'autres. Tu peux les pratiquer pour le plaisir ou pour garder la forme. Discipline, force de caractère, esprit sportif et attitude positive sont les qualités requises pour exceller dans un sport.

Dans ce thème, tu constateras que les sports existent depuis toujours et que l'être humain tente de dépasser ses limites en relevant des défis presque inhumains. L'alpinisme fait partie des sports où le risque est omniprésent. Joe Simpson, alpiniste anglais de renom, en a fait l'expérience en 1985.

Accompagné de son ami Simon Yates, Joe escalade la Siula Grande, au Pérou, un des défis de la cordillère des Andes. À leur descente, la corde à laquelle Joe est suspendu ne cesse de l'entraîner vers le bas. Il semble que Simon ne puisse contrer le vent et les rafales pour l'aider. Entre-temps, Joe est parvenu à faire un nœud de Prussik (un nœud autobloquant). Il est là, contre la paroi, se balançant comme un pendule au-dessus d'un gouffre… Sa situation s'est stabilisée. Tu liras la suite palpitante de ce fait vécu.

Je planifie ma lecture

1 Lis le titre et observe les illustrations accompagnant le texte.

  a) Cette observation et l'amorce te donnent-elles suffisamment d'indices pour confirmer que le texte que tu liras traite de l'alpinisme?

  b) As-tu déjà vu un film ou lu un livre traitant de ce sujet?

  c) Prends une feuille et note ce que tu sais sur ce sujet. (Conserve cette feuille. Tu l'utiliseras après ta lecture pour compléter tes vérifications.)

2 **a)** Après ta lecture de l'amorce, crois-tu que Joe se sortira de l'impasse dans laquelle il se trouve?

  b) En cinq lignes, imagine une conclusion ou une situation finale à ce récit. (Conserve ta feuille, tu auras à vérifier si ce que tu as rédigé ressemble au récit de Joe Simpson.)

3 Tu as survolé le texte. Tu connais tes compétences en lecture et ta motivation à l'égard du thème de ce texte.

  a) Ce texte te semble-t-il facile, difficile ou très difficile à lire? Explique ta réponse.

  b) Ce texte t'apparaît-il fascinant, intéressant ou ennuyant? Explique ta réponse.

4 Dans quelle intention liras-tu ce texte? Vérifie ton hypothèse émise au numéro 2 a).

5 Profite de ta lecture pour relever les mots qui pourraient te causer des problèmes.

6 Tu es maintenant en mesure d'entreprendre ta lecture et de participer à l'aventure de Joe Simpson et de Simon Yates. Bonne lecture!

Je lis

La mort suspendue

1 *Pendu au bout de ma corde, dodelinant de la tête, je cédais à une immense lassitude. J'aspirais de toutes mes forces à une fin rapide. À quoi bon ces raffinements de torture? Je n'en voyais pas la nécessité.*

2 *La corde bougea et je descendis de quelques centimètres. Combien de temps cela va-t-il durer, Simon? Combien de temps avant que tu me rejoignes? Encore un peu de patience... La corde vibra de nouveau. Ce câble tendu entre nous me transmettait un message plus efficacement qu'une ligne téléphonique. Ainsi l'histoire se termine ici. Pitié! J'espère qu'au moins quelqu'un nous trouvera et saura que nous avons vaincu la face ouest. Je ne veux pas disparaître sans laisser de traces, sans que personne n'apprenne que, malgré tout, nous avons réussi!*

3 *J'oscillais doucement, au gré du vent. En dessous, la crevasse me guettait. Elle était énorme; au moins six mètres de large. Je me balançais environ cinq mètres au-dessus d'elle. Elle longeait toute la base du mur de glace. Juste sous mes pieds, un pont de neige la recouvrait, mais un sombre gouffre béant s'ouvrait sur la droite. Je pensai : un gouffre sans fond. Mais non, les crevasses se terminent toujours. Je me demandais jusqu'à quelle profondeur je descendrais. Jusqu'au fond... jusqu'à l'eau qui coule tout au fond? Mon Dieu! J'espère que non!*

astuce

1. Sur une feuille, relève les mots difficiles et indique le paragraphe où tu les as rencontrés pour pouvoir y revenir.

2. Après ta lecture, révise tes notes, retourne au texte et cherche le sens de ces mots difficiles. Utilise les astuces que tu connais déjà; sinon, le dictionnaire est l'outil à employer.

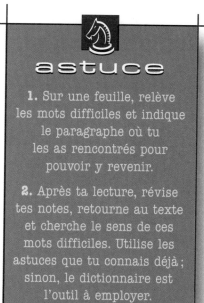

Légende

plus de 1000 mètres

⊙ capitale

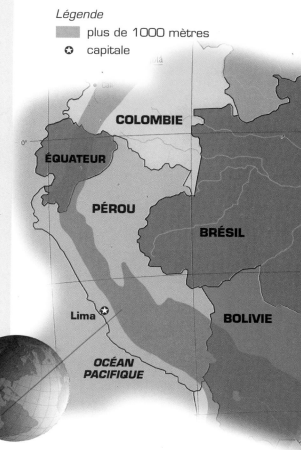

COLOMBIE

ÉQUATEUR

PÉROU

BRÉSIL

Lima ⊙

BOLIVIE

OCÉAN
PACIFIQUE

4　Une autre secousse. Là-haut, la corde avait entamé le bord de la falaise, délogeant des blocs de glace. Je suivais des yeux ce fil auquel j'étais suspendu; il se fondait dans la nuit. Le froid avait finalement gagné la bataille, insensibilisant mes jambes, puis mes bras. Mon cerveau lui-même tournait au ralenti. Quelques vagues questions absurdes me traversaient l'esprit, je ne me donnais d'ailleurs pas la peine d'y répondre. J'avais fini par accepter l'idée de la mort. C'était la seule issue, elle ne m'effrayait plus. Le froid m'avait anesthésié, et je me fichais éperdument du reste. Je ne souhaitais plus qu'un sommeil profond, sans rêve. La réalité avait tourné au cauchemar et le sommeil m'appelait avec insistance; un gouffre noir s'offrait à moi, où s'abolissaient le temps et la douleur, un abîme semblable à la mort.

5　Ma lampe frontale avait fini par s'éteindre, les piles n'avaient pas résisté <u>au</u> froid, et par <u>une</u> trouée sombre au-dessus de ma tête, je vis scintiller <u>des</u> étoiles. Des étoiles ou des lumières dans ma tête? La tempête s'était calmée. Je regardais ces petits points brillants avec plaisir. Comme des amis qui seraient de retour. Elles semblaient si lointaines, plus lointaines que jamais. Et si brillantes! Le ciel était constellé de pierres précieuses. Quelques-unes étaient animées de légers clignotements, elles scintillaient, et <u>des</u> étincelles de lumière me parvenaient, traversant l'espace.

6　Soudain ce que j'attendais fondit sur moi. Les étoiles disparurent, et je tombai. La corde me cingla violemment le visage et je glissai en silence à travers le néant, dans une chute sans fin, un peu comme dans un rêve. Je tombais vite, plus vite que je l'aurais cru, et j'en eus le cœur chaviré. J'observais ma chute de très loin, d'un air parfaitement détaché, toutes mes angoisses envolées. Voilà, ça y est!

7 Un choc sourd dans le dos me fit reprendre contact avec la réalité. La neige m'engloutit, me caressant au passage d'une main froide et humide. Je tombais sans m'arrêter, et pendant une fraction de seconde je paniquai. La crevasse! Ahhh… Non!

8 La vitesse augmenta, étourdissante, et mon cri resta suspendu dans les airs, loin au-dessus de moi.

9 Un terrible impact. Des éclairs fulgurants éclatèrent devant mes yeux et je perdis connaissance. Un bruit traversa ma conscience, lointain. L'air chassé de mes poumons sous le choc sortait bruyamment de ma poitrine. Des flèches lumineuses traversaient l'obscurité. De la neige dégringolait autour de moi, je l'entendais me frôler, de façon irréelle. De furieux roulements de tambour résonnaient dans ma tête. Peu à peu le martèlement s'estompa et les éclairs diminuèrent d'intensité. J'étais tellement sonné que je restai un long moment à demi conscient, abasourdi. Le temps s'écoulait au ralenti, comme dans les rêves, et je flottais dans l'air, calmement. Immobile, la bouche et les yeux grands ouverts dans le noir, je sentais des ondes parcourir mon corps, je discernais des messages, sans réagir.

10 Je n'arrivais pas à retrouver ma respiration. J'essayais d'expectorer. Rien à faire. Un poids douloureux m'oppressait. Je crachais, je suffoquais, je tentais désespérément d'aspirer une goulée d'air. Toujours rien. Je perçus tout à coup un bruit familier, le grondement du ressac sur les galets, et je me détendis. Je fermai les yeux, me laissant emporter par des ombres floues. Un spasme me secoua, ma poitrine se souleva et le bourdonnement cessa tandis que l'air s'engouffrait dans mes poumons.

11 J'étais vivant. Une terrible brûlure me cisaillait la jambe. Elle était repliée sous moi. Mais plus la douleur me transperçait, plus je sentais que j'étais bel et bien vivant… ⚜

(Joe Simpson)

Je construis le sens du texte

1 Tu viens de terminer ta lecture du texte précédent. Tu avais prévu une situation finale au numéro 2 de l'étape *Je planifie ma lecture* (page 474). Cette situation correspond-elle à ce que tu as lu? Explique ta réponse.

2 Pour t'assurer que tu as bien lu et bien compris, réponds aux questions suivantes.

a) En quelle année cette aventure s'est-elle déroulée?

b) Dans quel pays s'est-elle déroulée? Où ce pays est-il situé?

c) De quel pays Simon et Joe sont-ils originaires?

d) Énumère trois qualités que tu attribuerais à Joe et à Simon en fonction de ta lecture.

e) En deux lignes, résume l'intrigue de cet extrait.

3 Reproduis le schéma narratif suivant et complète-le.

a) Résume, en deux phrases, la situation initiale. Indique les paragraphes qui la contiennent et reporte ta réponse dans le schéma.

b) Le choix de l'élément déclencheur inscrit dans le schéma est-il pertinent? Explique ta réponse.

c) Inscris, dans la partie intitulée « Actions de Joe », les principales actions faites par Joe dans les paragraphes 7 à 11 inclusivement.

d) Quel est le dénouement de cet extrait? Inscris ta réponse dans l'espace réservé à cet effet.

astuce

Les actions faites par un personnage sont habituellement racontées au passé simple.

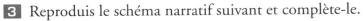

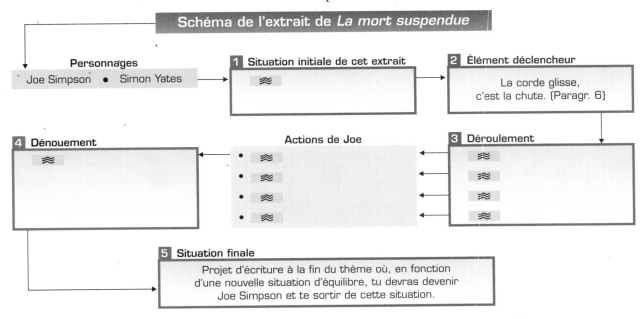

Schéma de l'extrait de *La mort suspendue*

Personnages
Joe Simpson • Simon Yates

1 Situation initiale de cet extrait
≈

2 Élément déclencheur
La corde glisse, c'est la chute. (Paragr. 6)

4 Dénouement
≈

Actions de Joe
- ≈
- ≈
- ≈
- ≈

3 Déroulement
- ≈
- ≈
- ≈
- ≈

5 Situation finale
Projet d'écriture à la fin du thème où, en fonction d'une nouvelle situation d'équilibre, tu devras devenir Joe Simpson et te sortir de cette situation.

4 Sans vérifier dans le texte, remets en ordre les actions énumérées ci-dessous telles qu'elles apparaissent dans l'extrait.

a) Joe a de la difficulté à respirer.

b) Joe est en descente pour revenir au camp, il a vaincu la face ouest de la Siula Grande.

c) Il s'écrase, perd conscience.

d) Il se balance, suspendu dans les airs, au-dessus d'un gouffre.

e) Sa corde est bloquée.

f) Soudain, la corde glisse, glisse et l'entraîne vers le gouffre.

g) Sa lampe frontale s'éteint.

h) Il est entraîné à toute vitesse.

5 **a)** Joe a un allié : Simon. Pourrais-tu nommer au moins deux objets susceptibles d'aider Joe?

b) Quels éléments menacent Joe? Énumères-en trois. Comment le sais-tu?

6 **a)** Selon toi, quel est le plus grand problème auquel Joe doit faire face? Explique ta réponse.

b) Qui peut sauver Joe? Comment?

c) Relis le paragraphe 2. Ce paragraphe confirme-t-il ta réponse? Explique-toi.

7 **a)** Relis les paragraphes 2 et 3.

b) Relève, dans ces deux paragraphes, les phrases qui racontent des faits.

c) Relève, dans ces deux paragraphes, des phrases qui décrivent des situations.

d) À quel temps et à quel mode les verbes de la partie narrative sont-ils conjugués?

e) À quel temps et à quel mode les verbes qui décrivent des situations sont-ils conjugués?

8 Reproduis une constellation semblable à celle-ci. Inscris-y les effets du vent et du froid sur Joe Simpson. Pour t'aider, relis les paragraphes 3, 4 et 5.

je fouille dans ma mémoire

Aux thèmes 3 et 4, tu as étudié des notions qui t'aident à reconnaître le temps et le mode des verbes utilisés dans la narration des faits et dans la description des situations.

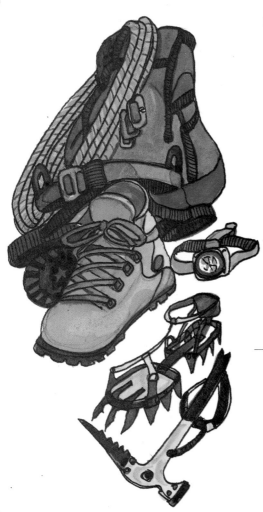

9 Ce récit te paraît-il vraisemblable? Explique ta réponse.

10 ☀️GT Pour éviter les répétitions, l'auteur utilise la reprise d'information. Au paragraphe 5, relève cinq mots ou groupes de mots qui signifient **étoiles** dans le contexte de cet extrait.

11 Au paragraphe 7, l'auteur prête à la neige un pouvoir humain. Quelle phrase du texte appuie cette interprétation?

12 **a)** À ton avis, sur quelle période les faits relatés se déroulent-ils?

1) Plusieurs heures.

2) Plusieurs jours.

3) Plusieurs mois.

b) Comment le sais-tu?

Je réagis au texte

1 **a)** Cette lecture te rappelle-t-elle des personnes dont les exploits s'apparentent à ceux de Joe Simpson?

b) Dans quelles disciplines ont-elles excellé?

2 **a)** Qu'aurais-tu fait à la place de Joe?

b) Qu'aurais-tu fait à la place de Simon?

c) À quel personnage aimerais-tu ressembler? Pourquoi?

3 Qu'est-ce qui t'a davantage plu dans la façon qu'a Joe Simpson de raconter ses aventures?

Après un périple au Pérou, voici maintenant l'occasion pour toi de connaître le mérite d'une athlète de chez nous, Chantal Petitclerc. Sa carrière de marathonienne en fauteuil roulant est un exemple de courage.

Je planifie ma lecture

1 Quels indices t'incitent à croire que le texte qui suit décrit une personne qui existe vraiment?

a) Le titre.

b) Le sport dont il est question.

c) La photo.

2 Observe bien le sous-titre et la photo qui accompagne ce texte. Quel sera le sujet de cet article?

3 Dans quel genre de revue pourrait paraître un tel article?
a) Une revue scientifique.
b) Une revue d'actualité politique.
c) Une revue destinée aux adolescents.
d) Une revue sportive.
e) Un journal quotidien.

4 Pourquoi ce texte pourrait-il t'intéresser?

5 Lis attentivement le texte en l'annotant si tu possèdes ta propre copie. Auparavant, prends connaissance de l'astuce qui t'est suggérée ci-contre.

astuce

Tu sais ce qu'est le schéma descriptif. Sur une feuille, reproduis-le et note ce qui apparaît dans :

1. l'introduction ;

2. le développement :
• 1er aspect ;
• 2e aspect ;
• 3e aspect ;

3. la conclusion.

Je lis

Chantal Petitclerc : un exemple de courage

UN SPORT OFFICIEL

1 En mai 1992, Chantal Petitclerc prenait part aux essais paraolympiques à Sherbrooke, en vue des neuvièmes Jeux qui se sont déroulés à Barcelone du 3 au 14 septembre. Elle s'est classée pour les épreuves du 200, 400, 800 et 1500 m.

2 La pratique de son sport lui a fait également découvrir plusieurs pays, dont le Japon. « Ma plus grande expérience a été lors des Championnats mondiaux à Tokyo, l'année dernière. Courir le 800 m en démonstration devant 55 000 spectateurs, c'est très impressionnant. En gagnant une médaille de bronze, j'ai voulu montrer aux amateurs que le sport en fauteuil roulant c'était bien "trippant" », avoue-t-elle.

3 Chantal souhaite ardemment que l'épreuve du 800 m devienne un sport officiel aux Jeux olympiques d'Atlanta en 1996. Une des meilleures au monde sur la distance, Chantal a disputé le 800 m (sport de démonstration) aux Jeux de Barcelone, au mois d'août.

4 Pour son gérant, Martin Chicoine, il n'y a pas d'athlètes féminines de son calibre au Québec. «Chantal doit se mesurer en compétition contre les meilleures au monde. Elle est de niveau international», ajoute-t-il.

5 Très confiante en elle, Chantal Petitclerc avoue qu'elle peut encore s'améliorer. «Si tu veux gagner, il faut que tu croies en toi.» Voilà un beau message de la part d'une athlète qui suscite le courage et l'admiration. Chantal Petitclerc est de la race des vrais athlètes. *Vidéo-Presse* lui souhaite bonne chance dans sa carrière et dans la vie. ■

(Vidéo-Presse)

Je construis le sens du texte

1 Quel aspect résume le mieux l'article précédent?

  a) L'avenir de Chantal.

  b) Les performances de Chantal.

  c) La vie personnelle de Chantal.

2 Replace, selon l'ordre de leur apparition dans le texte, les sous-aspects suivants.

  a) Le message de Chantal.

  b) Les épreuves pour lesquelles Chantal s'est classée.

  c) Le niveau de compétition atteint par Chantal.

  d) L'épreuve favorite de Chantal.

  e) Chantal découvre le Japon.

3 a) Tes réponses correspondent-elles à ce que tu avais noté dans ton schéma, au moment de ta première lecture ?

b) Si oui, pourquoi ?

c) Sinon, comment peux-tu améliorer ta façon d'annoter un texte ?

4 🌞 GP Comme tu as pu le constater, Chantal voyage beaucoup. Transcris les énoncés suivants et complète-les en y insérant des noms de villes ou de pays, selon le cas.

À ≈ , elle s'est classée au 200, 400, 800 et 1500 mètres en vue des Jeux de ≈ . Au cours de ses nombreux voyages, elle a même découvert le ≈ , où les foules immenses l'ont impressionnée. Chantal aimerait bien qu'à ≈ , en 1996, l'épreuve du 800 m devienne un sport officiel.

5 Relis le paragraphe 4. Quelle phrase résume le mieux ce paragraphe ? Comment le sais-tu ?

6 🌞 GP Observe le paragraphe 5.

a) Quel adjectif complète «Chantal Petitclerc» ?

b) Relève l'expansion qui complète le nom «athlète».

c) Quel nom donnes-tu à cette expansion ?

d) Quel adjectif complète le nom «athlètes» ?

Je réagis au texte

1 À ton avis, pourquoi Chantal Petitclerc est-elle un exemple de courage ?

2 Connais-tu d'autres sports où les matchs se disputent en fauteuil roulant ou des sports qui sont pratiqués par des personnes handicapées ? Énumères-en deux.

3 Encourages-tu la tenue de Jeux olympiques pour personnes handicapées ? Pourquoi ?

4 Considères-tu que ces Jeux spéciaux pourraient être intégrés aux Jeux olympiques ? Pour quelles raisons ?

5 Dans le cadre d'une discussion, fais valoir ton point de vue en prenant soin d'expliquer deux raisons qui justifient ta position.

J'APPRENDS À RECONNAÎTRE DIFFÉRENTES FORMES D'ORGANISATION DE TEXTES COURANTS

Tout au long de tes études, tu liras des textes traitant de sujets semblables mais présentés de différentes façons. Certains textes sont organisés à l'aide de titres, de sous-titres, d'intertitres, d'illustrations. D'autres adoptent une présentation plus abrégée. Ce sont alors les caractères typographiques qui deviennent les organisateurs (gras, italiques, couleurs, soulignés, etc.).

Note : à l'oral, d'autres règles sont utilisées.

Pourquoi dois-tu tenir compte de ces formes de présentation ?

La connaissance des différentes façons d'organiser un texte te permettra, entre autres :

- d'imaginer le contenu du texte ;
- d'accélérer ta vitesse de lecture ;
- d'organiser tes connaissances à l'intérieur des schémas que tu connais déjà.

Comment développeras-tu tes habiletés ?

Avant :
- survole l'ensemble du texte ;
- vérifie le titre, le sous-titre, les intertitres ;
- relis l'amorce ;
- vérifie le nom de l'auteur ou de l'auteure, les illustrations, la date, etc.

Pendant :
- prends des notes et surligne les passages importants si tu as une copie du texte ;
- identifie l'introduction et le sujet amené ;
- identifie l'aspect développé dans chaque paragraphe et note-le dans le schéma que tu as préparé ;
- relève le début et la fin de chacun des paragraphes (tu verras ainsi la progression et la cohérence du texte) ;
- relève les mots qui t'apparaissent difficiles.

Après :
Si tu as bien effectué toutes ces opérations, tu seras capable de résumer le texte plus facilement.

Quand dois-tu employer les stratégies suggérées ? Chaque fois que tu es en présence d'un texte dont le sujet est nouveau et lorsque tu veux développer tes habiletés.

Connais-tu les sports extrêmes? Que sais-tu de ce type de sports? Qu'aimerais-tu savoir à leur sujet? Voici trois courts textes, chacun traitant de l'origine et du fonctionnement d'un sport spécifique, ainsi que de l'équipement nécessaire à sa pratique. Observe bien ces courts textes descriptifs et les différents modes d'organisation présentés.

TEXTE 1

Le surf des neiges

ORIGINE

(1965) : Sherman Poppen rassemble deux skis et installe des plaques de caoutchouc pour permettre une meilleure adhérence des pieds.

(1970) : Des fixations sont ajoutées à la planche.

(1977) : Nouvelle vague : les planches de plastique.

(1981) : Première compétition officielle de surf des neiges.

(1998) : Première apparition de ce sport aux Jeux olympiques de Nagano.

FONCTIONNEMENT

Style —
- **libre :** aucune restriction
- **acrobatique :** obstacles, rampes, demi-lune
- **descente :** course de vitesse avec ou sans parcours

ÉQUIPEMENT

Bottes —
- **rigides :** bottes de ski
- **souples :** plus flexibles, lacées
- **hybrides :** semi-flexibles, lacées ou bouclées

Planche —
- **asymétrique :** descente
- **aux extrémités relevées :** style libre

Gants —— À pouces rigides

La planche à roulettes

ORIGINE

- En 1960 : sport peu commun.
- En 1980 : sport populaire.
- 1995 : reconnaissance officielle de ce sport extrême.

FONCTIONNEMENT

- Saut, virevolte, exécution de figures.
- Trajets à effectuer : demi-lune, rampe et autres obstacles.

ÉQUIPEMENT

- Casque
- Genouillères
- Coudières
- Espadrilles en toile ou en cuir

TEXTE 3

Le BMX acrobatique

Ce sport s'est développé au début des années 80. Le BMX recrute sa clientèle chez les jeunes aimant relever les défis. À cette période, ce sont les courses qui deviennent le champ d'attraction des jeunes.

Aujourd'hui, à l'aube de l'an 2000, les adeptes du BMX participent à des compétitions réglementées : la demi-lune et le parcours de rue. Ce sport extrême combine style et créativité. La rampe fait également partie des obstacles à surmonter. Un autre aspect de cette discipline exige du sportif ou de la sportive l'exécution de mouvements d'équilibre difficiles et hautement techniques. Pour pratiquer ce sport en toute sécurité, il faut se munir d'un casque à visière complète, de genouillères, de coudières et d'un plastron pour l'abdomen.

1 Après la lecture des trois textes précédents, lequel t'apparaît le plus facile à comprendre ? Pourquoi ?

2 Relis le texte 3 et dresse un schéma qui respectera le plan d'un schéma descriptif.

3 🌞 GP Reprends le texte 2, « La planche à roulettes ».

a) Récris-le en composant des phrases complètes.

b) Insère des intertitres dans ton texte.

4 Dans quels journaux ou revues pourrais-tu trouver des informations sur les sports extrêmes ?

J'évalue ma démarche de lecture

Tu as terminé ta démarche de lecture. C'est le moment d'évaluer tes apprentissages.

1 Les textes « La mort suspendue » et « Chantal Petitclerc : un exemple de courage » te sont-ils apparus difficiles à lire ? Pourquoi ?

2 Tes difficultés concernent-elles le vocabulaire utilisé ? Si oui, explique ta réponse.

3 Les phrases sont-elles trop longues ? Les textes contiennent-ils trop d'informations nouvelles ?

4 Les grilles ci-dessous correspondent à la numérotation des questions relatives aux textes que tu as lus. Reproduis ces grilles et mets un X à côté des numéros des questions auxquelles tu n'as pas répondu correctement.

La mort suspendue		
Je planifie ma lecture		
1 ≈	3 ≈	5 ≈
2 ≈	4 ≈	6 ≈
Je construis le sens du texte		
1 ≈	5 ≈	9 ≈
2 ≈	6 ≈	10 ≈
3 ≈	7 ≈	11 ≈
4 ≈	8 ≈	12 ≈
Je réagis au texte		
1 ≈	2 ≈	3 ≈

Chantal Petitclerc : un exemple de courage		
Je planifie ma lecture		
1 ≈	3 ≈	5 ≈
2 ≈	4 ≈	
Je construis le sens du texte		
1 ≈	3 ≈	5 ≈
2 ≈	4 ≈	6 ≈
Je réagis au texte		
1 ≈	3 ≈	5 ≈
2 ≈	4 ≈	

5 Maintenant, note les étapes où tu as éprouvé de la difficulté. Demande-toi pourquoi cette partie est plus difficile pour toi.

- Je planifie ma lecture ≈
- Je construis le sens du texte ≈
- Je réagis au texte ≈

6 Trouve des moyens de surmonter tes difficultés en lecture, note-les sur une feuille et soumets-les à ton enseignante ou à ton enseignant.

7 Conserve ta feuille pour être en mesure de te souvenir des moyens trouvés quand tu en auras besoin. Identifie bien le problème avant d'en écrire la solution.

lexique

Le procédé de l'antonymie

J'observe

1 À l'aide du dictionnaire, trouve le sens des mots suivants.

a) exclure   **b)** inclure

2 Sur le plan de l'orthographe, quelle différence remarques-tu entre ces deux verbes ?

3 Quelle partie du verbe inclure te permet d'affirmer que son sens est contraire à celui du verbe exclure ?

4 À l'aide du dictionnaire, trouve la définition des mots possible et impossible.

5 Quelle partie du mot impossible te permet d'affirmer que son sens est contraire à celui du mot possible ?

Je garde en mémoire

Le procédé de dérivation peut servir à former des antonymes.

1 Certains préfixes peuvent introduire une idée de négation.

Exemples : (a-) : <u>a</u>moral ;

(dés-) : <u>dés</u>intéresser ;

(il-, im-, in-, ir-) : <u>il</u>légal, <u>im</u>mortel, <u>in</u>évitable, <u>ir</u>responsable.

2 Certains mots sont des antonymes en raison des éléments grecs ou latins qui les composent et qui leur accordent un sens contraire.

Préfixes	*Exemples*	Suffixes
in- (dans) / ex- (hors de)	interne, externe	
bien- / mal-	bienfaisant, malfaisant	
sur- (trop) / sous- (pas assez)	surestimer, sous-estimer	
anté- (avant) / post- (après)	antérieur, postérieur	
	xénophile, xénophobe	-phile (qui aime) -phobe (qui n'aime pas)

Je m'exerce

1 Trouve le sens des mots suivants.

a) suralimenter   **h)** indépendant   **o)** défavorable

b) indiscret   **i)** antiréglementaire   **p)** malhabile

c) antiphrase   **j)** indigne   **q)** amoral

d) indiscutable   **k)** désespoir   **r)** malpropre

e) désavantage   **l)** imprudent   **s)** décharger

f) incroyable   **m)** impair   **t)** inactif

g) désinfecter   **n)** déséquilibre   **u)** inévitable

2 Trouve l'antonyme de chacun des mots précédents.

3 Observe les unités suivantes. Ajoute à chacune d'elles les deux éléments latins ou préfixes qui te permettront de former un couple d'antonymes.

Exemple : …terne : interne, externe.

a) …porter   **e)** …rieur   **i)** …équipé

b) …clusion   **f)** …térieur   **j)** …heureux

c) …évaluer   **g)** …-muros

d) …peuplé   **h)** …veillant

grammaire du texte

Le système des temps verbaux

J'observe

Lis attentivement le texte suivant.

Premier kyu : seconde ceinture marron

ÊTRE CAPABLE D'ENSEIGNER ET DE TENIR LE CLUB EN L'ABSENCE DES CEINTURES NOIRES

1 *Le samedi soir, William se trouvait dans l'immense gymnase où avait lieu le championnat junior de l'AKA.*

2 *Il était heureux.*

CONNAISSANCES

3 […] *Malgré une sélection sévère, cent quatre-vingt-seize garçons et trente-huit filles avaient été retenus, et il avait fallu attendre toute la journée pour arriver aux finales. William avait combattu à sept reprises et allait maintenant affronter en finale un garçon âgé de seize ans, qui s'appelait Simon Kenzie. Chanceux au tirage au sort, William n'avait rencontré qu'un seul adversaire sérieux en quart de finale. Les arbitres avaient prolongé ce combat pour départager les deux candidats et, finalement, William gagna le point supplémentaire. Il avait également affronté Kenzie à deux reprises et gagné les combats, mais cela ne signifiait pas grand-chose. Tout pouvait basculer lors d'un championnat.*

4 *William regarda la foule de spectateurs autour de lui. Certains lui faisaient des signes de la main. Bien qu'il n'eût invité personne pour le soutenir, William s'était fait des fans au cours de la journée. Il n'avait pas non plus annoncé à son club qu'il participait à ce championnat. Même si William savait qu'il avait de fortes chances de gagner, il avait gardé le silence afin de ne pas passer pour un prétentieux. De plus, comme sa mère n'aimait pas ce genre de manifestation, William avait pris l'habitude de s'y rendre seul.*

5 […] *Enfin ce fut son tour. Il ôta son survêtement et enfila ses protections, dont une devant les dents. Puis il se dirigea vers la surface de combat où Kenzie sautillait sur place. William s'approcha de lui pour le saluer en tapant dans ses gants, mais Kenzie ne voulut rien savoir. William haussa les épaules. Cette attitude ne le troublait pas ; chaque karatéka avait sa manière d'impressionner l'adversaire.*

6 *L'arbitre les appela, leur demanda de se mettre en position, souligna que le match se jouait en trois points, puis baissa le bras pour donner le signal de départ.* ✿

(Nicholas Walker)

1 Les événements décrits dans le texte précédent appartiennent-ils au présent, au passé ou au futur?

2 Observe la phrase suivante : «Puis il se dirigea vers la surface de combat où Kenzie sautillait sur place.»

    a) Lorsque William se dirigea vers la surface de combat, Kenzie était-il déjà en train de sautiller?

    b) Kenzie sautillait-il encore, une fois William rendu sur la surface de combat?

Je garde en mémoire

Dans une narration au passé, le passé simple (ou le passé composé) devient le temps par rapport auquel on situe les autres actions du récit. En fait, le passé simple est le temps utilisé pour décrire les actions au fur et à mesure qu'elles se produisent.

Faits antérieurs	Faits simultanés	Faits postérieurs
Bien qu'il n'eût invité personne pour le soutenir (p.-q.-p. du subj.), William s'était fait des fans au cours de la journée (p.-q.-p. de l'ind.).	William regarda la foule... (passé simple)	Il encouragerait une amie à s'inscrire l'année prochaine (conditionnel présent de l'ind.).
	[...] William savait qu'il avait de fortes chances de gagner... (imparfait)	

Je m'exerce

1 **a)** Reprends le paragraphe 5 et récris-le en commençant par la phrase suivante : «Enfin c'est son tour...»

    b) Que remarques-tu?

    c) Relis les deux textes. Lequel préfères-tu?

    d) Explique ta réponse.

2 **a)** Récris le paragraphe 3 en utilisant le présent de l'indicatif.

    b) Que remarques-tu?

    c) Relis les deux textes. Lequel préfères-tu?

    d) Explique ta réponse.

3 Accorde les verbes du texte suivant au mode et au temps demandés.

La Grèce antique

Les premiers Jeux olympiques de l'Histoire (avoir, passé simple de l'ind.) lieu en 776 av. J.-C. Ils ne (comporter, imparfait de l'ind.) qu'une course. Peu à peu, d'autres épreuves (s'ajouter, passé simple de l'ind.) : lancer du disque, du javelot, lutte, pentathlon, course de chars… À partir de 468, les Jeux (durer, passé simple de l'ind.) cinq jours.

Les vainqueurs ne (recevoir, imparfait de l'ind.) qu'une couronne de lauriers, mais ils (être, imparfait de l'ind.) couverts d'honneurs et de récompenses dans leur ville d'origine. Leur gloire (rejaillir, imparfait de l'ind.) sur la communauté tout entière qui y (gagner, imparfait de l'ind.) prestige et puissance.

4 Maintenant, accorde les verbes suivants au mode et au temps exigés par le texte.

Pendant les Jeux olympiques, on (décréter) une trêve pour toutes les guerres. Seuls participaient les hommes habitant les cités grecques. Les étrangers ne (pouvoir) pas y prendre part, et les femmes n'(avoir) même pas le droit d'y assister. À partir des quinzièmes Jeux (720 av. J.-C.), les athlètes

(courir) nus. Par la suite, plus aucun concurrent ne fut vêtu. Après 388 av. J.-C., même les entraîneurs (devoir) se mettre nus. Cela parce qu'une mère, qui avait entraîné son fils, vainqueur des Jeux, avait été découverte dans l'assistance, déguisée en homme. ∎

(René Ponthus et François Tichey)

grammaire de la phrase

La phrase non verbale

J'observe

Lis les phrases suivantes.

A À quelle heure, la course?

B Pas un mot!

C Casque obligatoire.

D Silence.

E La tactique de Bowman : une réussite.

1 Selon toi, dans quels contextes ces phrases pourraient-elles constituer des phrases complètes?

2 Nomme les mots ou les groupes de mots de ces phrases.

3 **a)** Quelles phrases semblent représenter des phrases impératives?

b) Laquelle est une phrase transformée?

c) Quelle est la phrase de base qui a été transformée pour former cette phrase?

d) Récris la phrase E en y insérant un GV.

Je garde en mémoire

La phrase non verbale ne respecte pas la structure normale d'une phrase P (GNs + GV + GFcp).

Exemples : À l'aide! Non! Amusante, cette histoire! Garder la porte fermée (verbe à l'infinitif).

1 La phrase non verbale peut être formée de deux groupes de mots qui se complètent et qui sont reliés par un signe de ponctuation (: , ;).

Exemple : Les négociations entre les deux équipes, une impasse.

2 La phrase non verbale peut être formée d'un seul groupe de mots.

Exemple : Vente interdite aux mineurs.

3 Généralement, la phrase non verbale utilisée comme titre d'un article ou d'un livre ne prend pas de point si celui-ci ne sert pas à indiquer l'intonation (?, !, …).

Exemple : Le tir à l'arc : technique de précision

Je m'exerce

1 Retourne au texte « La mort suspendue », aux pages 475 à 477 de ton manuel. Relève quatre phrases non verbales et indique dans quels paragraphes tu les as repérées.

2 Dans les pages sportives d'un journal de ton choix, trouve cinq phrases non verbales et précise si elles sont formées d'un ou de deux groupes de mots.

Le déterminant complexe

J'observe

Lis les phrases suivantes.

A M. de Saint-Laurent a mangé quatre-vingts moutons, autant de chapons.

B Il y a plusieurs choses à regarder.

C Il y a tellement de choses à regarder.

D Mille curieux se sont attardés sur les lieux du crime.

E Une foule de curieux se sont attardés sur les lieux du crime.

1 Précise à quel groupe de mots appartiennent «quatre-vingts», «plusieurs» et «mille».

2 Compare les expressions autant de, tellement de et une foule de avec les mots observés ci-dessus. Quel rôle jouent les expressions en question ?

Je garde en mémoire

Lorsqu'une locution ou un groupe de mots remplit la fonction d'un déterminant, il s'agit d'un déterminant complexe. Il est généralement indéfini et désigne une quantité.

Grande : beaucoup de, bien du, énormément de, la plupart de, pas mal de…

Petite : pas un, peu de, un petit nombre de…

Comparable à une autre : autant de, davantage de, moins de…

Je m'exerce

1 Dans les phrases suivantes, remplace le déterminant numéral ou indéfini simple par un déterminant complexe.

a) Aucun bruit ne brisait le silence qui régnait.

b) Elle avait mille projets en tête.

c) Quelques spectateurs quittaient la salle.

d) La fabrication de la machine avait pris plusieurs jours.

e) Deux clients sont passés durant la journée.

2 Si tu voulais dire que la majorité de tes camarades pensent comme toi, quel déterminant complexe utiliserais-tu?

3 **a)** Nomme deux déterminants complexes qui pourraient servir à comparer une quantité avec une autre.

b) Rédige une phrase pour chacun de ces deux déterminants complexes.

orthographe grammaticale

Le pluriel des noms en « s », « x », « z », « al », « au », « eu », « eau », « ail » et « ou »

J'observe

Lis les mots suivants.

A un travail   **E** un gaz   **I** un bijou

B une croix   **F** un cheval   **J** un héros

C un verrou   **G** un chapeau

D un cheveu   **H** un détail

1 Mets les mots ci-dessus au pluriel.

2 Quels mots n'ont pas changé d'orthographe?

3 À l'exception des mots que tu as relevés au numéro 2, quelle lettre termine la plupart des mots ci-dessus lorsqu'ils sont au pluriel?

4 Quelle règle rédigerais-tu à la suite de cette observation?

Je garde en mémoire

Le pluriel des mots se terminant par «s», «x», «z», «al», «au», «eu», «eau», «ail» et «ou»:

1 Les noms se terminant par «s», «x» ou «z» au singulier ne changent pas d'orthographe au pluriel.

Exemples : un pois, des pois;
un nez, des nez;
un prix, des prix.

C O N N A I S S A N C E S

2 Les noms en « al », « au », « eu » et « eau » prennent un « x » au pluriel.

Terminaisons	*Exemples*	Exceptions (« s »)
al	un canal, des canaux	aval, bal, carnaval, chacal, cérémonial, festival, récital, régal, etc.
au	un tuyau, des tuyaux	landau, sarrau
eu	un cheveu, des cheveux	bleu, pneu
eau	l'eau, des eaux	

3 Les noms en « ail » prennent un « s » au pluriel.

Terminaison	*Exemple*	Exceptions (« aux »)
ail	un gouvernail, des gouvernails	bail, corail, émail, travail, vitrail, soupirail, vantail

4 Les noms en « ou » prennent un « s » au pluriel.

Terminaison	*Exemple*	Exceptions (« x »)
ou	un verrou, des verrous	bijou, caillou, chou, genou, hibou, joujou, pou

Je m'exerce

astuce

La grammaire et le dictionnaire sont deux outils fort utiles lorsque tu révises un texte.

1 Corrige les fautes qui se trouvent dans les phrases suivantes.

a) Comme d'autres kangourous, Skippy aurait meurtri ses deux genous en participant à cette course contre les chacaux.

b) Les chevals couraient et on voyait les licoux se tendre.

c) Les spécialistes, vêtus de sarraux, déposaient les jumeaux dans les landaux.

d) Jacques Villeneuve dut sortir de piste pour faire changer les pneux de sa voiture.

e) Les athlètes aiment prendre part aux Jeux olympiques.

2 Écris les mots suivants au pluriel.

a) un canal
b) un nez
c) un commis
d) un bureau
e) un cou
f) un épouvantail
g) un chapeau
h) un caillou
i) un bail
j) un festival
k) un cérémonial
l) un noyau
m) un bijou
n) un clou
o) un bal

Les lettres « c » et « g » devant une voyelle

La lettre « m » devant « b », « m » et « p »

J'observe

1 Classe les mots suivants selon la prononciation de leur première lettre : «j» [ʒ] ou «g» [g].

a) jeu **c)** gaz **e)** gendre

b) girafe **d)** guide

2 Observe les phrases suivantes.

> Le petit garçon imprudent multipliait les cascades incalculées, ce qui, en fin de compte, contrariait sa mère. Celle-ci, pourtant, refusait d'emmurer l'enfant. Elle restait tendue telle une bombe prête à exploser. ■

a) Quels sons peuvent être générés par la lettre « c » dans les phrases précédentes ?

b) Repère toutes les lettres « m » se trouvant devant « b », « m » ou « p » dans ces phrases. Note la lettre qui précède chaque « m » dans cette situation. Écris la syllabe produite.

Je garde en mémoire

1 La lettre « c » :

- devant « a », « o » ou « u » produit le son [k].

  Exemples : canif [kanif], couler [kule]

- devant « e », « i » ou « y » produit le son [s].

  Exemples : cela [s(ə)la], citerne [sitɛʀn]

Cependant, avec la cédille (ç), le « c » peut produire le son [s] devant « a », « o » ou « u ».

Exemple : garçon [gaʀsɔ̃]

2 La lettre « g » :

- devant « a », « o » ou « u » produit le son [g] (gue).
  Exemples : gamin [gamɛ̃], goûter [gute]

- devant « e », « i » ou « y » produit le son [ʒ].
  Exemples : gilet [ʒilɛ], gymnastique [ʒimnastik]

Cependant :

- « gu » devant « e », « i » ou « y » devient [g] (gue).
  Exemples : longue [lõg], naviguer [navige]
- « ge » devant « a », « o » ou « u » devient [ʒ].
  Exemple : vengeance [vãʒãs]

3 La lettre « m » :

- devant « b », « m » et « p » permet les phonèmes « in » [ɛ̃], « an » [ã], « un » [œ̃] et « on » [õ].
  Exemples : grimper [gʀɛ̃pe], emprunter [ãpʀœ̃te], humble [œ̃bl], plomb [plõ].

Cependant, on dit immobile [i(m)mɔbil].

Je m'exerce

1 Relève, dans le texte ci-dessous, les mots qui contiennent une erreur et corrige-les.

> À la compétition, les athlètes ne parlaient pas tous la même langue ni le même language. En effet, sertains ont dû naviger de longues heures et enprunter des chemins inpensables pour parvenir à communiquer. Mais, finalement, tous partagent le même amour de la jymnastique. ■

2 **a)** Comment as-tu procédé pour repérer les erreurs ?

   b) Comment as-tu procédé pour corriger les erreurs ?

3 Choisis trois mots utilisés en exemple dans l'étape précédente *Je garde en mémoire* et construis une phrase pour chacun d'eux.

Amorce

Tu as pu constater, en lisant le texte «La mort suspendue», que l'escalade est, sans conteste, un sport extrême. Un sport qui transporte ses adeptes aux limites de l'émotion. Joe Simpson, quant à lui, grimpe à l'extrême, toujours plus haut, toujours plus loin. Ses talents d'écrivain traduisent à merveille les émotions qu'il vit lors de ses nombreux périples. Son récit, d'une rare intensité, envoûte le lecteur ou la lectrice et lui fait presque… vivre l'aventure!

Je prépare la production de mon texte

Relis le texte «La mort suspendue», aux pages 475 à 477, et porte une attention particulière au choix des verbes et aux procédés employés par l'auteur pour suggérer une atmosphère.

Le choix des verbes

L'auteur choisit avec soin les verbes qu'il utilise afin de préciser davantage son intention : émouvoir son lecteur ou sa lectrice.

Il a choisi :	Plutôt que :
• […] dodelinant de la tête…	[…] bougeant la tête d'un côté et de l'autre…
• J'oscillais doucement…	Je me balançais…
• Ma lampe frontale avait fini par s'éteindre.	Ma lampe frontale avait fini par se fermer.
• La corde me cingla…	La corde me frappa…
• De la neige dégringolait…	De la neige tombait…

L'atmosphère

Le choix des mots et des verbes, les tournures de phrases et la description des lieux sont autant de moyens de suggérer une atmosphère. En arrivant à créer une atmosphère, tu captiveras davantage tes lectrices et tes lecteurs.

Exemple : J'oscillais doucement, au gré du vent. En dessous, la crevasse me guettait. Elle était énorme ; au moins six mètres de large.

Tu viens de relire un texte et, à la suite de cette relecture, tu dois poursuivre la narration à la première personne du singulier (narrateur participant). Ton intention est d'entrer dans la peau de Joe Simpson et d'imaginer une situation finale après sa chute dans le gouffre, alors que sa condition s'est dangereusement détériorée.

Tu veux faire parvenir ton manuscrit à une maison d'édition qui acceptera peut-être de publier ta suite des aventures de Joe Simpson… Tu veux que ton texte s'adresse à des jeunes de ton âge, que tu as ciblés comme destinataires. Tu dois donc adapter ton écriture à un lectorat de jeunes de 12 et 13 ans.

Tu sais que :

a) Joe est vivant et qu'il ne peut tomber plus bas ! « […] j'étais bel et bien vivant… » (paragr. 11).

b) son copain Simon est toujours là-haut… Coupera-t-il la corde pour sauver sa propre vie ?

c) la nuit tombera bientôt ! (nouvel événement déclencheur)

d) le temps passe entre la chute de Joe et le sauvetage. À toi de développer cette situation.

e) ton aventure doit se terminer par un sauvetage.

f) ton texte doit contenir de 25 à 30 lignes.

Je planifie la production de mon texte

1 Tu es Joe Simpson, le narrateur présent. Tu dois donc utiliser le « je ». Quelles sont les principales menaces que tu dois affronter à la suite de ta chute dans le gouffre ? Note tes idées sur une feuille et choisis la plus captivante, la plus originale, celle qui est susceptible d'intéresser les jeunes à qui ton texte s'adresse.

2 **a)** Comment pourras-tu subsister malgré la soif ? le froid ?

b) Dresse un champ lexical (constellation de mots) résumant les solutions possibles qui te viennent à l'esprit.

c) Ces moyens sont-ils réalistes ?

3 **a)** De quoi es-tu à l'abri dans cette crevasse ?

b) Comment t'en sortiras-tu ? Qui t'aidera ?

4 Organise ton texte en faisant un plan qui respecte l'ordre du schéma narratif (rappelle-toi le nouvel événement déclencheur).

5 N'oublie pas que tu dois respecter l'effet produit par l'auteur dans l'extrait que tu viens de relire.

Je rédige

1 Rédige ton texte en suivant ton plan et tes idées.

2 Respecte les limites du vraisemblable.

3 Au cours de ta rédaction, relis ton texte et modifie-le pour le rendre captivant. Essaie de créer une atmosphère.

4 Observe le choix de tes verbes. Certains d'entre eux pourraient-ils être plus précis, mieux choisis ?

5 Utilise les temps verbaux appropriés.

Dans les parties **descriptives,** tu utiliseras l'imparfait. Dans les parties **narratives,** tu utiliseras le passé simple. Les actions faites par Joe Simpson sont au passé simple. Retourne au texte aux pages 475 à 477.

Je révise

1 L'organisation de mon texte est conforme au plan que je me suis fixé.

2 Je suis présent ou présente dans le texte et j'utilise le pronom « je » tout au long de mon texte.

3 Après avoir vérifié le choix de mes verbes, j'échange mon texte contre celui d'un ou d'une camarade dans le but de vérifier s'il est cohérent, captivant et s'il produit l'effet que je voulais créer.

4 Je reprends mon travail et, en tenant compte des remarques de mon ou ma camarade, je révise mon texte à l'aide de la grille de correction des productions écrites.

5 Je transcris mon récit au propre en soignant ma calligraphie et l'organisation de mon texte.

J'évalue ma démarche d'écriture

Tu dois maintenant évaluer tes capacités en écriture. Tu peux découvrir tes points forts et tes points faibles en répondant aux questions suivantes. Tu trouveras ensuite des façons de résoudre tes difficultés en écriture.

1 Ce texte t'est-il apparu difficile à rédiger ? Pourquoi ?

2 Quelles étapes de la démarche d'écriture te donnent le plus de difficulté ?

3 Selon toi et selon ton enseignant ou ton enseignante, quels points de grammaire vus dans le présent thème te causent des ennuis ?

4 Selon le scénario choisi par ton enseignant ou ton enseignante, trouve des solutions pour aplanir tes difficultés en écriture.

5 Écris ces solutions pour être en mesure de t'en souvenir quand tu en auras besoin. Identifie bien le problème avant d'en écrire la solution.

HALTE PLAISIR

L'homme des vagues

Kevin passe un premier été loin de ses parents. Il fait du surf et vit une belle amitié avec Bud et son cousin Joël. De plus, il fait la connaissance de Floria, pour laquelle il éprouve rapidement de l'amour. Comment se terminera ce bel été? Que dois-tu faire pour le savoir?

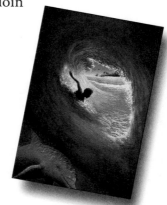

La vengeance

Dans ce roman, tu feras la connaissance de Normand et Terry. Celui-ci s'adapte mal à la vie au collège. Il s'attirera les foudres des anciens et sera la cible de menaces inquiétantes. Qui est l'auteur de ces menaces? La lecture de ce roman te le dévoilera.

Les enfants du capitaine Grant

Un autre Jules Verne. Tu voyageras à travers le monde et tu vivras des émotions intenses. Le tour du monde, la découverte des cinq continents... voilà tout un programme.

J'ai quinze ans et je ne veux pas mourir

Christine Arnothy raconte comment elle et sa famille ont pu quitter la Hongrie après avoir vécu deux mois dans la cave de leur maison, alors qu'Allemands et Russes se battaient au-dessus de leur tête. Récit palpitant où cette jeune auteure relate sa nouvelle vie en France, avec sa famille. Une autre façon de voyager.

Rêves de gloire

Comme plusieurs jeunes de ton âge, sans doute rêves-tu d'une carrière musicale internationale, à la tête de ton groupe de musique rock. Alors, il te faut lire ce roman d'André Vanasse. Tu découvriras une aventure enlevante. L'auteur a fait en sorte que paroles et musique soient au rendez-vous.

THÈME 16 RENFORCEMENT

Le cinéma

ITINÉRAIRE

À la fin de ce thème,
tu devrais être capable :

• de reconstituer le contenu
et l'organisation d'un texte
descriptif et d'un texte
narratif ;

• de reconnaître les aspects
et les sous-aspects
d'une description ;

• de reconnaître
et d'employer
les marqueurs de relation
et les organisateurs
textuels ;

• de reconnaître les
antécédents des pronoms ;

• de reconnaître les groupes
prépositionnels (GPrép).

Amorce

Le cinéma, aujourd'hui très présent dans nos vies, ne date que de la fin du siècle dernier. Il a beaucoup évolué au cours du 20ᵉ siècle et ses heures de gloire ne semblent pas encore terminées.

1 Observe bien les deux textes des pages suivantes et réponds aux questions ci-dessous.

	Quand le cinéma s'appelait le cinématographe	Matusalem
a) De quel type de texte s'agit-il ?	≈	≈
b) Quels indices te permettent de l'affirmer ?	≈	≈
c) Dans quelle intention ce texte a-t-il été écrit ?	≈	≈
d) Quelle sera ton intention de lecture ?	≈	≈
e) Quelles informations les illustrations t'apportent-elles ?	≈	≈

carnet-info

Le texte informatif de la page suivante décrit des événements qui ont eu lieu au 19ᵉ siècle (1894-1895). L'auteure, Isabelle Lopez, a choisi d'écrire son texte au présent et d'y insérer des dialogues afin d'actualiser le sujet traité et d'intéresser les lectrices et les lecteurs.

2 Tu connais beaucoup de stratégies pour trouver le sens d'un mot et ainsi faciliter ta lecture. Lis celles qui te sont suggérées dans l'encadré ci-dessous.

> Les stratégies pour comprendre un mot nouveau :
> - les mots de la même famille ;
> - le contexte de la phrase, puis du paragraphe ;
> - la définition donnée dans le texte ;
> - la recherche dans le dictionnaire ;
> - les illustrations.

a) Ajoute à ces dernières d'autres stratégies que tu utilises pour découvrir le sens d'un mot.

b) Quelles stratégies utilises-tu le plus souvent ? Lesquelles utilises-tu le moins souvent ? Lesquelles utilises-tu en dernier ?

c) Pourquoi procèdes-tu ainsi ?

Quand le cinéma
s'appelait le cinématographe

1 Le cinématographe était considéré à ses débuts comme une curiosité scientifique ou une attraction de foire parmi d'autres. Même ses inventeurs, les Français Louis et Auguste Lumière, ne soupçonnaient pas l'importance de leur découverte.

LE PREMIER FILM

2 L'histoire veut que Louis Lumière ait inventé le cinéma en 1894 lors d'une nuit d'insomnie. Un jour, son père **lui** rapporta un kinétographe. Cette machine, inventée cinq ans plus tôt par l'Américain Edison, permet à un seul utilisateur de visionner des images animées. Louis Lumière s'**en** inspire pour créer un appareil capable, **lui,** de filmer et de projeter des images sur un écran. Pour vérifier que son engin fonctionne, **il le** plante devant les grilles de son usine et attend que ses ouvriers sortent. Le premier film de l'histoire du cinéma dure 55 secondes et n'a rien d'un chef-d'œuvre. *La sortie des usines Lumière* n'est qu'un prétexte pour démontrer les prouesses de cet appareil.

LE CHOC DES IMAGES

3 Les deux frères filment ensuite *L'arrivée d'un train en gare de La Ciotat.* Dès la première séance publique de cinématographe, organisée le 28 décembre 1895 pour 33 invités du Grand Café, boulevard des Capucines à Paris, le choc est si violent que certains spectateurs, pris de panique, fuient à la vue du train qui fonce sur eux. Une fois la peur passée, tout le monde en redemande. C'est un véritable succès! Auguste et Louis Lumière préfèrent pourtant se consacrer à d'autres inventions. Ils considèrent leur cinématographe comme une simple curiosité scientifique, une attraction de foire parmi d'autres.

UNE MACHINE À RÊVES

4 C'est un magicien de métier, Georges Méliès, qui va transformer le cinématographe en une machine à faire rêver. Pour cela, il doit acquérir l'appareil des frères Lumière. Il court voir le père d'Auguste et Louis :

5 — *Monsieur, je souhaiterais acheter votre appareil. Voici 10 000 francs. La somme me paraît raisonnable. Acceptez mon offre, je vous en prie!*

◀ *Les frères Lumière*

▲
Le chaudron infernal *de Méliès*

6 – *Monsieur, le cinémato-graphe n'est pas à vendre,* lui répondit-il d'un ton sec.

7 Méliès s'entête et part à Londres où il achète une machine semblable. Il la bricole et filme, ce qui est nouveau, en s'aidant d'un scénario, d'acteurs et de décors. Il raconte des histoires féeriques : *Le voyage dans la Lune, Le couronnement du roi Édouard VII.* Le public adore et deux à trois mille personnes assistent chaque jour aux projections. L'aventure du cinéma ne fait que commencer. ■

(Isabelle Lopez)

1 **a)** Quel titre, parmi les suivants, tient compte de tous les aspects traités dans le texte précédent ?
- Le cinéma, une curiosité scientifique
- La vision des frères Lumière
- Le cinématographe, une curiosité de foire
- Le rêve de Méliès
- De la machine à images à la machine à rêves

b) Si tu avais rédigé ce texte, de quel titre l'aurais-tu coiffé ? Explique ta réponse.

2 Tu sais déjà que le texte descriptif peut être représenté sous forme de schéma.

a) En t'aidant du titre et des intertitres, construis le schéma de ce texte.

b) Indique l'idée principale développée dans chacun des aspects.

3 🌞 GT Pour bien décrire une situation, un auteur ou une auteure complète les noms utilisés par des compléments du nom (GAdj, subordonnée relative, etc.).

a) Dans les paragraphes 1 et 2, relève cinq **noms** accompagnés d'un autre **nom** qui les complète.

b) Dans le paragraphe 3, relève cinq noms accompagnés d'un ou de plusieurs adjectifs.

c) Relève deux subordonnées relatives dans les paragraphes 4 à 7. Entre parenthèses, indique le nom complété par ces subordonnées.

astuce

Les questions suivantes peuvent t'aider :

- De quoi est-il question dans ce paragraphe ?

- Qu'est-ce que l'auteure en dit ?

4 ☀️GT Dans les paragraphes 4 à 7, trouve :

a) deux exemples de phrases coordonnées ;

b) deux exemples de mots juxtaposés.

5 ☀️GT Dans le paragraphe 2, relève :

a) deux mots ou expressions qui expriment une relation de temps ;

b) un mot qui exprime une relation de cause ;

c) un mot qui exprime une relation de lieu.

6 ☀️GT **a)** Dans le paragraphe 2, cinq mots sont en caractères gras. Trouve l'antécédent de chacun de ces mots.

b) Quelle stratégie as-tu utilisée pour repérer ces antécédents ?

7 ☀️GT Les paragraphes 4 à 7 comprennent un discours rapporté.

a) Quelle ponctuation te l'indique ?

b) Quel temps de verbe est utilisé dans la partie narrative de la réponse de M. Lumière ?

8 **a)** Explique dans tes mots (trois lignes) pourquoi la machine de Méliès est une machine à rêves.

b) Le cinéma d'aujourd'hui est-il encore une machine à rêves ? Pourquoi ?

Aimes-tu les films de pirates ? En connais-tu ? As-tu vu le film *Matusalem* ? Connais-tu Roger Cantin ? Viens rencontrer Olivier qui, lui, est fasciné par les pirates.

a) Tu as développé des stratégies pour te préparer à lire un texte. Parmi celles qui te sont rappelées ci-dessous, lesquelles emploies-tu ?

Avant de lire un texte, il est préférable :

• d'examiner la structure du ≈ ;

• de lire le titre et les ≈ ;

• de repérer le nom de l' ≈ ;

• de connaître l'intention d'écriture de l' ≈ ;

• de « fouiller dans ta mémoire » pour te rappeler ce que tu sais du sujet du texte à lire ;

• d'avoir toi-même une intention de ≈ ;

• de regarder les ≈ pour avoir un supplément d'information.

b) Classe ces stratégies par ordre d'importance.

Matusalem

1   *Dans un tumulte infernal, cent pirates armés jusqu'aux dents montent à l'abordage d'un énorme galion.* **Ils** *ont d'abord balancé au milieu de l'équipage des ancres et d'autres objets lourds suspendus à des câbles descendus des vergues. Et avant que les Espagnols n'aient le temps de se regrouper, les pirates, par dizaines,* **leur** *tombent dessus en sautant d'un navire à l'autre. Certains sont accueillis par un coup de sabre* **qui les** *envoie à la mer mourir entre les dents des requins. Dans les entreponts, les canons continuent de tonner. Les coques éventrées à bout portant explosent en projetant mille éclats de bois aussi dangereux qu'une volée de couteaux. Sur le pont supérieur, la foule des combattants s'agite, entassée dans un corps à corps. Sans cesse de nouveaux pirates rejoignent les premiers. Les sabres d'abordage frappent de tous côtés, les pistolets crachent le feu. Du haut des mâts, à leur manière hypocrite, les francs-tireurs font mouche eux aussi.*

2   *Tout à coup, les combattants se figent. Les cris de guerre et les hurlements des blessés sont aussitôt remplacés par le crissement d'une craie contre un tableau noir et par la voix tranquille de Mme Blanchette.*

3   *En fait, tout ce carnage se déroulait dans l'imagination d'Olivier qui lisait en cachette un livre sur les aventures des flibustiers des Caraïbes. Il est comme ça, mon frère : toujours la tête ailleurs. Cette fois-ci,* **il** *sort de ses rêveries avant que Mme Blanchette ne s'en aperçoive.*

4   *Olivier referme sans bruit le livre, puis* **le** *glisse dans son pupitre, qui est dans la rangée la plus éloignée des fenêtres parce que Mme Blanchette connaît son penchant pour la rêverie. Cela ne l'empêche pas de tourner la tête vers les fenêtres. Il neige. Les flocons virevoltent, spiralent, tournoient, ce qui finit toujours par hypnotiser Olivier. En moins de deux secondes, le voilà reparti vagabonder sur les mers du Sud.*

5 *Je suis vraiment chanceux qu'Olivier soit un lunatique incorrigible. Si par malheur **il** avait écouté le cours de Mme Blanchette à ce moment, **il** n'aurait pas vu la chose la plus fantastique **qui** soit arrivée à un garçon de Sainte-Lucie-de-Bagot : dans la cour de récréation, un pirate arrive en courant dans la neige. Trois forbans armés de sabre d'abordage **le** poursuivent. Sur le point d'être rattrapé, le pirate se retourne, échange quelques coups d'épée avec ses adversaires avant de repartir à la course.*

6 *Olivier est estomaqué. **Il** a l'habitude de rêver tout éveillé, mais cette poursuite se déroule réellement devant ses yeux. C'est trop. Incrédule, il se lève pour mieux voir s'éloigner ces personnages bizarres.*

7 *Mme Blanchette, on s'en doute, s'aperçoit vite qu'Olivier est debout. **Elle** allonge le cou pour suivre les regards de mon frère, ce qui **la** mène directement à Claude Petit et Benoît Painchaud en train de faire passer un cahier sous leurs pupitres.*

8 *– Claude Petit! Benoît Painchaud! Donnez-moi ça tout de suite, ordonne sur-le-champ Mme Blanchette.*

9 *Petit et Painchaud **lui** remettent le cahier. Il contient les réponses d'un examen de mathématiques.*

10 *– Tiens, tiens, fait l'institutrice, je comprends vos « rapides » progrès en mathématiques! D'où vient-il, ce cahier?*

11 *– Ben... euh... balbutie Painchaud.*

12 *– On **l'**a trouvé par terre, dans la cour de récréation, invente Petit, toujours rapide à trouver un mensonge.*

13 — *Hum hum?! Bon! On en reparlera lundi matin, huit heures, au bureau du directeur. Vous êtes chanceux qu'**il** ne soit pas là aujourd'hui.*

14 *Petit et Painchaud ont une expression coupable et soumise. Pourtant, dès que Mme Blanchette **leur** tourne le dos pour écrire au tableau la suite du cours, l'expression des deux compères change du tout au tout. Ils se font méchants. Painchaud pointe Olivier du doigt. Sans émettre un son, mais articulant chaque mot de manière exagérée pour qu'Olivier lise bien sur ses lèvres, Painchaud **lui** fait des reproches vengeurs. Petit le menace du poing.*

15 *Mon frère méritait peut-être de se faire semoncer par Mme Blanchette parce qu'il a lu un livre en cachette et qu'il s'est levé sans permission. C'est pourtant pour une faute qu'il n'a pas commise qu'il risque de mériter une correction. La vie, c'est comme ça : c'est souvent injuste.*

16 — *Qu'est-ce que tu avais à nous regarder? articule Painchaud, yeux assassins. C'est de ta faute si on s'est fait pincer.*

17 — *C'est pas moi, je regardais dehors! mime Olivier encore sous le coup de son hallucination.* ♣

(Roger Cantin)

1 **a)** Où la première partie de ce récit se passe-t-elle?
b) Où la seconde partie se passe-t-elle?

2 **a)** Qui est le personnage principal de ce récit?
b) En trois lignes, décris le caractère de ce personnage.

3 Relève la phrase qui indique la fin de la rêverie d'Olivier.

4 **a)** Ce récit est-il réel ou fictif? Explique ta réponse.
b) Relève un passage vraisemblable de ce récit.
c) Relève un passage invraisemblable de ce récit.
d) Comment sais-tu que ce passage est invraisemblable?

5 a) Les faits suivants résument l'histoire de ce texte. Place-les en ordre chronologique.

- Mme Blanchette remarque le geste de Painchaud et de Petit.
- Painchaud et Petit menacent Olivier.
- Olivier rêve aux pirates.
- Painchaud et Petit se font prendre à tricher.
- Olivier voit les pirates dans la cour.
- Olivier se défend.

b) Le déroulement du récit correspond-il à la chronologie de l'histoire ? Explique ta réponse.

c) Quelle action de cette histoire l'auteur décrit-il longuement dans son récit ?

d) Tu connais bien le schéma narratif. Situe les actions décrites en a) dans un tel schéma.

6 a) Qui est le narrateur de ce texte ? Comment le sais-tu ?

b) Relève les mots ou les groupes de mots qui te l'indiquent.

7 ☀GT **a)** À quel temps de verbe le texte est-il écrit ?

b) À quel autre temps aurait-il pu être écrit ?

c) Récris les trois premières phrases du texte au passé simple.

d) Relis ces phrases. Préfères-tu le texte de Roger Cantin ? Pourquoi ?

8 ☀GT Dans le premier paragraphe, relève deux marqueurs de relation de temps.

9 ☀GT Dans le texte, il y a des mots en caractères gras. Relève-les et trouve l'antécédent de chacun.

10 Dans un texte narratif, l'auteur ou l'auteure utilise des descriptions et des dialogues pour compléter son récit. Relève une phrase correspondant à chacun des cas suivants.

astuce

Roger Cantin est un auteur québécois qui a participé, comme auteur ou scénariste, aux films suivants :

- *Simon les nuages*
- *Matusalem*
- *La guerre des tuques*
- *L'assassin jouait du trombone*

Tu peux lire ses romans. Le style humoristique de Roger Cantin te plaira sûrement.

Descriptions	Le caractère d'Olivier.	≈
	Le temps qu'il fait.	≈
	L'expression de Painchaud et de Petit devant Mme Blanchette.	≈
Dialogues	Mme Blanchette attrape les tricheurs.	≈
	Petit justifie la présence du cahier.	≈
	Olivier se défend contre les menaces de Painchaud.	≈

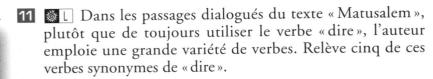

carnet-info

Dans les parties dialoguées, l'auteur ou l'auteure utilise un verbe pour introduire les paroles du personnage qui parle. Ces verbes, appelés verbes introducteurs, traduisent souvent l'émotion ou le ton du locuteur.

11 ☀ L Dans les passages dialogués du texte « Matusalem », plutôt que de toujours utiliser le verbe « dire », l'auteur emploie une grande variété de verbes. Relève cinq de ces verbes synonymes de « dire ».

12 ☀ L Dans tes mots, explique les expressions suivantes :
a) le crissement d'une craie contre un tableau ;
b) les flibustiers des Caraïbes ;
c) un lunatique incorrigible ;
d) incrédule ;
e) des yeux assassins ;
f) sous le coup de son hallucination.

Comment as-tu procédé pour trouver le sens de ces expressions ?

13 ☀ L Trouve, dans le premier paragraphe du texte « Matusalem », 15 mots qui font partie du champ lexical des pirates et de leurs bateaux.

14 Ce qui se passe dans ce texte ressemble-t-il à ce qui se passe dans ta salle de classe ? Explique ta réponse.

Faire du cinéma, devenir une vedette reconnue font sûrement partie de tes rêves. Tu connais sans doute le film *La guerre des tuques,* un classique québécois pour jeunes. Sinon, c'est un film à voir. Le réalisateur André Melançon explique comment il a recruté les jeunes acteurs et actrices de ce film.

LA GUERRE DES TUQUES

Faire du cinéma

À partir de ces 250 auditions, nous avons pris la vingtaine d'enfants dont nous avions besoin. Ces 250 enfants sont venus passer une audition pour différents personnages. Des 3000 enfants, nous en avons retenu 250. Nous avons d'abord fait la tournée des écoles. Nous avons visité une trentaine d'écoles dans différents endroits de la ville de Montréal et dans la région de Longueuil. Nous avons vu à peu près 3000 enfants et dans chaque classe nous en avons choisi 2 ou 3. ■

1 As-tu compris le texte que tu viens de lire ? Explique ta réponse.

2 ☀ GT Récris ce texte en remettant les phrases en ordre afin qu'il retrouve sa cohérence.

3 **a)** Souligne les mots ou groupes de mots qui t'ont permis de reconnaître l'ordre des phrases ou la progression du texte.

b) Quel nom donne-t-on à ces mots ou groupes de mots?

c) Quel est le rôle de ces mots ou groupes de mots?

Chaque année, le monde du cinéma se rencontre au Festival de Cannes. Je te présente Didi, un personnage de Sonia Sarfati qui fait visiter Cannes à ses jeunes amis.

La comédienne disparue

1 *En fait, j'exagère, Didi n'a que 70 ans. C'est une dame mince, à la chevelure blanche, courte et bouclée. Elle porte des lunettes teintées et, d'après ce que j'ai vu ces derniers jours, elle est toujours très bien habillée.*

? *Puis, l'après-midi et souvent en soirée, nous retrouvons Didi. Elle nous réserve toujours des surprises, car bien qu'elle vienne de Nice, elle sait tout sur Cannes et ses environs.*

? *Des souliers à talons plats, dois-je préciser. Parce que, depuis cinq jours qu'elle nous amène un peu partout avec elle, elle nous a fait parcourir bien du chemin! [...]*

? *Même quand nous allons à la plage, elle surveille son apparence. Elle est soigneusement maquillée, elle a toujours une petite broche assortie à son chemisier et un sac à main qui va avec ses souliers.*

? *Heureusement que, pour nous « reposer », nous passons les matinées avec Jocelyne et Sébastien. [...]*

1 Pour redonner au texte précédent toute sa cohérence, remets de l'ordre dans les paragraphes. Le premier paragraphe est bien placé.

2 ☀️ GT Souligne les mots ou groupes de mots qui t'ont permis de retrouver le bon ordre.

3 **a)** Continue la lecture de l'histoire de Didi mais, auparavant, lis les mots suivants : enfin, la semaine dernière, sur, afin, pendant, même, durant, en effet, alors que, souvent, devant.

Il faut dire que, ≈ si c'est la première fois qu'elle garde des enfants ≈ le Festival, elle est ≈ venue à Cannes ≈ cet événement. Elle raffole ≈ de l'ambiance qui y règne.

— Regardez! C'est Tom Cruise! s'écrie-t-elle, ≈ nous nous trouvons ≈ l'imposant hôtel Carlton.

Je me dresse ≈ la pointe des pieds ≈ d'apercevoir celui qui, pour moi, est le plus beau gars de Hollywood. ≈ … pour le moment. ≈ , je disais que c'était Daniel Day-Lewis et, il y a un mois, je ne jurais que par Lou Diamond Philips. Seuls les sots ne changent pas d'idée, non ? ⚜

(Sonia Sarfati)

☀️ GT **b)** Récris le texte précédent en y insérant les mots énumérés en a).

4 Relis maintenant le texte avec les mots que tu as insérés. À quoi ces mots servent-ils? Quel est leur **rôle**?

5 ☀️ GT **a)** Quels marqueurs ont un sens de temps?
b) Quels marqueurs indiquent un lieu?
c) Quel sens donnes-tu au marqueur «afin de»?

Un film est avant tout un travail d'équipe, un travail de coopération où chacun des membres joue un rôle spécifique. Si tu rêves d'appartenir à ce monde d'artistes, à défaut de devenir une vedette, peut-être peux-tu envisager d'y exercer un des métiers décrits dans les pages suivantes.

L'équipe de tournage
Qui fait quoi?

L'HABILLEUSE

La « nounou » des acteurs. Elle aide les comédiens à revêtir les habits fourni par une costumière. Du coup, l'habilleuse est très souvent transformé en portemanteau, les bras chargé de pulls et de blousons. <u>Elle</u> est aussi responsable de l'entretien des costumes et elle doit être capable au besoin de <u>les</u> vieillir artificiellement.

1 ☼ GP Dans le texte précédent, relève trois groupes prépositionnels (GPrép) et indique de quels mots ils sont les compléments.

Exemple : à revêtir les habits, GPrép complément du verbe «aide».

2 ☼ GP Quel mot est remplacé par chacun des pronoms soulignés?

3 ☼ OG Trois participes passés sont mal accordés. Relève-les et accorde-les.

LA SCRIPTE

La mémoire du tournage. Elle écrit chaque jour plusieurs rapports détaillé destiné au laboratoire, au montage, à la comptabilité et à la production. Son travail constitue la «mémoire du film». Amoureuse des détails, elle doit faire attention à ce que la chaussette en tire-bouchon ou la bague au doigt se retrouvent d'un plan à l'autre. Pas facile, car les différentes scènes d'un film sont souvent tourné dans le désordre.

je fouille dans ma mémoire

La scripte : la mémoire du tournage. À quel thème associerais-tu cette expansion?

4 ☼ GP Dans le texte ci-dessus, il y a huit déterminants différents. Relève-les.

5 ☼ GP Quelle est la fonction du GPrép «du film» à la quatrième ligne?

6 ☼ OG **a)** Trois participes passés sont mal accordés. Relève-les et accorde-les.

b) Comment as-tu procédé?

LE MACHINISTE

Le gros bras. C'est lui qui installe et déplace une partie du matériel. Il faut fixer une caméra sur un voilier? Poser des rails pour un travelling? Pousser le chariot portant la caméra? Le machiniste est là. Souvent, c'est lui qui fait le clap.

7 🔆 GP Dans le texte ci-dessus, relève deux subordonnées relatives et indique les mots qu'elles complètent.

8 🔆 GP Deux phrases de ce texte sont des phrases non verbales. Relève-les.

LE COIFFEUR-MAQUILLEUR

Le magicien du fond de teint. Il transforme une starlette en sorcière ou rajeunit une actrice. Si un acteur joue un personnage célèbre, c'est à lui de le rendre ressemblant. Pour créer un faux nez ou une cicatrice, il utilise souvent du latex et doit être un bon sculpteur. Coiffeur et maquilleur peuvent aussi être deux personnes différentes.

9 🔆 GP Trouve quatre déterminants différents dans le texte ci-dessus.

10 🔆 GP Dans la deuxième phrase, à quelle classe de mots appartient le mot «le»? Quelle est sa fonction?

11 🔆 GT Trouve deux mots qui sont coordonnés.

LE CADREUR

L'œil du réalisateur. C'est lui qui tient la caméra, la met en marche ou l'arrête. Il cadre l'image et suit les acteurs lorsqu'ils se déplacent, selon les indications donné par le réalisateur ou le chef opérateur. Le cadreur veille à ce qu'il n'y ait pas un micro ou un intrus dans le champ de la caméra.

12 🔆 GP Il y a deux «la» dans la première phrase du texte précédent. À quelle classe de mots appartient chacun d'eux?

13 🔆 OG **a)** Accorde le participe passé employé dans la deuxième phrase.

b) Explique comment tu as procédé pour faire l'accord.

LE DÉCORATEUR

L'amoureux des couleurs. C'est lui qui choisit la forme et les couleurs de tous les éléments qui apparaissent à l'image. Un travail qui nécessite de longues recherches de reconstitution. ■

14 ☀GP Dans le texte ci-dessus, relève deux subordonnées relatives et indique les mots qu'elles complètent.

15 ☀GP Relève les déterminants de la première phrase.

J'évalue mes connaissances

Étant donné que ce thème constitue un renforcement de ce que tu as appris, il est maintenant temps de faire un bilan des connaissances que tu as acquises jusqu'à présent. Tu dois cibler tes forces et tes faiblesses, et trouver des moyens de résoudre tes difficultés avant de passer à l'apprentissage de notions nouvelles.

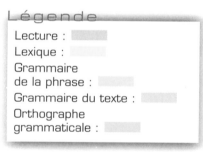

Légende

Lecture :

Lexique :

Grammaire
de la phrase :

Grammaire du texte :

Orthographe
grammaticale :

1 Reproduis la grille ci-dessous, qui correspond à la numérotation des questionnaires des textes que tu viens de lire. Indique dans cette grille les questions auxquelles tu n'as pas répondu correctement.

	1	2	3	4	5	6	7	8	9	10	11	12	13	14	15
Quand le cinéma s'appelait le cinématographe	≈	≈	≈	≈	≈	≈	≈	≈							
Matusalem	≈	≈	≈	≈	≈	≈	≈	≈	≈	≈	≈	≈	≈	≈	
Faire du cinéma	≈	≈	≈												
La comédienne disparue	≈	≈	≈	≈	≈										
L'équipe de tournage Qui fait quoi ?															
• *L'habilleuse*	≈	≈	≈												
• *La scripte*				≈	≈	≈									
• *Le machiniste*							≈	≈							
• *Le coiffeur-maquilleur*									≈	≈	≈				
• *Le cadreur*												≈	≈		
• *Le décorateur*														≈	≈

2 Maintenant, relève les notions étudiées qui t'ont causé des problèmes.

- Lecture ≋
- Lexique ≋
- Grammaire de la phrase ≋
- Grammaire du texte ≋
- Orthographe grammaticale ≋

3 Selon le scénario choisi par ton enseignant ou ton enseignante, trouve des moyens de résoudre tes difficultés.

4 Écris ces solutions pour être en mesure de t'en souvenir quand tu en auras besoin. Identifie bien le problème avant d'en écrire la solution.

Pour identifier rapidement tes points faibles, consulte la légende des codes de couleur au-dessus de la grille à la page précédente.

HALTE PLAISIR

Je filme en vidéo

Tu souhaites filmer tes amis, tes parents. Tu as un caméscope et tu ne sais trop comment t'en servir. La solution est dans la lecture de ce document, *Je filme en vidéo*. Tu apprendras comment faire des cadrages, des trucages, du montage, des mouvements de caméra, etc. De nombreuses photos illustrent ce document. Bons films !

Kamo, l'agence Babel

Daniel Pennac est un auteur célèbre qui écrit aussi pour les jeunes. Tu liras certains de ses livres plus tard. En attendant, si tu veux faire la connaissance de cet auteur et découvrir son écriture, lis *Kamo, l'agence Babel*. C'est l'histoire d'un jeune qui, ayant perdu un pari, se voit contraint d'apprendre l'anglais. Il écrit donc à une jeune Anglaise, lui expédiant une lettre pour le moins cynique. Catherine Earnshaw lui répondra. Entre les deux s'établira une relation étrange. En fait, une fille conversant avec un héros du 18ᵉ siècle qui ne connaît ni le téléphone ni le métro, c'est plutôt étrange et intéressant, ne trouves-tu pas ?

La caméra

Si tu connais la collection « Des objets font l'histoire », tu connais sans doute ce livre traitant de la caméra. Si tu es une mordue ou un mordu du grand écran, voilà une lecture fort intéressante.

La montre en or

Deux orphelins sans logis rêvent de s'inscrire à l'Habit bleu, école qu'ils croient la meilleure du monde. Pour cela, il leur faut un père. Ils cherchent le père idéal et trouvent un puissant colosse qui semble n'être qu'un misérable individu. Mais cet homme est plein de ressources. Où cela conduira-t-il nos deux héros ? La lecture de ce roman te donnera une réponse originale et pleine d'humour.

La vie est un rodéo

Ce roman de Marilyn Halvorson a été traduit par Marie-Andrée Clermont. Il raconte l'histoire de Shane, qui a toujours vécu en nomade. Shane hérite d'une propriété à la mort de son grand-père. Il vivra, avec son père alcoolique, une série de coups durs. Même les chevaux en subiront les conséquences. Bon suspense ! Bonne lecture !

THÈME 17

La poésie

ITINÉRAIRE

À la fin de ce thème,
tu devrais être capable :

- de découvrir l'univers
  poétique ;

- de reconnaître
  les éléments qui servent
  à organiser le texte
  poétique ;

- d'écrire un poème sous
  forme de calligramme ;

- de préparer un récital
  poétique et d'y
  participer ;

- de reconnaître le point de
  vue dans un texte et d'en
  vérifier la constance ;

- de distinguer les adjectifs
  qualifiants et classifiants ;

- de bien accorder
  les adjectifs ;

- de revoir certaines
  règles d'orthographe ;

- d'apprécier les effets
  poétiques ou humo-
  ristiques créés par
  les mots-valises.

1 Rappelle-toi une comptine apprise à la maternelle ou au primaire. Écris trois lignes que tu te rappelles.

2 Écris quelques lignes d'une chanson française dont les mots te plaisent particulièrement.

3 Écris deux vers d'un poème ou d'une fable que tu as déjà appris par cœur.

4 **a)** Nomme des auteurs ou des auteures que tu connais et qui écrivent de la poésie.

b) Comment définis-tu un poète?

c) Selon toi, écrire une chanson, est-ce écrire de la poésie? Explique ta réponse.

5 Choisis un thème qui t'inspire : l'amitié, l'amour, tes parents, le printemps, ton chat… Écris un court poème de quatre lignes sur ce sujet.

MISE EN COMMUN

1 Compare tes réponses au Point de ralliement avec celles de quelques camarades. En quoi diffèrent-elles? En quoi se ressemblent-elles?

2 **a)** Lis à ton équipe le poème que tu as écrit au numéro 5 du Point de ralliement. Explique à tes camarades pourquoi ton texte est un poème.

b) Comparez vos textes rédigés au numéro 5. Choisissez-en un et rédigez trois phrases qui expliquent vos préférences.

LECTURE

Amorce

Depuis des siècles, l'être humain émigre. Il quitte son pays à cause des guerres, de l'insécurité économique. Souvent, il veut assurer le mieux-être de sa famille. Il est difficile de quitter ses parents, ses amis et amies, ses habitudes. L'être humain, par ses migrations, vit des émotions et des sentiments très forts. L'isolement, l'inquiétude, la solitude, l'ignorance de la langue…

astuce

Si le texte « Jaune et blanc » t'apparaît long à lire, subdivise-le en trois parties.

a) Lis les paragraphes 1 à 5 et fais-en un court résumé.

b) Relis ces paragraphes et continue jusqu'au paragraphe 10 ; fais-en un court résumé.

c) Complète ta lecture et ton résumé.

Je planifie ma lecture

1 Observe l'ensemble du texte des pages suivantes et les illustrations qui s'y rattachent. Quel type de texte liras-tu ?

2 En quoi la présentation de ce texte diffère-t-elle de celle d'un poème ? Relève deux éléments qui différencient un texte en prose d'un texte poétique.

3 **a)** Connais-tu l'auteure Monique Proulx ? Si oui, que sais-tu d'elle ?

b) Connais-tu Ying Chen ? Que t'indique son nom ?

c) Quel lien peux-tu établir entre le nom Ying Chen et le titre du texte ?

4 Selon toi, quel sera le sujet du texte ? Comment le sais-tu ?

5 **a)** Dans quelle intention Monique Proulx a-t-elle écrit ce texte ?

b) Dans quelle intention liras-tu ce texte ?

astuce

Avant de lire le texte « Jaune et blanc », prépare une feuille que tu diviseras en quatre colonnes pour y noter :

• les lieux ;

• les personnages ;

• leurs actions ;

• leurs sentiments ou émotions.

Ce procédé facilitera ta lecture.

Je lis

Lis le texte des pages suivantes écrit par une Montréalaise et dédié à Ying Chen, une Chinoise qui a immigré au Québec il y a quelques années. Tu découvriras le vécu de cette immigrante qui est maintenant bien connue au Québec puisqu'elle est elle-même auteure de trois romans publiés en français.

Jaune et blanc

à Ying Chen

1 *Tu avais raison, grand-mère, les lieux sont des miroirs poreux qui gardent les traces de tout ce que nous sommes. Lorsque nous regardions ensemble les jardins de l'autre côté du Huangpu, à Shanghai, je ne voyais de mes yeux trop jeunes que des paysans et des platanes agités par le vent, alors que tes yeux à toi plongeaient sous les arbres et les humains affairés et ramenaient à la surface des images invisibles.*

2 *Je sais maintenant que tous les lieux parlent, grand-mère, les jardins et les rues de Shanghai, les tramways et les autobus, les maisons et les montagnes, et même les magasins.*

3 *C'est un magasin qui m'a révélé ce que serait ma vie à Montréal, un magasin semblable à un archipel aux îlots surpeuplés, dont les foules denses sont formées d'objets plutôt que d'êtres vivants, un magasin au nom étrange qui ne fournit aucun indice sur son contenu : Canadian Tire.*

4 *Je plantais des dahlias dans le jardin de mon nouveau propriétaire, et je voulais les soutenir avec un tuteur. Je suis entrée dans ce Canadian Tire pour acheter rapidement un morceau de broche ou de bois, et je n'en suis sortie que trois heures plus tard, l'esprit ployant sous l'encombrement et les mains vides.*

5 *Les choses de ce magasin, grand-mère, courent à perte de vue dans des allées plus larges que des ruelles et grimperaient jusqu'au ciel si le plafond ne venait interrompre leur escalade. Elles sont rouges, grises, jaunes, vertes, grandes, petites, allongées, rondes ou rectangulaires, et pourtant on dirait qu'elles se ressemblent toutes, et plus le regard cherche à les distinguer les unes des autres, plus elles se multiplient et se dérobent et se fondent à l'infini en un seul objet monstrueux, aux parties innombrables et à l'usage mystérieux.*

MONIQUE PROULX

Monique Proulx est une auteure québécoise dont le travail et le talent ont été salués par le public et les critiques.

   Elle écrit des romans, des nouvelles et des scénarios pour le cinéma. Elle est l'auteure de nouvelles regroupées sous le titre Sans cœur et sans reproche, *paru en 1983. Le sexe des étoiles a suivi en 1987.*

   Elle a mérité plusieurs prix pour son roman Homme invisible à la fenêtre *publié en 1993. Son dernier recueil de nouvelles* Les aurores montréales *présente une auteure capable de réinventer une « manière de voir et de dire ».*

   Pour Monique Proulx, Montréal a une âme, une âme qui vit à cause de sa population variée, multiethnique.

6 J'ai tenté d'avancer dans ce magasin comme je l'aurais fait dans la rue Nanjing au milieu d'une cohue. Mais comment avancer lorsqu'il n'y a aucun repère, comment savoir dans quelle direction porter ses pas ? Alors je suis restée immobile, le cœur serré par l'effroi, pendant que les clients affluaient à l'intérieur, me contournaient sans me voir, fonçaient avec détermination là où il leur fallait aller, là où les attendaient une destination et un objet précis. Je n'ai jamais connu d'angoisse plus grande qu'à ce moment-là, grand-mère, à ce moment où Montréal m'est apparu comme une énigme indéchiffrable dont les clés et les codes pour survivre m'échapperaient à jamais.

7 Ma détresse n'est pas demeurée inaperçue, puisqu'un homme s'est approché de moi et m'a demandé en anglais, avec un accent français, s'il pouvait m'aider. Je lui ai répondu en français, qui est la seule langue d'Amérique du Nord que je connaisse, mais aucune langue à cet instant n'avait d'utilité pour décrire un objet dont j'ignorais le nom, et lorsque je lui ai dit avec affolement « non merci », il a interprété malheureusement ces mots comme une invitation à m'abandonner sur-le-champ, au lieu d'y voir une formule préliminaire de politesse et un appel au secours.

8 Le secours ne viendrait plus de nulle part. J'ai fait quelques pas dans n'importe quelle direction, et moi qui ne sais pas nager, grand-mère, je me suis enfoncée dans cette mer solide et insondable jusqu'à ce qu'elle se referme complètement sur moi. J'ai affronté minutieusement chacun de ces objets sophistiqués, ouvragés par des mains d'artistes ou de robots, j'ai interrogé un à un les morceaux de métal et de substance colorée pour tenter de déceler à quelle partie de la maison ou de l'existence ils pouvaient se rattacher. À un certain moment, j'ai reconnu des couteaux. Il y en avait cent vingt-neuf, de formes et de dimensions différentes, et j'ai pensé avec terreur qu'il existait dans ce fabuleux pays cent vingt-neuf façons de découper, et que je n'en connaissais qu'une. Un peu plus loin, j'ai rencontré soixante-trois

plats aux profondeurs variables dans lesquels je n'aurais su s'il fallait mettre du riz ou des clous. Soudain, encore plus loin, j'ai vu des pelles. Des pelles, grand-mère, des sœurs familières de celles que nos paysans enfonçaient dans la terre de l'autre côté de Huangpu, et je me suis précipitée vers elles, car où il y avait des pelles il y aurait peut-être de la broche ou du bois pour mes fleurs, pour mes pauvres dahlias que le flot des choses sans nom commençait à entraîner dans l'oubli.

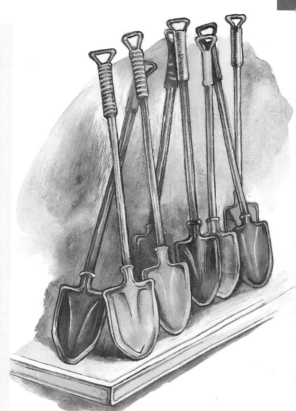

9 Je n'ai pas trouvé de broche ou de bois, mais j'ai trouvé quarante-neuf sortes de pelles, et dix-huit sortes d'un gros outil appelé Weed Eater, une chose démesurée enveloppée dans du plastique et perchée au-dessus des allées comme un roi aux pouvoirs obscurs.

10 C'est ainsi, grand-mère, que s'est déroulée mon initiation à la vie montréalaise, cet automne presque lointain où j'étais encore un arbuste chinois fraîchement transplanté en Amérique du Nord.

11 Depuis, le Saint-Laurent m'est devenu aussi familier que le Huangpu et mes promenades dans la rue Saint-Denis ont l'aisance de celles qui m'entraînaient dans le Bund avec toi. Depuis, j'ai aussi compris à quel point Montréal était contenu dans ce magasin qui m'a tant effrayée, ce magasin aux utilités et au superflu confondus.

12 Le foisonnement, grand-mère, fait maintenant partie de mon environnement quotidien. Il existe ici tant de vêtements aux lignes et aux couleurs disparates, tant de lieux possibles où les acheter, tant de façons complexes de revêtir une seconde peau qui transforme l'apparence, que j'ai cru longtemps que je n'arriverais jamais à choisir une jupe. Il existe tant de spectacles et de restaurants, tant de saveurs de glace – mais pas de glace aux haricots –, tant de voitures et d'objets à vendre et à regarder. Le foisonnement, maintenant, ne me fait plus peur, et le trop-plein et le vide fatalement se rejoignent. Il naît et il meurt constamment

tant d'informations dans les journaux et à la télévision que je me sens parfois comme en Chine où aucune information ne circulait, ramenée à une disette qui m'empêche de comprendre le monde.

13 Je ne dis plus : « non merci » pour signifier : « oui s'il vous plaît ». Tout doit être exprimé avec force et clarté, ici, et les gestes et les mots suivent une ligne droite rapide qui exclut la poésie du non-dit. J'arrive maintenant à embrasser les amis québécois qui m'embrassent, puisqu'il n'y a que cette étreinte excessive pour les convaincre de ma réelle affection.

14 Dans ce magasin où un francophone s'est adressé à moi en anglais, il y avait aussi le reflet de ce terrain mouvant où se côtoient les langues d'ici, le reflet de ce combat très courtois que les francophones de Montréal rêvent de remporter sans combattre. Je parle mieux français chaque jour, mais chaque jour, je sens leur méfiance. Je reste une ombre légère en retrait. Ils sont les seuls à pouvoir se libérer de leur méfiance, les seuls à pouvoir conquérir le sol qui leur appartient déjà.

15 Je suis maintenant seule, grand-mère, comme un vrai être humain. Personne ne me dit où me diriger dans les allées des magasins et les sentiers de la vie, personne ne pose sa main protectrice sur mon épaule pour approuver ou nier mes choix. Je vais, comme les clients de Canadian Tire, directement où je crois qu'il me faut aller, sans attendre de soutien, j'ai le pouvoir de traverser les étalages surabondants sans rien acheter. Ce n'est pas facile de comprendre tout à coup ce qu'est la liberté, la douloureuse et magnifique liberté. ⚜

(Monique Proulx)

Je construis le sens du texte

1 **a)** Tu viens de lire le texte « Jaune et blanc ». La personne qui raconte l'histoire est-elle présente dans ce texte ?

b) Fournis deux preuves pour appuyer ta réponse.

c) Indique le ou les paragraphes où tu as repéré ces informations.

d) À qui s'adresse la personne qui raconte l'histoire ?

e) Rédige une preuve de ce que tu avances.

2 **a)** Dans quel pays la personne qui raconte l'histoire vivait-elle ?

b) Dans quel pays la personne à qui s'adresse la narratrice vit-elle ?

c) Comment le sais-tu ?

3 🔆 L Dans les paragraphes 4 à 10, la narratrice raconte sa visite au Canadian Tire. Relève des mots qui désignent :

a) les gens (deux mots) ;

b) les formes (quatre mots), les couleurs (quatre mots) ;

c) les objets (cinq mots) ;

d) les sentiments de Ying Chen (trois mots).

4 Relis le paragraphe 6. Comment Ying Chen décrit-elle son insécurité ?

5 **a)** Relis le paragraphe 7. À quel problème Ying Chen doit-elle faire face ?

b) Comment expliques-tu la réponse de Ying Chen à la question du monsieur et sa réaction devant le comportement de cet homme qui voulait l'aider ?

c) Dans quel paragraphe Ying Chen raconte-t-elle qu'elle ne dit plus « non merci » ?

d) Pourquoi a-t-elle changé d'attitude ?

YING CHEN
Ying Chen est née à Shanghai en 1961. Elle vit à Montréal depuis 1989. Elle a décidé de faire du français sa langue d'écriture.

Elle est l'auteure de La mémoire de l'eau, *paru en 1992,* Les lettres chinoises, *en 1993, et* L'ingratitude, *publié en 1995.*

carnet-info

La **comparaison** est un procédé qui consiste à établir un lien entre deux mots d'univers différents pour créer une image. Pour ce faire, tu dois utiliser les expressions suivantes : comme, pareil à, semblable à.

Exemple : Elle est belle comme le jour.

Terme comparé	Élément auquel ce terme est comparé	Terme utilisé pour comparer
belle	jour	comme

Peux-tu compléter les expressions suivantes ? Doux comme..., froid comme..., noir comme..., rouge comme..., mince comme...

La **métaphore** est aussi un procédé qui permet de créer des images, mais sans l'emploi de mots comparatifs.

Exemple : Josiane a un cœur d'or (est généreuse).

6 À quel paragraphe peux-tu associer les idées principales suivantes ?

a) L'immensité des allées du magasin.

b) L'observation des nombreux objets étalés dans le magasin.

c) La quantité énorme de vêtements.

d) L'initiation à Montréal.

e) La présence de nombreux clients dans le magasin.

f) Le problème de la langue.

7 Relis les paragraphes 3 à 6. Relève quatre comparaisons.

8 a) Si tu devais décrire la personnalité de Ying Chen, quels éléments retiendrais-tu ?

b) Décris trois traits physiques de cette personne.

c) Décris trois traits psychologiques de cette personne.

Tu viens de lire un texte littéraire en prose traitant de la vie d'une jeune immigrante à Montréal. Lis le texte suivant qui explique ce que pourrait être la poésie. Complète ta lecture avec le texte « Écrire un poème » d'Anne Hébert.

La poésie
　　pour rêver,
　　pour imaginer
　　des histoires à dormir debout,
　　de drôles d'histoires.

La poésie
　　qui sait faire rire,
　　qui fait pleurer,
　　qui explique la mort des oiseaux,
　　qui décrit la vieille femme d'à côté,
　　le vieillard souffreteux.

La poésie
　　pour les quatre saisons.

La poésie
　　qui fait gémir le vent,
　　qui fait fleurir les immortelles,
　　qui transforme les paysages.

Écrire un poème

Écrire un poème, c'est tenter de faire venir au grand jour quelque chose qui est caché. Un peu comme une source souterraine qu'il s'agirait d'appréhender dans le silence de la terre. Le poète est une sorte de sourcier, sans baguette de coudrier, ni aucune baguette magique, qui se contente d'être attentif...

(Anne Hébert)

Les deux poèmes que tu liras traitent d'immigration. Les auteures y expriment des émotions, des sentiments vécus par deux femmes immigrantes.

ANNE HÉBERT

Anne Hébert est une auteure québécoise reconnue à travers la francophonie. Elle a écrit des recueils de nouvelles, des romans dont certains ont été portés au grand écran.

C'est surtout pour ses recueils de poésie qu'Anne Hébert s'attire les louanges des critiques.

Elle a vécu en France. Ses œuvres ont été traduites en plusieurs langues.

Je planifie ma lecture

1 Observe bien les deux textes qui suivent, «Quand Rose va chez son fils» et «L'étrangère». Quels sont les organisateurs graphiques qui te permettent de dire que ce sont des poèmes?

2 Quelle intention peut te motiver à lire ces poèmes?

Quand Rose va chez son fils

1   *Quand Rose va chez son fils*
Elle apporte avec elle
Un bouquet de muguet
une branche de lilas
Elle apporte de l'encens
pour parfumer le vent
Quand Rose va chez son fils Jean

2   *Quand Rose va chez son fils*
Elle lui parle de son pays
Elle entend les soldats
piétiner le jardin
Et les pleurs de son chien
demeuré attaché
Devant la maison désertée

3   *Fille et femme d'immigrants*
    De Belgrade à Paris
    Du Maroc au Liban
    De visa en visa
    Rose va

4   *Elle s'affaire à la vie*
    Dans son humble royaume
    Où règnent les icônes
    Dans l'odeur des bougies
    Rose prie

5   *Quand Rose va chez son fils*
    Elle invente des nouvelles
    Des lettres de Iasi
    et de Constanta
    Elle raconte la naissance
    ou la mort d'un parent
    Quand Rose va chez son fils Jean

6   *Fille et femme d'immigrants*
    Rose a toujours rêvé
    D'une maison pour de bon
    D'une pause, d'une trêve
    Rose rêve

7   *Tout ce qu'elle a à ce jour*
    C'est un lopin de terre
    Dans un grand cimetière
    Pour son fils endormi
    Rose prie

8   *Quand Rose va chez son fils*
    Elle arrose les fleurs
    Elle chante, elle pleure
    à chaque fois elle y meurt
    Elle apporte de l'encens
    elle parfume le vent
    Pour son fils Jean
    Mort à vingt ans ⚜

(Marie Michèle Desrosiers)

Je construis le sens du texte

1 Dans quelle intention Marie Michèle Desrosiers a-t-elle écrit ce texte?

2 **a)** Dans quel pays les villes de Constanta et de Iasi se trouvent-elles? Comment as-tu procédé pour trouver la réponse?

    b) Quelle est la nationalité de Rose? Comment le sais-tu?

    c) Comment l'auteure dit-elle que le pays de Rose est un pays en guerre?

3 **a)** Relève deux vers qui t'indiquent où va Rose quand elle veut voir son fils.

    b) Pourquoi Rose apporte-t-elle des fleurs?

    c) Dans quelles occasions apporterais-tu ou offrirais-tu des fleurs?

4 Selon toi, pourquoi le fils de Rose est-il mort si jeune?

5 Quels sont, selon toi, les émotions et les sentiments vécus par Rose? Énumères-en trois.

6 a) Quels sont les rêves de Rose ? Comment le sais-tu ?

   b) Les a-t-elle réalisés ? Explique ta réponse.

7 a) Comment l'auteure s'y prend-elle pour te faire savoir que Rose est croyante ?

   b) Quelle strophe te l'indique clairement ?

8 a) Comment l'auteure te fait-elle savoir que Rose a beaucoup voyagé ?

   b) Quelle strophe te l'indique clairement ?

9 Explique dans tes mots les expressions ou métaphores suivantes :

   a) pour parfumer le vent (strophe 1) ;

   b) Où règnent les icônes (strophe 4) ;

   c) à chaque fois elle y meurt (strophe 8).

L'étrangère

1 *Elle parle avec son accent de ses mers barbares,*
avec je ne sais quelles algues et je ne sais quels sables ;
elle fait sa prière à un dieu sans corps et sans poids,
vieillie comme si elle allait mourir.

2 *Dans notre jardin, qu'elle nous a rendu étranger,*
elle a mis des cactus et des herbes griffues.

3 *Elle nous souffle l'haleine du désert ;*
elle a aimé d'une passion qui l'a blanchie,
qu'elle ne nous raconte jamais et si elle nous la racontait,
ce serait comme la carte d'une autre planète.

4 *Elle pourra vivre parmi nous cent ans,*
ce sera toujours comme si elle venait d'arriver,
parlant une langue essoufflée et gémissante,
comprise seulement des bestioles.

5 *Et elle va mourir au milieu de nous,*
une nuit où elle souffrira trop
avec son seul destin pour oreiller,
d'une mort sans bruit et étrangère.

(Gabriela Mistral)

Je construis le sens du texte

1 Gabriela Mistral décrit une étrangère sans nommer son pays d'origine. Cependant, elle donne des indices sur ce pays qui ne ressemble pas au Québec. Nommes-en trois.

2 **a)** Comment l'étrangère a-t-elle tenté de recréer un peu de son pays?

b) Récris les vers qui te l'ont indiqué.

3 Relève un vers qui indique que cette étrangère est une femme âgée.

4 Relève deux vers qui indiquent que, quoi qu'elle fasse, cette femme sera toujours considérée comme une étrangère.

5 **a)** Comment Gabriela Mistral dit-elle que la vieille étrangère est un être silencieux?

b) Récris les vers où tu as trouvé ta réponse.

6 Relève un vers dans lequel Gabriela Mistral indique que son personnage parle différemment des gens de son pays d'adoption.

7 Comment l'auteure dit-elle que l'étrangère est croyante?

8 Selon toi, quels sont les émotions et les sentiments vécus par la vieille femme immigrante? Comment le sais-tu?

9 ☀️L Trouve un verbe de la même famille que chacun des mots suivants:

a) griffues; **b)** essoufflée; **c)** gémissante.

10 ☀️L Le mot « bestioles » est un diminutif du mot « bête ». Nomme trois autres suffixes qui permettent de former des diminutifs et donne un exemple pour chacun.

Je réagis aux textes

1 **a)** Penses-tu qu'il est facile de quitter son pays? Comment le sais-tu?

b) Donne deux bonnes raisons qui amènent quelqu'un à quitter son pays.

2 Si tu émigrais, quel traitement voudrais-tu recevoir de la part des gens de ton nouveau pays?

3 Crois-tu qu'une personne qui immigre reste toujours une étrangère dans son nouveau pays? Explique ta réponse.

4 Parmi les trois textes que tu as lus, relève deux idées nouvelles que tu as apprises.

5 **a)** Des trois textes que tu as lus, lequel préfères-tu? Pourquoi?

b) Lequel recommanderais-tu à tes camarades? Pourquoi?

c) Lequel des trois textes exprime le mieux les sentiments, les émotions d'une personne immigrante? Explique ta réponse.

HALTE SAVOIR-FAIRE

DIFFÉRENCIER LA POÉSIE DE LA PROSE

M. Jourdain, un riche bourgeois qui veut devenir gentilhomme, a demandé à son maître de philosophie de l'aider à rédiger un compliment (un petit texte destiné à louanger quelqu'un).

Le bourgeois gentilhomme

MAÎTRE DE PHILOSOPHIE – [...] Sont-ce des vers que vous lui voulez écrire?

M. JOURDAIN – Non, non, point de vers.

MAÎTRE DE PHILOSOPHIE – Vous ne voulez que de la prose?

M. JOURDAIN – Non, je ne veux ni prose ni vers.

MAÎTRE DE PHILOSOPHIE – Il faut bien que ce soit l'un, ou l'autre.

M. JOURDAIN – Pourquoi?

MAÎTRE DE PHILOSOPHIE – Par la raison, Monsieur, qu'il n'y a pour s'exprimer que la prose, ou les vers.

M. JOURDAIN – Il n'y a que la prose ou les vers?

MAÎTRE DE PHILOSOPHIE – Non[1], Monsieur : tout ce qui n'est point prose est vers ; et tout ce qui n'est point vers est prose. ✿

(Molière)

_____
1. La logique voudrait «Oui».

Le maître de philosophie aurait pu expliquer à M. Jourdain ce qui caractérise un poème en lui énumérant les points suivants :

a) l'espace occupé dans la page ;

b) les mots agencés pour créer du rythme, selon des règles ;

c) l'utilisation de la majuscule au début de chaque vers, habituellement ;

d) des sonorités semblables, appelées **rimes,** à la fin de chaque vers.

LES RIMES

Les rimes sont la répétition des mêmes sons à la fin des vers d'un poème. Un poème ne rime pas obligatoirement ; on dit alors qu'il est en vers libres.

Les rimes ajoutent du rythme à un poème.

Les rimes peuvent être disposées de plusieurs façons dans un poème.

Elles peuvent être :

Croisées (abab)

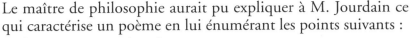

Béatrice

D'abord j'ai contemplé dans le berceau de chêne —— a
Un bébé tapageur qui ne pouvait dormir, —— b
Puis vint la grande fille aux yeux couleur d'ébène, —— a
Une brune enfant pâle insensible au plaisir. —— b

(Émile Nelligan)

Plates (aabb)

Le bestiaire : la carpe

Dans vos viviers, dans vos étangs, —— a
Carpes, que vous vivez longtemps ! —— a
Est-ce que la mort vous oublie, —— b
Poissons de la mélancolie. —— b

(Guillaume Apollinaire)

Embrassées (abba)

Le léopard

Au soir, quand il ronronne, —— a
Un gai rossignol chante, —— b
Et la forêt béante —— b
Les écoute et s'étonne —— a

(Robert Desnos)

La rose

Rose rose, rose blanche,
Rose thé,
J'ai cueilli la rose en branche
Au soleil de l'été [...]

(Robert Desnos)

Les rimes n'ont pas toutes la même qualité. Elles sont **pauvres** quand seules les voyelles de la fin riment.

Exemple : Les souvenirs d'enfants
hantent la nuit des grands.

Elles sont **riches** quand les syllabes complètes riment, comme dans le texte ci-contre.

J'évalue ma démarche de lecture

Tu as terminé ta démarche de lecture. C'est le moment d'évaluer tes apprentissages.

1 **a)** Les textes « Jaune et blanc », « Quand Rose va chez son fils » et « L'étrangère » te sont-ils apparus difficiles à lire ? Si oui, pourquoi ?

   b) Les phrases étaient-elles trop longues ?

   c) Le vocabulaire utilisé était-il trop complexe ?

   d) La disposition du texte a-t-elle représenté une difficulté ?

2 Les grilles ci-dessous correspondent à la numérotation des questions portant sur ces trois textes. Reproduis ces grilles et mets un X à côté du numéro des questions auxquelles tu n'as pas répondu correctement.

Jaune et blanc
Je planifie ma lecture

| 1 ≈ | 3 ≈ | 5 ≈ |
| 2 ≈ | 4 ≈ | |

Je construis le sens du texte

1 ≈	4 ≈	7 ≈
2 ≈	5 ≈	8 ≈
3 ≈	6 ≈	

Je planifie ma lecture

| 1 ≈ | 2 ≈ |

Quand Rose va chez son fils
Je construis le sens du texte

1 ≈	4 ≈	7 ≈
2 ≈	5 ≈	8 ≈
3 ≈	6 ≈	9 ≈

L'étrangère
Je construis le sens du texte

1 ≈	5 ≈	9 ≈
2 ≈	6 ≈	10 ≈
3 ≈	7 ≈	
4 ≈	8 ≈	

---

3 Maintenant, note les étapes où tu as éprouvé de la difficulté. Demande-toi pourquoi cette partie est plus difficile pour toi. Relis tes réponses du numéro 1.

   • Je planifie ma lecture   ≈

   • Je construis le sens du texte   ≈

   • Je réagis aux textes   ≈

Je réagis aux textes

| 1 ≈ | 3 ≈ | 5 ≈ |
| 2 ≈ | 4 ≈ | |

---

4 Trouve des moyens de surmonter tes difficultés en lecture, note-les sur une feuille et soumets-les à ton enseignante ou à ton enseignant.

5 Conserve ta feuille pour être en mesure de te souvenir de ces moyens quand tu en auras besoin. Identifie bien le problème avant d'en écrire la solution.

Les mots-valises

Le mot « poésie » vient du mot grec *poièsis* qui signifie « création ».

Tu sais déjà que la langue utilise plusieurs moyens pour créer de nouveaux mots :

1. La dérivation
- l'ajout d'un préfixe ou d'un suffixe (mémoire, mémoriser, remémorer) ;
- la réunion de deux éléments de langues étrangères (xénophobe, francophile) ;

2. La composition
- la réunion de deux mots ou plus pour n'en former qu'un (chou-fleur, sourd-muet, tout à coup).

Les mots-valises, quant à eux, sont une façon fantaisiste de créer de nouveaux mots. Tu ne les trouveras pas dans le dictionnaire !

Ils empruntent des parties de deux mots qui n'ont pas l'habitude d'être associés. Tu dois pouvoir reconnaître ces deux mots.

Exemples : Je suis chocomaniaque (chocolat et maniaque).

Devant un chocolicieux, je craque (chocolat et délicieux).

J'ai passé des heurribles (heures et horribles).

Si une poule a l'air dinde, est-ce une dindoule (dinde et poule) ?

Une minuscule écrite à la main est-elle une manuscule (main et minuscule) ?

Je m'exerce

1 Donne une courte définition fantaisiste aux mots suivants.
- **a)** éléphantastique
- **b)** enfantasque
- **c)** hélicopterrestre

2 Invente trois mots-valises et rédige une phrase avec chacun d'eux.

Le point de vue

Le poète, quand il écrit, crée un univers imaginaire. Il exprime ses sentiments et sa vision du monde. Son écriture est différente de celle d'un auteur ou d'une auteure de textes descriptifs courants. Le poète donne son point de vue, sa perception du monde.

J'observe

Lis les phrases suivantes.

A Je crois que le chat est un félin.

B Le chat est un mammifère carnivore.

C Que ce chat est beau !

D Les chats peuvent malheureusement être très sournois.

E Parlez-moi de votre chat.

1 Laquelle des phrases ci-dessus affirme un fait ?

2 Relève dans chacune des autres phrases un élément qui te permet de dire que l'affirmation n'est pas un fait irréfutable.

3 Quelle différence fais-tu entre affirmer qu'un chat est beau et affirmer qu'il est carnivore ?

4 Dans les phrases précédentes, relève les éléments qui permettent de reconnaître la présence de l'auteur ou de l'auteure. Attention ! Réfléchis bien.

Je garde en mémoire

Dans un texte courant ou littéraire, un auteur ou une auteure peut révéler sa présence et son point de vue en employant les ressources citées en marge.

Quand l'auteur ou l'auteure ne révèle pas son point de vue, le langage est neutre.

La poésie étant une vision personnelle de la personne qui l'écrit, la langue utilisée y est rarement neutre ; elle est expressive.

1. Les pronoms personnels	*Exemples :* Je crois que... Veux-tu me montrer...
2. Les déterminants	Mon chat est vieux.
3. Des adjectifs qualifiants ou connotatifs	Le chat est sournois.
4. Par des expressions qui signalent son impression (heureusement, hélas, je crois, il est possible...)	Hélas, le chat est souvent très indépendant.

Je m'exerce

Relève dans le texte suivant tous les éléments qui révèlent la présence ou le point de vue des auteurs.

Touche pas

1 *Elle est là*
   Sur le seuil de la porte
   Peur de sortir
   Prête à partir sans le dire

2 *Je la vois*
   Sur le seuil de la vie
   À peine debout
   Mais prête à tout

3 *Elle n'est pas à l'aise dans sa peau,*
   Pas à l'aise dans ses gestes, ses mots
   Dans sa tête, fière allure
   Dans ses veines, l'aventure

   REFRAIN
4   *Touche pas, c'est chaud*
      Regarde avant de traverser
      Touche pas, c'est chaud
      Est-ce que je l'ai dit assez… ou trop ?

5 *Elle se voit*
   À travers le cinéma
   Les magazines
   Et les vitrines d'la Catherine

6 *Elle se fait*
   De beaux rêves d'amour
   Et des romances
   Sans conséquences

7 *Elle ne vit que pour ses amis*
   Les seuls à qui elle se confie
   Avec eux, elle est bien
   Il me semble que j'suis plus rien

   REFRAIN
8   *Tous mes « Fais pas ci » « Fais pas ça »*
      « Ferme les yeux » « N'écoute pas »
      Tout c'que j'ai gardé en dedans
      les peurs les peines de mes seize ans
      Que lui ont laissé mes silences…
      Le goût d'aimer ou la méfiance… ?

9 *Je la sens*
   Sur le seuil de l'amour
   Envie de voir
   Prête à y croire dès ce soir

10 *Je voudrais*
   Aujourd'hui lui crier :
   Mords dans la vie
   Allez, vas-y !

11 *Allez – mais c'est chaud*
   Regarde avant de traverser
   Touche pas, c'est chaud
   Est-ce que je l'ai dit assez ?

12 *Allez – mais c'est chaud…* ✤

(Paroles : Judi Richards - Pierre Légaré)

L'organisation du texte poétique

J'observe

Relis le texte « Quand Rose va chez son fils » aux pages 531 et 532 de ton manuel et réponds aux questions suivantes.

1 Chaque vers correspond-il à une phrase complète ?

2 Les vers sont-ils toujours de la même longueur ?

3 Comment mesure-t-on la longueur d'un vers ?

4 Un texte en prose regroupe les phrases en paragraphes. Comment les divisions d'un poème se nomment-elles ? Comment le sais-tu ?

Je garde en mémoire

Un texte poétique (poème, chanson) est divisé en paragraphes appelés strophes. La longueur des strophes peut varier. On appelle « quatrain » une strophe de quatre lignes ou de quatre vers, « tercet », une strophe de trois lignes.

Chaque ligne d'un poème correspond à un vers. La longueur d'un vers est calculée en pieds. Chaque pied correspond à une **syllabe prononcée**. Certains poèmes sont composés avec un nombre constant de pieds à chacun des vers. Un vers de douze pieds se nomme un alexandrin, un vers de dix pieds, un décasyllabe, un vers de huit pieds, un octosyllabe.

CÉCILIA MEIRELES
Née et morte à Rio de Janeiro, elle fut d'abord découverte et appréciée par les Portugais. Les Brésiliens l'ont longtemps boudée. Conférencière, professeure, journaliste, inspectrice de l'enseignement, elle a laissé une œuvre poétique capable de résister à l'usure du temps comme aux caprices des modes.

Je m'exerce

Chansonnette

1 *Toutes tes paroles anciennes*
je les ai laissées au rivage,
enlacées avec mes rengaines,
tracées sur le sable des plages.

2 *Tant de soleils et tant de lunes*
ont brillé depuis, dans les dunes,
sur ces lignes qui étaient tiennes,
sur ces lignes qui étaient miennes !

3 *La mer – à la langue sonore –*
sait le présent et le passé
chante mes mots puis les dévore :
le reste est déjà effacé.

(Cécilia Meireles)

1 Combien de strophes contient le texte de chanson précédent?

2 Combien de vers contient ce poème mis en chanson?

3 Combien de pieds compte chaque vers?

4 Les vers ont-ils tous le même nombre de pieds? Comment le sais-tu?

5 Comment peux-tu qualifier la disposition des rimes de ce poème : sont-elles croisées, plates ou embrassées? Retourne à la Halte savoir-faire, pages 535 et 536 de ton manuel.

grammaire
de la phrase

Le groupe adjectival (GAdj)

J'observe

Lis la phrase suivante.

Le magnifique jardin municipal est grandiose quand commence la chaude saison estivale.

1 Relève tous les adjectifs de cette phrase.

2 À quel groupe de la phrase chacun de ces adjectifs appartient-il?

3 **a)** Quels sont les adjectifs que tu peux effacer sans rendre la phrase agrammaticale?

   b) Y en a-t-il que tu ne peux effacer? Si oui, pourquoi?

4 **a)** Les adjectifs «magnifique» et «chaude» pourraient-ils être placés après le nom qu'ils complètent?

   b) Les adjectifs «municipal» et «estivale» pourraient-ils être placés avant le mot qu'ils complètent?

5 Trouve la fonction de chacun de ces adjectifs.

6 Qu'est-ce que ces adjectifs ajoutent à la phrase?

Je garde en mémoire

1 L'adjectif est le noyau du GAdj. Il peut être remplacé par un autre adjectif.

Exemples : Ce jeune médecin est compétent.
   Ce vieux médecin est expérimenté.

Il peut être effacé quand il fait partie d'un GN.

Exemple : Ce jeune médecin est compétent.
   Ce ~~jeune~~ médecin est compétent.

Il ne peut être effacé quand il fait partie d'un GV.

Exemple : Ce jeune médecin est compétent.
   *Ce jeune médecin est ~~compétent~~.

2 **Rôle :** l'adjectif ajoute au nom ou au pronom un complément d'information.

3 **Fonctions :** l'adjectif est complément du nom quand il fait partie du GN.

Exemple : Le ciel lourd et gris annonce un orage.

Il est attribut quand il fait partie du GV, le verbe étant un verbe attributif.

Exemple : Le temps devient de plus en plus gris, les nuages sont nombreux.

4 On distingue deux types d'adjectifs : l'adjectif qualifiant et l'adjectif classifiant. Leurs principales caractéristiques sont les suivantes.

Adjectif qualifiant	Adjectif classifiant
Il exprime une qualité. C'est une merveilleuse journée.	**Il classe le nom dans un ensemble.** Le Jardin botanique de Montréal est aussi un parc public.
Il peut être placé à la gauche ou à la droite du nom. C'est une étonnante révélation. C'est une révélation étonnante.	**Il est toujours placé à la droite du nom.** Il y aura bientôt des élections municipales. *Il y aura bientôt des municipales élections.
Il peut faire partie d'un GV. Ce poème est romantique.	**Il ne peut faire partie d'un GV.** *Ce jardin est botanique.
Il peut être mis en degré. Cet examen est le plus important.	**Il ne peut être mis en degré.** *Ce gouvernement est le plus fédéral.

Attention !

Certains adjectifs changent de sens selon qu'ils sont placés avant ou après le nom. Dans ce cas, les adjectifs ne répondent pas aux caractéristiques mentionnées dans le tableau précédent.

Exemples : Un brave homme (un homme bon et généreux) ;
un homme brave (un homme courageux).

Une histoire drôle (une histoire comique) ;
une drôle d'histoire (une histoire bizarre).

Je m'exerce

1 Relève les adjectifs des phrases suivantes et remplis une grille comme celle ci-dessous.

Adjectif	Type d'adjectif	Fonction
Exemple : récentes	qualifiant	complément du nom « fouilles »

a) Les récentes fouilles archéologiques ont permis des découvertes intéressantes.

b) Ce célèbre poète est attentif à la qualité de la langue française.

c) L'enfant qui apprend de jolies comptines est chanceux.

d) Je connais des élèves tout à fait incapables de faire cet exercice grammatical.

e) Les courageux alpinistes semblaient hésitants devant le dernier col à franchir.

2 Enrichis chacune des phrases suivantes à l'aide d'un adjectif. Précise s'il s'agit d'un adjectif classifiant ou qualifiant.

a) Les personnages de ce roman sont ≋ .

b) Ce ≋ poète récite ses vers avec passion.

c) Un enfant ≋ rêve en regardant par la fenêtre.

d) Cette réponse ≋ a surpris l'enseignante.

e) La langue française est parfois ≋ .

L'accord de l'adjectif

J'observe

Lis les phrases suivantes.

A J'ai acheté un gros panier de pommes rouges.
Toi, tu as acheté un panier de pommes rouge.

B Ton billet ou le mien sera gagnant.

C Ceux et celles qui seront présents auront droit
à un spectacle.

D Nous avons besoin de filles ou de garçons intéressés.

1 Dans la phrase A, quel nom est complété par chacun
des adjectifs « rouge » ?

2 Pourquoi l'adjectif de la phrase B est-il au singulier ?

3 Explique l'accord des adjectifs des phrases C et D.

Je garde en mémoire

L'adjectif s'accorde en genre et en nombre avec le nom ou le
pronom qu'il complète ou dont il est l'attribut.

Certains accords peuvent te causer des problèmes. Consulte
une grammaire à la rubrique L'accord de l'adjectif.

Règle	Exemples
1. L'adjectif complète deux noms du même genre : il s'écrit au pluriel et prend le genre de ces noms.	J'ai une blouse et une jupe vertes.
2. L'adjectif complète deux noms de genres différents : il s'écrit au pluriel et au masculin.	J'ai une blouse et un chandail verts.
3. L'adjectif complète deux noms réunis par « ou ». Il s'accorde avec les deux noms ou avec l'un ou l'autre, selon le sens de la phrase.	La sœur ou le frère aîné de chaque famille. (Il n'y a qu'un aîné par famille.) La rose ou le glaïeul rouges. (Les deux peuvent être rouges.)
4. L'adjectif peut être employé comme adverbe. Il ne complète pas un nom ou un pronom mais un verbe. Il reste invariable.	Julia saute haut. Ils sentent bon.

Je m'exerce

Récris les phrases suivantes et accorde les adjectifs.

a) Ces enfants turbulent crient fort.

b) Même si la nuit est noir, les chats et les hiboux voient clair.

c) Les poètes et les romanciers ravivent notre imagination et nos rêveries évanescent.

d) Quel vêtement veux-tu ? La blouse ou le chandail vert ?

e) C'est une armée de soldats discipliné.

orthographe d'usage

Autopsie d'un texte

J'observe

Le texte ci-dessous relate la rencontre du grand poète chilien Pablo Neruda et du facteur Mario Jimenez. Celui-ci envie le talent du poète capable de dire si joliment les choses.

Cependant, 21 erreurs se sont glissées pendant la transcription du texte. Sauras-tu les trouver ?

Une ardente patience

1 *Mario tordis le cou et, par en dessous, chercha les yeux du poète :*

2 *– Cloué comme une lance ? Plus coi qu'un chat de porcellaine ?*

3 *Neruda lâcha la poignée de la porte et se carressa la pointe du menton.*

4 *– Mario Jimenez, je n'ai pas écris que les Odes élémentaires, j'ai écris des livres*

bien meilleurs. C'est indigne de me faire subir ainsi n'importe quelles conparaisons et n'importe quelles métaphores.

5 *– Don Pablo ?*

6 *– Métaphores, oui mon garçon.*

7 *– C'est quoi, ces choses-là ?*

8 *Le poète posas une main sur l'épaule du jeune homme.*

9 – *Pour t'expliquer plus ou moins inprécis-ément, cela consistes à dire une chose en la comparrant à une autre.*

10 – *Donnez-moi un exenple.*

11 *Neruda regarda sa montre et soupirra.*

12 – *Eh bien, quand tu dit que le ciel pleure : qu'est-ce que tu veux exprimmer ?*

13 – *C'est facile ! Qu'il pleut, voyons !*

14 – *Eh bien, c'est ça, une métaphore.*

15 – *Et pourquoi, si c'est une chose tellement facille, on emploie un nom si conpliqué ?*

16 – *Parce que les noms n'ont rien à voir avec la simplicité ou la complexité des choses.*

17 – *Avec ta théorie, une petite chose qui volent ne devrait pas avoir un nom aussi long que papillon. Pense qu'éléphant a le même nonbre de lettres que papillon et pourtant c'est beaucoup plus grand et ça ne volle pas, conclut le poète d'un air acablé.* ⚜

(Antonio Skarméta)

Je garde en mémoire

Voici quelques indices qui t'aideront à trouver les erreurs. Celles-ci appartiennent à l'une ou l'autre des quatre catégories suivantes.

A Un verbe mal accordé avec son sujet. Un participe passé mal accordé. ☀ OG

B Une double consonne mal placée ou absente.

C Un « m » manquant devant un « p », un « b » ou un « m ».

D Une coupure de mot mal faite.

Rédige une règle qui te permettra de trouver les erreurs dans chacune des catégories.

Je m'exerce

Dans une grille comme celle ci-dessous, relève les erreurs dans le texte « Une ardente patience », corrige-les et indique le code de la règle qui n'a pas été respectée. Voir l'étape *Je garde en mémoire* ci-dessus.

Mots erronés	Mots corrigés	Code
Exemple : tu corrige	tu corriges	A

Amorce

Tu te sens une âme de poète? Tu as le goût de jouer avec les mots, de créer des images avec tes mots? C'est ce qui t'est proposé dans cette activité. Tu auras à rédiger un poème de 10 vers sur un sujet de ton choix et à lui donner l'allure d'un calligramme.

Je prépare la production de mon texte

Qu'est-ce qu'un calligramme? Tu as appris que la poésie obéit à certaines règles quant à la ponctuation, à la longueur et à la composition des phrases, à la disposition du texte. Le calligramme ne respecte pas ces règles et pousse la désobéissance à son maximum en composant des images avec les mots. Le calligramme occupe donc l'espace d'une feuille blanche d'une manière qui lui est tout à fait particulière.

Tu peux t'amuser à illustrer les mots individuellement.

Exemples : TREMBLER

FLÈCHES

Long

ÉTROIT

Guillaume Apollinaire a été le grand maître du calligramme. Observe bien l'exemple ci-contre.

Je planifie la production de mon texte

1. Un poème sous forme de calligramme n'est pas toujours facile à lire, à comprendre et à percevoir pour le ou la destinataire. À qui adresseras-tu le tien?

2. Choisis le sujet de ton poème : un animal, une fleur, un personnage, une étoile, une planète remplie d'amitié.

3. Note tes idées. Élabore le champ lexical du mot choisi et réfléchis aux idées que chaque mot te suggère. Crée des oppositions (guerre / paix, douceur / colère, amour / haine) ou des comparaisons.

4. N'oublie pas que ton intention d'écriture est d'amener tes lecteurs et tes lectrices à créer des images dans leur tête. Relis le texte de Skarméta sur la métaphore, aux pages 546 et 547 de ton manuel.

5. Pour la première fois, tu peux te permettre d'écrire des phrases sans GV ou sans GNs.

astuce

• Pense au dessin que t'inspire le sujet de ton poème. N'en trace que les grandes lignes, celles que devront suivre les mots.

• Avant de faire un choix définitif, essaie de lier tes idées et tes images pour que ton calligramme représente bien ce que tu veux exprimer.

Je rédige

1. Observe le champ lexical ou les constellations de mots que tu viens d'élaborer et laisse aller ton imagination. Pense à des mots qui sonnent bien. Les rimes sont intéressantes pour donner un rythme à ton texte, mais elles ne sont pas obligatoires. Crée des images qui étonnent.

2. N'oublie pas que le contenu de ton texte doit être en relation avec le calligramme que tu construis. Relis le texte d'Apollinaire à la page précédente.

3. Ne perds pas de vue ton intention d'écriture et tes destinataires.

4. Utilise des adjectifs pour colorer les noms utilisés.

5. Insère une métaphore, une comparaison.

6. Relis ton calligramme et modifie-le au besoin. Tu peux mettre de la couleur.

astuce

• Demande à quelques camarades de te faire des remarques. Rajuste ton plan de départ. Ton texte et l'organisation de ta feuille blanche doivent être cohérents et respecter l'idée du début : un poème sous forme de calligramme.

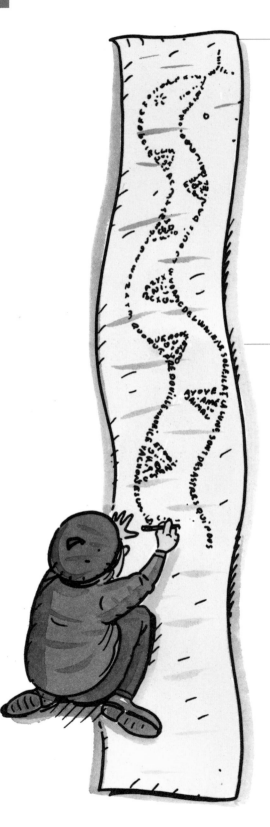

Je révise

1 Je relis mon texte et je m'assure qu'il contient tous les éléments exigés par la tâche décrite au début.

2 J'ai créé une métaphore, j'ai établi une comparaison.

3 Le choix des adjectifs respecte l'univers poétique que j'ai créé. J'ai accordé ces adjectifs correctement.

4 Mon poème est présenté sous la forme d'un calligramme.

5 J'ai respecté mon intention d'écriture.

J'évalue ma démarche d'écriture

1 Ce texte t'est-il apparu difficile à rédiger? Si oui, pourquoi? Choisis parmi les réponses suivantes.

   a) Parce qu'il s'agissait d'un poème.

   b) En raison du calligramme.

   c) À cause du sujet libre.

   d) Parce que ce poème était le premier texte de ce genre à rédiger cette année.

2 Quelles étapes de ta rédaction te donnent le plus de difficulté selon toi? selon ton enseignante ou ton enseignant? Relis tes réponses du numéro 1.

3 D'après le scénario choisi par ton enseignante ou ton enseignant, trouve des moyens de surmonter tes difficultés en rédaction.

4 Note ces moyens sur une feuille pour être en mesure de t'en souvenir quand tu en auras besoin. Identifie bien le problème avant d'en écrire la solution.

Amorce

Les mots sont puissants, ils peuvent soulever des foules, parler d'amour, détruire un bonheur, provoquer des guerres…

Lis le texte suivant qui chante l'importance des mots.

Y a les mots

Y a les mots qui amusent
Et ceux qui nous abusent
Les mots qui blessent
Comme autant de morsures
Les mots qu'on pleure
Et crache en venin
Dans le chagrin
Et ceux qu'on échange
En poignées de main

Y a les mots qui nous lient
Dans le sceau du secret
Et ceux qui déchirent
Et séparent à jamais
Les mots qui nous hantent
Pour un instant de folie
Et ceux qui disparaissent dans l'oubli
[…]

(Francine Raymond)

Je planifie ma présentation

1 Voici l'occasion de partager avec tes camarades des mots qui ont de l'importance pour toi. Ce peut être les mots d'une chanson, d'un poème, d'une fable ou même d'une comptine que tu aimes particulièrement, qui te bouleverse ou te stimule… Ce peut être un texte que tu as composé ou celui d'un auteur ou d'une auteure qui te plaît.

Tu as deux minutes pour faire connaître ton point de vue, tes opinions et tes sentiments concernant le texte choisi. Tu n'oublies pas de présenter l'auteur ou l'auteure de ce texte. Lis la rubrique Carnet-info ci-contre.

carnet-info

• Tu dois trouver un texte ? Pense aux auteurs et compositeurs québécois : Gilles Vigneault, Félix Leclerc, Laurence Jalbert, Marie-Denise Pelletier, Marie Michèle Desrosiers, Francine Raymond, Daniel Bélanger, Louise Forestier, etc. Demande des suggestions à ton enseignant ou à ton enseignante ou rends-toi à la bibliothèque.

• Lorsque tu auras fait ton choix, prends des notes sur l'auteur ou l'auteure et son œuvre. Si tu le peux, prévois d'expliquer à ton auditoire dans quelle circonstance ce texte a été écrit.

• Reconstitue le contenu du texte.

• Utilise des fiches sur lesquelles tu noteras les mots, les groupes de mots, les images, les émotions et les sentiments qui te touchent.

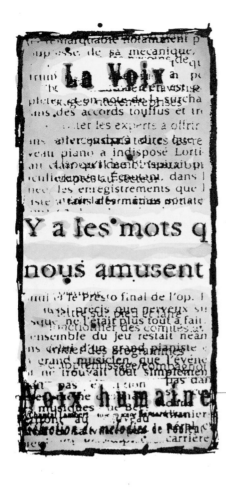

2 **a)** Rédige ton opinion sur ce texte et indique pourquoi tu l'as choisi.

b) Tu as regroupé toutes les informations que tu as recueillies sur des fiches. Prépare maintenant le plan de ta présentation en ordonnant tes notes.

c) Tu n'oublies pas de donner le titre du poème, le nom de l'auteur ou de l'auteure.

d) Apprends ton texte (le poème ou un extrait du poème). Tu dois mettre de l'émotion, de l'expression dans ta présentation.

3 **a)** Exerce-toi à faire ta présentation. Demande à des camarades ou à tes parents de t'écouter.

b) Au besoin, modifie ta présentation. Tu peux suggérer à ton premier public de te poser des questions ; ainsi, tu sauras si tu dois ajouter des informations.

c) Reviens à ton plan de départ et ajuste-le.

Je présente mes propos

Parle calmement, clairement. Surveille le volume de ta voix, ton débit, ta prononciation. Essaie de susciter l'intérêt de ton auditoire en lui faisant partager tes sentiments et tes convictions.

J'évalue ma présentation

Tu as terminé ton exposé. Il te faut maintenant l'évaluer. Reproduis la grille ci-dessous et remplis-la pour vérifier si tu as bien respecté la tâche.

Grille d'autoévaluation d'un exposé	Oui	Non
1. J'ai respecté la durée demandée.	≈	≈
2. J'ai bien prononcé chaque mot afin de me faire comprendre des autres.	≈	≈
3. J'ai varié mes intonations.	≈	≈
4. J'ai fait des gestes afin de maintenir l'intérêt de mes auditeurs et auditrices.	≈	≈
5. Mon débit n'était ni trop lent ni trop rapide.	≈	≈

L'emprise de la nuit

L'auteur de ce roman, Stanley Péan, est né à Port-au-Prince, en Haïti, en 1966. Il a grandi à Jonquière, où ses parents se sont installés la même année. Stanley Péan vit aujourd'hui à Québec. Ce premier roman, publié chez La courte échelle, raconte l'histoire de Stacey et de Pierre, qui viennent séjourner à Montréal. Stacey veut revoir son frère, un jeune peintre qui tente de se faire un nom dans la métropole. Stacey et Pierre se rendront compte que ce qu'ils entendent à la radio sur l'existence de bandes rivales de *skinheads* et de Noirs existe vraiment. Ils constateront que Montréal le jour et Montréal la nuit sont deux mondes opposés. Si tu aimes le frisson, tu adoreras ce roman.

Le jardin secret

Livre fascinant qui te fait connaître deux jeunes souffrant de leur solitude dans un château anglais. Mary apprivoisera un jeune garçon qui se croit incapable de marcher. Celui-ci est égoïste et capricieux. Ensemble, ils découvriront un jardin secret qu'ils aménageront et transformeront en un lieu de délices. Mary retrouvera la joie de vivre. Ce roman met en scène l'Angleterre des châteaux et les habitudes de vie des lords anglais. Si tu ne lis pas le livre, cours vite réserver la cassette vidéo, on a fait de cette histoire un film délicieux. Il plaît autant aux jeunes qu'aux adultes.

Le bestiaire d'Anaïs

Aimes-tu la poésie amusante? Tu dois lire ce livre de poésie. Ce sont des animaux qui en sont les vedettes. Jeux de mots et mots d'esprit ensoleilleront tes journées. Bonne lecture!

Adagio

Si tu aimes les textes poétiques qui mettent en vedette des animaux, lis les livres de Félix Leclerc. Tu veux savoir qui était cet homme, ce qu'il représente? Lis *Moi, mes souliers* et *Pieds nus dans l'aube*. La vie des Québécoises et des Québécois du début du siècle te sera racontée. Tu feras un retour en arrière et tu apprendras d'où tu viens et où tu vas. Mine de rien, c'est un cours d'histoire enrichissant. Il n'y a pas d'examen à la fin.

Le jour de congé

Inès Cagnati est une auteure qui saura t'émouvoir. Elle raconte la vie quotidienne d'une jeune fille adorant sa bicyclette et sa mère. Texte écrit dans une prose poétique que tu apprécieras pendant les journées de pluie et de vent. Cette forme d'écriture demande que tu portes attention aux mots.

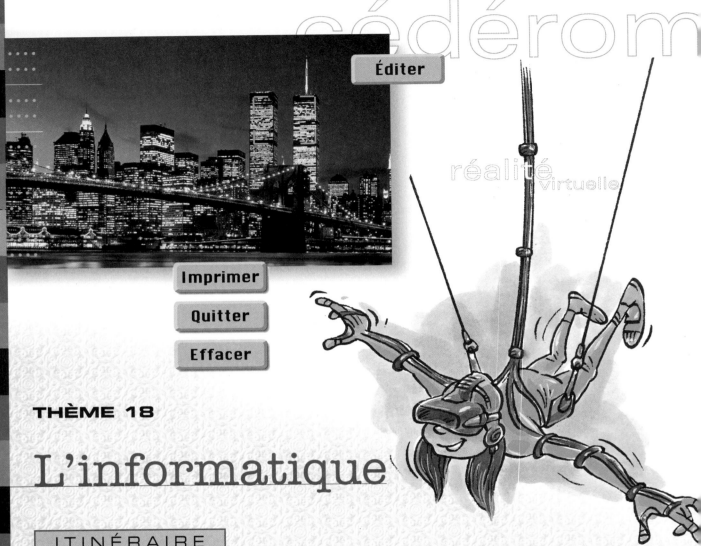

Éditer

Imprimer

Quitter

Effacer

THÈME 18

L'informatique

ITINÉRAIRE

À la fin de ce thème,
tu devrais être capable :

- de reconnaître les composantes d'un texte littéraire narratif;

- de reconnaître les aspects et les sous-aspects d'un texte courant descriptif;

- d'observer différentes formes du discours rapporté : le discours direct et le discours indirect;

- de comprendre et d'utiliser la synonymie et l'antonymie;

- de reprendre efficacement une information;

- d'identifier et d'observer la subordonnée circonstancielle;

- d'accorder le verbe selon le type de GNs;

- de connaître la formation des temps simples et des temps composés;

- de développer une méthode de révision de l'orthographe d'usage;

- d'écrire un texte narratif en respectant ton intention de communication.

POINT DE RALLIEMENT

1. As-tu déjà utilisé un ordinateur ? Dans quel but ?

2. a) Énumère des services rendus par un ordinateur.

   b) Parmi ces services, lequel préfères-tu ? Pourquoi ?

3. Aimerais-tu faire carrière en informatique ? Explique ta réponse.

4. À ton avis, pourquoi les ordinateurs sont-ils vite désuets, périmés ?

5. a) Connais-tu une compagnie de logiciels québécoise ?

   b) Sais-tu à quelles productions cinématographiques cette compagnie a participé ?

6. Crois-tu que les ordinateurs peuvent favoriser l'apprentissage dans les écoles ? Explique ta réponse.

7. a) À quelle faculté de l'être humain comparerais-tu l'ordinateur ?

   b) Pourquoi ces deux éléments sont-ils comparables ?

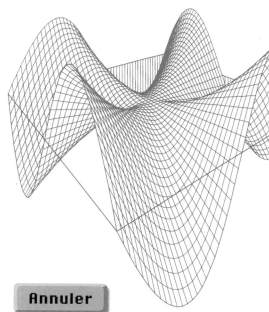

MISE EN COMMUN

a) Avec l'aide de ton enseignante ou de ton enseignant et de tes camarades de classe, dresse un champ lexical comprenant tous les mots qui concernent l'informatique.

b) Certains de ces mots peuvent-ils contenir des sous-groupes ? Lesquels ?

Amorce

Tu connais sûrement le réseau Internet (autoroute de l'information), qui permet à ses adeptes de communiquer entre eux partout dans le monde. Plus que jamais, l'informatique est présente dans ta vie. Par ses nombreuses applications, l'ordinateur est devenu indispensable au fil des ans. Il permet d'emmagasiner des informations, de les traiter, de les étudier et de les transmettre. L'informatique a recours à plusieurs outils, dont la télévision.

Bill Gates a fondé Microsoft, la plus importante compagnie de logiciels du monde. Depuis ses débuts (dans son garage!), son ascension a été fulgurante. Sa compagnie a fabriqué les logiciels MS DOS et, en 1995, Windows 95.

Dans l'extrait que tu liras, Bill Gates te fera voyager dans le temps en te présentant l'univers de la télévision. Tu constateras que celle-ci sert bien l'informatique, surtout l'usager, qui désire qu'on lui offre des images en mouvement.

Je planifie ma lecture

1 **a)** Connais-tu Bill Gates? Si oui, que sais-tu de lui?

b) En quoi les connaissances que tu possèdes sur lui peuvent-elles t'aider à mieux comprendre le texte que tu dois lire?

c) Bill Gates pourrait-il être le narrateur de ce texte? Comment le sais-tu?

2 Selon toi, faut-il être expert en informatique pour lire ce texte? Explique ta réponse.

3 Le titre, «La route du futur», te renseigne-t-il vraiment sur le caractère réel ou fictif de ce texte? Pourquoi?

4 Dans quelle intention liras-tu ce texte?

La route du futur

LES OUTILS DES AUTOROUTES

1 Dans mon enfance, l'« Ed Sullivan Show » passait le dimanche soir à 8 heures. Tous ceux qui possédaient un téléviseur se dépêchaient de rentrer chez eux à l'heure : c'était le seul endroit où l'on pouvait voir les Beatles, Elvis Presley, les Temptations, ou encore ce prestidigitateur qui faisait tourner dix assiettes en même temps sur le museau de dix chiens. Si on rentrait trop tard de chez ses grands-parents ou si on campait avec les scouts, pas de chance… on ne comprenait rien non plus aux discussions du lundi matin sur l'émission de la veille.

2 La télévision traditionnelle nous permet de choisir ce que nous regardons. Pas le moment où nous regardons. La diffusion est « synchrone » : on doit synchroniser nos emplois du temps avec la diffusion de l'émission. Depuis trente ans, ça n'a pas beaucoup changé.

3 Début des années 1980, apparition du magnétoscope. Arrivée de la souplesse. Si on tient à une émission, on prend le temps – sans s'énerver ! – de caler à l'avance l'horloge et la bande, et on la regarde quand on veut. On a pu arracher aux diffuseurs la liberté et le luxe de jouer au programmateur.

4 Une discussion téléphonique est synchrone : les deux interlocuteurs sont en ligne au même moment. Quand on enregistre un programme de télévision ou qu'on laisse le répondeur prendre les appels, on convertit une communication synchrone en quelque chose de plus pratique : une communication « asynchrone ».

?

carnet-info

L'émission de télévision *Ed Sullivan Show* était très populaire dans les années 60.

5   Il est dans la nature humaine de chercher à convertir en asynchrones les communications synchrones. Avant l'invention de l'écriture, il y a cinq mille ans, la seule forme de communication était le langage parlé. L'auditeur devait se trouver directement à portée de voix de l'orateur, sous peine de manquer le message. Avec l'invention de l'écriture, le message a pu être stocké et lu plus tard. J'écris ces lignes chez moi, au début de l'année 1995, mais je n'ai aucune idée du moment ni de l'endroit où vous les lirez.

6   L'un des avantages des autoroutes de l'information : nous allons mieux maîtriser notre emploi du temps. Il y en aura beaucoup d'autres. Une fois les communications asynchrones, nous aurons le loisir d'en augmenter la variété. Et les possibilités de sélection. Même ceux qui enregistrent rarement une émission louent des films. Pour quelques dollars, des milliers de films sont disponibles dans la boutique vidéo du coin, et on peut passer toute la soirée à la maison en compagnie d'Elvis, des Beatles ou de Greta Garbo.

7   La télévision existe depuis moins de soixante ans et, dans ce laps de temps, elle a pris une importance considérable. Mais elle n'est qu'un prolongement des radios commerciales, qui livrent le loisir électronique à domicile depuis longtemps. Rien à voir avec ce que seront les autoroutes de l'information.

8   Actuellement, les capacités des autoroutes de l'information semblent relever de la magie. Mais elles incarnent simplement une technologie destinée à nous faciliter l'existence. Nous comprenons l'intérêt des films, nous sommes habitués à payer pour les voir ; il y a donc toutes les chances pour qu'on se précipite sur la vidéo à la carte qu'offriront les autoroutes. Pour l'instant les PC sont incapables de transporter des films en haute définition ; dès que la vidéo haute définition sera transmissible, finis les magnétoscopes ! Vous choisirez ce qui vous plaira sur une longue liste d'émissions disponibles. […]

9 Les émissions de télévision seront toujours diffusées pour la communication synchrone. La diffusion terminée, elles seront à votre disposition — à l'instar de milliers de films et de toutes les formes de spectacle vidéo. Vous avez envie de voir le dernier épisode de *Seinfeld*? À vous de choisir votre horaire : 21 heures le jeudi, 9 h 13 ou 9 h 45 le vendredi, 11 heures le samedi matin. Le genre d'humour de cette émission vous tape sur les nerfs? Ne la regardez pas : vous n'aurez que l'embarras du choix! […] ■

(Bill Gates)

Je construis le sens du texte

1 **a)** En quelle année Bill Gates a-t-il écrit ce texte?

b) De quel endroit écrivait-il? Comment le sais-tu?

c) Quel aspect du paragraphe 5 ces deux informations décrivent-elles?

2 Quelle réponse parmi les suggestions ci-dessous résume le mieux le paragraphe 1?

a) Les Beatles.

b) L'enfance de Bill Gates.

c) Les discussions sur l'émission *Ed Sullivan Show*.

3 **a)** Dans cet extrait, trois importantes inventions sont mentionnées. Quelles sont-elles?

b) Deux d'entre elles sont apparues avant 1980. Lesquelles?

4 **a)** Note deux avantages apportés par les autoroutes de l'information.

b) Dans quel paragraphe as-tu trouvé ta réponse?

5 🔅 GT **a)** Pour identifier les gens en général, l'auteur utilise la reprise de l'information à l'aide de deux pronoms. Quels sont-ils?

b) Au paragraphe 6, quel mot l'auteur utilise-t-il pour reprendre cette même information?

6 **a)** Dans quel paragraphe l'auteur s'adresse-t-il directement au lecteur ou à la lectrice?

b) Relève un indice qui prouve la pertinence de ta réponse.

7 ☼ GT **a)** Quels sont les trois paragraphes qui débutent par un marqueur d'organisation de temps?

b) Quels sont ces marqueurs?

c) Quelles informations ces marqueurs ajoutent-ils?

8 Dans cet extrait, les événements mentionnés se déroulent-ils dans un ordre chronologique? Explique ta réponse en donnant un exemple.

9 ☼ GT Lorsque l'auteur a rédigé ce texte, quelle phrase a-t-il utilisée pour exprimer le moment présent?

10 **a)** Selon toi, le texte comporte-t-il un seul ou plusieurs narrateurs? Comment le sais-tu?

b) D'après ta réponse à la question 1 c) dans l'étape *Je planifie ma lecture* (page 556), peux-tu maintenir celle que tu as donnée en 10 a) ci-dessus?

11 Lis la série d'événements suivante :

- l'invention de la télévision;
- l'apparition du magnétoscope;
- l'enfance de Bill Gates;
- l'autoroute de l'information;
- l'invention de l'écriture.

a) L'ordre de ces événements est-il cohérent? Explique ta réponse.

b) Replace ces événements en respectant l'ordre de leur apparition dans le texte.

Je réagis au texte

1 Sachant que Bill Gates a fondé Microsoft par ses propres moyens, crois-tu que de tels succès sont à la portée de tout le monde?

2 Après ta lecture, sans même connaître personnellement Bill Gates, quelles qualités lui attribuerais-tu? Nommes-en deux.

3 Que nous réserve l'informatique dans le futur, selon toi?

HALTE SAVOIR-FAIRE

LES FORMES DU DISCOURS RAPPORTÉ : LES DISCOURS DIRECT ET INDIRECT

Lorsque tu communiques, oralement ou par écrit, il peut t'arriver d'utiliser les paroles d'une autre personne. C'est ce qui s'appelle un discours rapporté. Par exemple, dans un roman, tu es en présence d'un discours rapporté lorsque tu lis un dialogue ou un monologue. Dans un article de journal, quand un ou une journaliste écrit les paroles d'une personne interviewée, il s'agit d'une citation. C'est aussi une forme de discours rapporté.

Si les paroles rapportées sont exactement celles prononcées par la personne citée, il s'agit d'un discours direct.

Exemple : En déposant l'appareil sur la table, Luc s'écria (incise) : « Ces casques virtuels sont vraiment fantastiques ! » (discours direct)

Comme tu peux le constater dans le tableau suivant, le discours rapporté direct respecte un certain nombre de caractéristiques.

Caractéristiques	Exemples
1. Le deux-points (:) sépare les paroles rapportées de l'expression introductrice ou de l'incise.	Danielle inscrit : « Onyx, par qui as-tu été programmé ? » (paroles rapportées)
2. Les guillemets (« ») encadrent les paroles rapportées.	Danielle inscrit : « Onyx, par qui as-tu été programmé ? »
3. Le tiret (—) indique le changement d'interlocuteur ou d'interlocutrice dans un dialogue. Il remplace entièrement les guillemets lorsqu'il est utilisé.	— Beau début ! murmure Sylvie. Pensez-vous qu'il va nous passer le même disque à chacune de nos questions ? Une idée saugrenue traverse l'esprit de Line : — Demande-lui mon âge !
4. Les caractères typographiques peuvent être utilisés pour rapporter un discours.	La première réponse d'Onyx s'avère aussi décevante qu'un télégramme sans texte : J'IGNORE PAR QUI J'AI ÉTÉ PROGRAMMÉ. JE SAIS UNE QUANTITÉ INCROYABLE DE CHOSES, MAIS CEUX QUI M'ONT PROGRAMMÉ N'ONT LAISSÉ AUCUNE INDICATION À CE SUJET.
Discours direct	**Discours indirect**
Danielle inscrit : « Onyx, par qui as-tu été programmé ? » (Présence des signes)	Danielle se demande par qui Onyx a été programmé. (Absence de signes)

J'évalue ma démarche de lecture

Il est maintenant temps d'évaluer tes capacités en lecture. Tu dois connaître tes forces et tes faiblesses, et trouver des façons de résoudre tes difficultés.

1 Le texte « La route du futur » t'est-il apparu difficile à lire ? Pourquoi ?

2 La grille ci-dessous correspond à la numérotation des questions portant sur ce texte. Reproduis cette grille et mets un X à côté des numéros des questions auxquelles tu n'as pas répondu correctement.

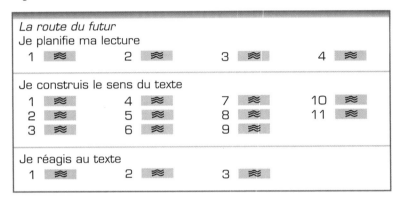

La route du futur
Je planifie ma lecture

1 ≈	2 ≈	3 ≈	4 ≈

Je construis le sens du texte

1 ≈	4 ≈	7 ≈	10 ≈
2 ≈	5 ≈	8 ≈	11 ≈
3 ≈	6 ≈	9 ≈	

Je réagis au texte

1 ≈	2 ≈	3 ≈

3 Maintenant, identifie les étapes où tu as éprouvé de la difficulté et demande-toi pourquoi ces parties sont plus difficiles pour toi.
- Je planifie ma lecture ≈
- Je construis le sens du texte ≈
- Je réagis au texte ≈

4 Selon le scénario choisi par ton enseignant ou ton enseignante, trouve des solutions pour aplanir tes difficultés en lecture.

5 Écris ces solutions sur une feuille pour être en mesure de t'en souvenir quand tu en auras besoin. Identifie bien le problème avant d'en écrire la solution.

La synonymie et l'antonymie

Tu connais l'importance de la synonymie dans la reprise de l'information. L'antonymie est une autre ressource de la langue qui te permet de mettre en opposition des idées, des mots ou des expressions afin de varier et de colorer tes productions écrites ou orales.

J'observe

Lis les phrases des ensembles A et B ci-dessous. Tu remarqueras que certains mots sont écrits en caractères gras.

A	B
1. Louise **monte** les escaliers.	Mireille **descend** les escaliers.
2. Anna **a accepté** ce poste.	Louis **a refusé** cet emploi.
3. Le **jour** se lève.	La **nuit** tombe.
4. Quel **affreux** personnage !	Quel **charmant** garçon !
5. **Aujourd'hui,** Lise quitte son emploi.	**Demain,** Lucie ira au bureau.

1 Reproduis la grille suivante et remplis-la en répondant aux questions ci-dessous.

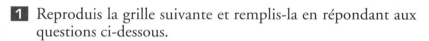

ENSEMBLE A			ENSEMBLE B		
Mots	Définition	Classe des mots	Mots	Définition	Classe des mots
Exemple : **1.** monte	grimpe	verbe	descend	aller vers le bas	verbe

2 **a)** Relève les mots en caractères gras de chaque ensemble et inscris-les dans la grille que tu as reproduite.

  b) Indique à quelle classe appartient chacun de ces mots.

  c) Écris la définition de ces mots à l'endroit approprié.

3 En quoi les mots que tu as inscrits dans la grille diffèrent-ils ?

4 **a)** Comment nommes-tu les mots qui ont un sens semblable ?

  b) Comment nommes-tu les mots qui ont un sens contraire ?

C O N N A I S S A N C E S

Je garde en mémoire

Énoncés	Exemples
1. Les synonymes sont des mots dont le sens est semblable.	Le monde de l'ordinateur est fascinant, fabuleux, extraordinaire.
Les antonymes sont des mots dont le sens diffère.	Les enfants sont-ils calmes ou agités ?
2. Les synonymes et les antonymes appartiennent toujours à la même classe de mots.	Noms : puissance / impuissance Verbes : briser / réparer Adjectifs : fort / faible Adverbes : peu / beaucoup
3. Les synonymes permettent la reprise de l'information.	L'ordinateur occupe beaucoup de son temps ; cet appareil lui rend de multiples services.
4. Les antonymes permettent d'opposer une idée, un mot ou une expression à une autre idée, un autre mot ou une autre expression. Tu crées ainsi une antithèse.	Les couturiers affectionnent le noir et le blanc. Entre l'ombre et la lumière, il existe une quantité étonnante de nuances.
5. Les antonymes peuvent être formés à l'aide d'affixes tels que les préfixes.	Moral / amoral ; actif / inactif
6. Cependant, tu dois choisir avec soin les synonymes et les antonymes, car un mot peut avoir plusieurs sens. Il est alors polysémique (poly : plusieurs, sémique : sens).	Beaucoup : énormément, grandement, exagérément, intensément, excessivement, etc.
Tu dois respecter le sens du message à transmettre et le contexte quand tu emploies un antonyme ou un synonyme.	Battre : Montréal a vaincu, a défait Buffalo. (a battu) Luc a frappé le tapis. (a battu) Les secouristes ont parcouru, ont fouillé la forêt. (ont battu)

Je m'exerce

1 Remplace chacun des mots en caractères gras dans les phrases suivantes par un des mots synonymes proposés dans l'encadré.

a) Je suis **curieux** de connaître ce nouveau personnage.

b) Ce **curieux** petit singe me fait rire.

c) La situation avait quelque chose de **curieux.**

d) Je n'aime pas ce garçon trop **curieux.**

- indiscret
- bizarre
- drôle, amusant
- impatient

2 Lis les phrases suivantes.

- Je suis indiscret de connaître ce nouveau personnage.
- Je suis bizarre de connaître ce nouveau personnage.
- La situation avait quelque chose d'impatient.

a) Ces phrases ont-elles du sens? Comment le sais-tu?

b) Quels mots créent un non-sens?

c) Es-tu d'accord avec l'affirmation suivante?

Des mots peuvent être synonymes et prendre des sens différents selon le contexte. Bien choisis, ils permettent plus de précision, plus de clarté.

d) Explique ta réponse en t'inspirant des phrases des exercices 1 et 2.

3 Repère l'intrus dans chacun des ensembles suivants et explique pourquoi tu l'as identifié comme tel.

a) Je connais (la musique, la chanson, l'affaire, le refrain).

b) La chanson fut confiée à une (chanteuse, interprète, cantatrice, compositrice) de talent.

c) Léa agit toujours avec (modération, mesure, mensuration, prudence).

d) Fannie fait preuve de beaucoup (d'adresse, d'ingéniosité, de jonglerie, de dextérité).

e) Cette lettre porte (le timbre, le cachet, le tampon, l'effigie) du patron.

4 Trouve un antonyme à chacun des mots suivants en lui ajoutant un préfixe.

a) maquiller

b) accessible

c) mortelle

d) réaliste

e) mêler

f) remplaçable

La reprise de l'information : la substitution

Tu sais maintenant combien les mots de substitution constituent une ressource utile pour la reprise de l'information. Bien choisir ces mots rend un texte cohérent et favorise sa progression. Un choix judicieux permet d'éviter des répétitions monotones et disgracieuses.

J'observe

Lis le texte suivant.

L'infographie : au service du cinéma

En 1986, Daniel Langlois fonde Softimage. Il met au point un logiciel d'animation graphique, créant ainsi un virage dans l'industrie cinématographique. Tu as sûrement vu le film *Jurassic Park*. Savais-tu que les dinosaures du film ont été conçus et animés sur ordinateur ? Ils t'apparaissent réels parce qu'ils sont traités en trois dimensions. Ces technologies entraîneront une baisse des coûts et régénéreront l'art cinématographique.

Grâce au développement informatique, le cinéma retrouvera sa mission de création d'images et de rêves. Les infographistes peuvent créer des personnages virtuels tels les dinosaures de Spielberg et faire jouer des acteurs disparus en reconstituant leur personnage à partir d'archives. Ces spécialistes de l'ère numérique redonnent vie, transforment les héros en créatures imaginaires, fictives. Pense à Jack Nicholson transformé en loup dans *Wolf.* Les réseaux numériques offrent de nouvelles possibilités à ceux et celles qui travaillent dans le domaine du cinéma. ■

1 Par quel mot ou groupe de mots chacun des mots suivants est-il repris ?

a) dinosaures   **c)** cinéma

b) ordinateur   **d)** infographistes

2 Lis les extraits suivants et indique quelles informations sont reprises par les mots de couleur.

a) Grâce au développement informatique, le cinéma retrouvera sa mission [...].

b) [...] faire jouer des acteurs disparus en reconstituant leur personnage à partir d'archives.

c) Ces technologies entraîneront une baisse des coûts [...].

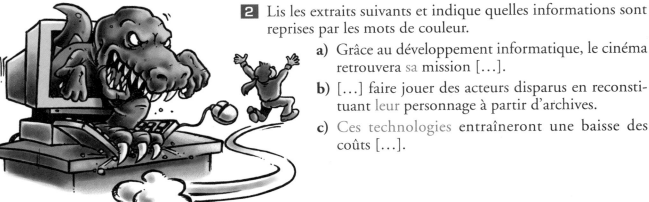

Je garde en mémoire

1 La reprise de l'information assure la cohérence du texte et sa progression. Pour éviter les répétitions, tu peux recourir aux mots de substitution.

2 Les principaux types de mots ou groupes de mots de substitution sont :

Types de substituts	Exemples
le déterminant	J'ai acheté un logiciel. Ce logiciel est nouveau sur le marché.
le pronom	Bill Gates est génial. Il a inventé Windows.
l'adverbe	Je vais à la Vidéofolie, c'est là que je choisis mes films.
les substituts lexicaux :	
le synonyme	J'aime les bonbons, j'aime les friandises.
le terme général	Technologie / Informatique
le terme générique	Les roses, les lys et les lobélies font de beaux arrangements floraux. Ces plantes colorées...
la périphrase	Le cinéma / Le septième art
la nominalisation	Le beau, le vrai.

Je m'exerce

1 Récris les phrases suivantes. Remplace les mots de couleur par des mots de substitution appartenant au type entre parenthèses.

a) Si on aime une émission de télévision, on regarde l'émission de télévision plusieurs fois. (pronom)

b) La télévision existe depuis moins de soixante ans et l'évolution de la télévision n'a jamais cessé. (déterminant)

c) Bill Gates a fondé Microsoft. Microsoft fabrique des logiciels. (substitut lexical)

d) Internet permet à ses adeptes de communiquer partout dans le monde. Communiquer par Internet abolit les distances entre les gens. (nominalisation)

2 Indique, dans les phrases suivantes, à quel type appartient chacun des mots ou des groupes de mots de substitution de couleur. Aide-toi de l'étape précédente *Je garde en mémoire*.

a) Vous êtes dans un camp spatial, un endroit où les jeunes expérimentent le métier d'astronaute grâce à des simulateurs. Ces engins vous permettent de marcher et de flotter dans les airs.

b) Louise et Amélie sont allées visiter la NASA. Ces jeunes filles en sont revenues enchantées. Leur enchantement fait la joie de leurs camarades.

carnet-info

La ponctuation est importante quand tu utilises des indices de temps. En effet, si tu places un groupe facultatif complément de phrase (GFcp) au début de la phrase, tu dois insérer une virgule après cet indice de temps. Si l'indice de temps est placé à la fin de la phrase, la présence de la virgule dépend du sens de la phrase.

Exemples : Avant de partir, j'aimerais te parler.

J'aimerais te parler, avant de partir.

GN

≈

GPrép

≈

GAdv

≈

Subordonnée circ. de temps

≈

La subordonnée circonstancielle de temps et les indices de temps

Tu connais déjà certaines ressources de la langue qui te permettent de donner des indices de temps quand tu parles ou écris.

J'observe

1 Lis les phrases suivantes.

a) Hier, Martine a visité le site de Daniel Bélanger sur Internet.

b) Le jour précédent, j'avais travaillé sur mon projet sans parvenir à le terminer.

c) Alors que ses amis s'amusaient, Bill Gates inventait des logiciels dans son garage.

d) Quand Marie-Claude et Laura arrivèrent, les ordinateurs étaient déjà fonctionnels.

2 **a)** Relève les indices de temps dans les phrases du numéro 1.

b) Reproduis la grille ci-contre. Remplis-la en inscrivant tes réponses du numéro 2 a) sous les rubriques appropriées.

3 Récris les phrases du numéro 1 en déplaçant les indices de temps.

4 Récris les phrases du numéro 1 en effaçant les indices de temps.

5 Si tu devais rédiger des remarques sur les transformations apportées aux phrases du numéro 3, quelles seraient-elles ?

6 Lis les phrases suivantes.

a) Avant que tu partes, laisse-moi tes coordonnées.

b) Avant ton départ, laisse-moi tes coordonnées.

c) Avant de partir, laisse-moi tes coordonnées.

7 **a)** Relève les indices de temps des phrases du numéro 6.

b) Identifie la phrase qui contient deux verbes conjugués.

c) Illustre par un schéma la phrase que tu as trouvée au numéro 7 b).

d) Identifie le GPrép qui contient un GN.

e) Identifie le GPrép qui contient un verbe à l'infinitif.

Je garde en mémoire

Énoncés	Exemples
1. Les indices de temps peuvent être :	
• un GN ;	Le mois suivant
• un GPrép ;	Après le travail
• un GAdv ;	Demain, hier, etc.

• une subordonnée circonstancielle est introduite :
 	
 – par une conjonction de subordination simple : comme, quand, lorsque, etc.
 	
 – ou par une conjonction de subordination complexe : après que, avant que, sitôt que, etc.
	P_1
	 GNs + GV P_2
	 Je t'appellerai
	      GNs + GV
	 quand je serai de retour.
	
	 P_1
	 GNs + GV P_2
	 Je te téléphone
	      GNs + GV
	 sitôt que j'arrive.

2. Les indices de temps :	P GFcp + GNs + GV Aujourd'hui, je travaille.
• peuvent être effacés ;	GFcp – GNs + GV ~~Aujourd'hui~~ je travaille.
• peuvent être déplacés.	GNs + GV + GFcp Je travaille aujourd'hui.
3. La subordonnée circonstancielle de temps remplit la même fonction qu'un complément de phrase ; elle est un GFcp.	P_1 GNs + GV P_2 Louise appellera GNs + GV quand tu entreras.
4. La subordonnée circonstancielle de temps peut être considérée comme une expansion de la phrase matrice.	P_1 GNs + GV P_2 La lune brille GNs + GV quand la nuit tombe.

Je m'exerce

1 Lis les phrases suivantes.

A Quand leur produit sera terminé, ils en feront la promotion.

B Jeanne se concentre lorsqu'elle est devant son écran.

C Pendant que nous visitons différents sites, les informations circulent.

a) Récris les phrases précédentes en respectant le schéma présenté dans l'étape *Je garde en mémoire* de la page 569.

b) Encadre la conjonction de subordination.

c) Indique si la conjonction de subordination est simple ou complexe.

2 Comment expliquerais-tu les notions grammaticales abordées dans la présente section ? Essaie de le faire sous forme de tableau.

orthographe grammaticale

L'accord du verbe avec le sujet

Depuis le primaire, tu te fais répéter que le sujet est un groupe ou un constituant obligatoire de la phrase. Tu t'es aussi fait dire que le sujet dicte la loi au verbe.

J'observe

Lis les phrases suivantes.

A En 1877, Charles Cros a mis au point le phonographe.

B Chappe, Bell et Marconi partageaient la même obsession : communiquer.

C Une équipe d'ingénieurs travaillent à mettre au point des CD-ROM.

D La plupart des gens exploreront Internet dans un avenir rapproché.

E Que lançait la compagnie Apple en 1993 ? Le Macintosh TV.

F Je vous comprends d'aimer Internet.

1 Récris les groupes nominaux sujets (GNs) des phrases ci-dessus.

2 Identifie le noyau de chaque GNs en le soulignant.

3 À quelle classe de mots appartiennent les noyaux des GNs que tu as identifiés ?

4 Justifie l'accord de chacun des verbes.

Je garde en mémoire

Énoncés	Exemples
1. L'emploi de la locution « qui est-ce qui » + verbe ou « qu'est-ce qui » + verbe.	Nathalie écrit un roman. Qui est-ce qui écrit ? Nathalie.
2. Le détachement.	C'est Nathalie qui écrit…
3. La pronominalisation.	Elle (Nathalie).
4. L'effacement impossible.	*~~Elle~~ écrit un roman.
Remarques : – Généralement, le GNs est placé à la gauche du verbe.	Nathalie écrit un roman.
– S'il est à la droite du verbe, vérifie la ponctuation. Tu es peut-être en présence d'une phrase interrogative	Écrit-elle un roman ?
ou d'une inversion	Ainsi se nomme cet appareil. Cet appareil se nomme ainsi. Le long de cette route coulent des rivières agitées. Des rivières agitées coulent le long de cette route. (Ces inversions relèvent du registre de langue soutenu.)
ou en présence d'une subordonnée. Dans ces cas, utilise le déplacement.	J'ai aimé le livre que m'a fait lire mon père. Mon père m'a fait lire…
– Si le GNs est constitué de plusieurs noms séparés par une virgule (juxtaposés), utilise la pronominalisation.	Louise, Diane, Patricia parlent de leurs vacances. Elles parlent.
– Si le GNs est constitué de noms coordonnés par une conjonction de coordination, utilise la pronominalisation.	Pierre et Paul sont contents. Ils sont contents.
– Si le GNs comprend plusieurs pronoms, utilise la pronominalisation.	Toi, elle et moi irons au chalet. Nous irons.
– Si le GNs est caché par un mot écran, utilise le détachement.	Je vous ferai visiter ce site. C'est moi qui ferai…
– Si le GNs est un nom collectif précédé d'un déterminant défini, utilise le détachement ou la pronominalisation.	Ma bande d'amis possède… C'est la bande qui possède.
– Si le GNs est précédé d'un déterminant de quantité, le contexte t'indiquera si le verbe se met au singulier ou au pluriel. Tu dois donc faire attention au sens que tu veux donner à ton message ou au sens que tu perçois. De toute façon, les manipulations sont des aides précieuses à ne pas négliger.	Le peu de fraises qui restent ne sont pas mûres. La plupart de ses amis iront au cinéma. Une équipe d'astronautes est en route vers Mars. Une équipe d'informaticiens mettront au point un logiciel.

Je m'exerce

1 Lis les phrases suivantes.

A La plupart des ingénieures (était, étaient) à leur table.

B Je vous (parlerez, parlerai) plus tard.

C L'informatique et Tania (fait, font) bon ménage.

D Ce groupe de consommateurs (évaluera, évalueront) les clones disponibles.

a) Récris les phrases ci-dessus et identifie le noyau du GNs de chacune de ces phrases en le soulignant.

b) Choisis ensuite la bonne orthographe de chacun des verbes.

2 Repère le sujet (GNs) des verbes en caractères gras dans les phrases suivantes.

a) Les ordinateurs d'aujourd'hui, avec leur équipement audiovisuel et leur rapidité incomparable, **permettent** de profiter pleinement de la communication en réseau.

b) Les infrastructures des télécommunications **utilisent** des technologies de plus en plus performantes.

c) « Ce disque **contient** autant d'informations que la colonne de papier (55 mètres de hauteur) sur laquelle je **suis** installé », **s'enthousiasme** le milliardaire américain Bill Gates.

3 Quelles manipulations syntaxiques as-tu utilisées pour faire ta vérification?

La révision de l'orthographe d'usage

J'observe

Relève les 10 fautes d'orthographe dans le texte suivant et corrige-les.

> L'informatique est née du besoin que nous avons d'inventer des çerveaux artificiels pour effectuer certaines tâches conplexes. Pour arriver à communiquer avec leurs machines, trente scientifiques devaient invanter des languages particuliers. Ce lourt travaille était la cléf du succès de leur entreprize presque invraissemblable.

Je garde en mémoire

Pour bien orthographier les mots, tu dois connaître leur prononciation et les principales règles de l'orthographe d'usage.

Énoncés	Exemples
1. Les homophones. • Comprends le sens de chacun des homophones. • Utilise le remplacement. Ces astuces te permettent de vérifier la graphie ainsi que la classe des mots.	J'aime mon père. J'ai les yeux pers. <div align="right">mère</div>J'aime mon (père). <div align="right">verts</div>J'ai les yeux (pers).
2. La consonne muette à la fin d'un mot. • Recherche des mots de même famille t'indiquant cette consonne muette. • Mets ce mot au féminin.	accent — accentuer écrit — écrite
3. Les préfixes et les suffixes. Ils s'écrivent toujours de la même façon. • Préfixe • Suffixe	géographie — géographe francophone — italophone

je fouille dans ma mémoire

Ces notions ont été travaillées au thème 3, dans le premier tome, et aux thèmes 8 et 9 du deuxième tome.

Tu rencontreras d'autres notions durant ton secondaire. Les meilleurs outils demeurent la grammaire et le dictionnaire.

Énoncés	Exemples

4. Les syllabes homophones.
  -sion
  -ssion
  -tion
  • Reporte-toi aux mots
    de la même famille.
Dans le doute, cherche dans
le dictionnaire.
	tension — tenseur
	passion — passionnant
	attention — attentif

5. Le c se prononce [s] devant les voyelles a, o, u en ajoutant une cédille sous le c.	ça maçon déçu
6. Le g se prononce [ʒ] quand tu ajoutes un e devant les voyelles a et o. Le g se prononce [g] quand tu ajoutes un u devant les voyelles e, i et y.	geai Georges guerre guitare Guy
7. Le n se change en m devant le p, le b et le m.	Dans tous les cas, sauf bonbon, bonbonne, bonbonnière et embonpoint.
8. Le s entre deux voyelles se prononce [z] quand il est seul. Le s se prononce [s] quand il est doublé.	saison poisson frisson
9. La majuscule est employée avec les noms propres. Attention! Ne confonds pas le nom propre et l'adjectif. La phrase débute par une majuscule.	Les Grecs habitent en Grèce. J'aime les mets grecs. Le chien Fido aime son maître Dimitri.

En cas de doute, le dictionnaire est l'outil essentiel.

Je m'exerce

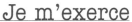

Dans les ensembles suivants, trouve les mots bien orthographiés et note-les.

    a) language, langage, lenguage

    b) technitien, tecnicien, technicien

    c) nageoire, nagoire, nâgeoire

    d) masson, maçon, mason

    e) donter, dompter, domter

Amorce

Les progrès enregistrés au cours du dernier siècle tendent à le prouver et illustrent bien l'évolution de la science. Le réseau Internet est une preuve que tous les espoirs sont permis. Qui aurait cru qu'il serait un jour possible de communiquer à l'autre bout du monde en utilisant un ordinateur?

Dans ce thème, tu as pu constater que la technologie progresse à une vitesse folle. Dans le futur, les découvertes des humains évolueront à un rythme encore plus rapide.

Dans le texte qui suit, tu rencontreras Jiwa et Ariane, deux jeunes filles habitant fort loin l'une de l'autre. Grâce aux progrès de l'informatique, elles peuvent correspondre par ordinateur. Elles ont ainsi développé une amitié hors du commun.

Je prépare la production de mon texte

Lis attentivement le texte qui suit.

Jiwa et Ariane

1 *Jiwa et Ariane sont les meilleures copines du monde. Dans leur cas, cette expression est doublement juste puisqu'elles vivent aux antipodes l'une de l'autre. Mais ce qui est vraiment très curieux, c'est qu'Ariane, une Québécoise au visage piqueté de taches de rousseur, habite Hong Kong alors que Jiwa, une jolie Chinoise aux yeux bridés, demeure au Québec. Décidément, Jiwa et Ariane forment une paire d'amies hors du commun.*

2 *Elles se sont rencontrées à Hong Kong, le 1ᵉʳ juillet. Jiwa et son père, en visite chez grand-mère Suyin, s'étaient joints aux célébrations marquant le retour de Hong Kong à la Chine. Ariane et ses parents y assistaient aussi. Les rues étaient bondées; il y avait une animation du tonnerre. À un certain moment, Jiwa et Ariane se sont retrouvées nez à nez. Elles ont tout de suite sympathisé, d'autant plus qu'elles ont découvert être nées exactement le même jour! Je vous l'avais bien dit qu'elles formaient une paire d'amies assez spéciale!*

3 *Depuis le retour de Jiwa au Québec, les deux filles ne se sont pas revues. C'est loin, Hong Kong! Si loin qu'il fait presque nuit là-bas quand c'est le matin ici. Mais qu'à cela ne tienne! Une fois par semaine, elles font un brin de causette sur Internet.*

4 *— Salut, Ariane, tape Jiwa sur son clavier. Ça va?*

5 *La réponse apparaît à l'écran, en provenance du Pacifique.*

6 *— Allô, Jiwa. Devine quoi! J'ai enfin eu mon chien. Il est mignon comme tout. Je suis aux anges. Et toi, comment vas-tu?*

7 *— J'ai un examen de maths demain, mais à part ça, c'est correct… Écoute, Ariane. J'ai eu une idée formidable. Tu as toujours ton vieux polaroïd?*

8 *— Oui. Pourquoi?*

9 *— On va prendre des photos et se les envoyer grâce au scanneur.*

10 *— Des photos de quoi?*

11 *— Eh bien voilà. Faisons un concours. C'est la photo du nez le plus rigolo qui l'emporte. Et la gagnante paiera les hamburgers quand tu viendras au Québec, l'été prochain…*

* * *

12 *Clic! Ariane vient d'immortaliser sur pellicule le nez d'un homme assis derrière son volant. Il est fort long avec une bosse en plein milieu — le nez, bien sûr, pas le monsieur — et se termine par une grosse verrue. Ariane est ravie. Avec un nez pareil, c'est Jiwa qui paiera les hamburgers, sûr et certain!*

13 *La photo émerge du polaroïd. Mais avant même qu'Ariane ait pu s'en saisir, une main la lui arrache. Zut! C'est Li, un garçon turbulent qui fréquente la même école qu'elle. Il s'éloigne déjà sur sa bicyclette, un rire espiègle aux lèvres, la photo brandie en l'air comme un trophée.*

14 Triple zut! Impossible d'en prendre une autre; le monsieur au nez extravagant s'est éloigné en voiture. Ariane se désespère lorsqu'une vieille moto se range près d'elle. Le conducteur, témoin du vol, lui explique, à grand renfort de gestes, qu'il peut rattraper le coupable en moins de deux.

15 Ariane enfourche la moto derrière le jeune Chinois. Le véhicule redémarre avec un teuf-teuf enveloppé de fumée bleue. Les deux poursuivants se mettent à zigzaguer à travers le bouchon de circulation comme c'est la coutume, à Hong Kong.

16 La peste de Li est bientôt en vue. Il a réduit l'allure, convaincu qu'Ariane ne peut le rejoindre. La moto décrit un crochet et passe tout près de lui. Ariane tend le bras. Bingo!

17 La fillette salue ironiquement Li pendant que la moto accélère. Elle jette ensuite un coup d'œil à sa photo retrouvée. Oui, vraiment, ce nez a une longueur d'avance...

* * *

18 Jiwa suit l'employé de la ville jusqu'à sa camionnette, en prenant bien garde de ne pas se montrer. L'homme a le nez le plus extraordinaire qu'il lui ait été donné de voir dans sa jeune existence. C'est un appendice énorme, en forme de crochet, chevauché, à sa base, par une paire de lunettes à monture noire.

19 Jiwa soupire. Pourvu qu'Ariane ne s'imagine pas qu'il s'agit d'un de ces faux nez en caoutchouc lorsqu'elle verra la photographie.

20 L'employé municipal se met à pelleter des feuilles mortes. La fillette hésite. L'homme n'a pas l'air commode. Il ne voudra sûrement pas se laisser prendre en photo. Comment faire?

21 Une énorme benne est installée derrière le véhicule. Jiwa décide d'y grimper. De là-haut, elle aura une vue en plongée du nez. Ça fera un cliché formidable.

22 *La photographe en herbe coince le polaroïd de papa sous son bras. Elle met le pied sur un travers de métal, se hisse un peu, recommence l'opération, une fois, deux fois. Sa main agrippe bientôt le couvercle de la benne. Elle y pose un genou, puis l'autre, et rampe jusqu'au bord.*

23 *L'homme est toujours là, à pelleter avec ennui. Jiwa s'aplatit contre le métal rouillé et cadre le visage de l'employé dans le viseur. Clic! Et deux hamburgers, deux!*

24 *Soudain, l'homme se retourne et aperçoit Jiwa. La fillette se relève et recule, dans un réflexe de surprise. Son pied rencontre le vide. Ses bras battent l'air. Son corps est précipité à l'intérieur de la benne. Il tombe, il tombe… et atterrit sain et sauf sur un épais lit de feuilles mortes.*

25 *La photographie virevolte dans l'air; l'extraordinaire nez vient se poser sur celui de Jiwa qui lui, en passant, est beaucoup plus délicat.*

* * *

26 *Le commentaire d'Ariane s'affiche sur l'écran de Jiwa.*

27 *— Tu as triché, la taquine-t-elle. C'est un nez d'halloween que tu as pris en photo. J'en ai acheté un pareil l'an dernier.*

28 *Jiwa sourit. Elle contemple la photo d'Ariane, puis tape à son tour un message sur le clavier.*

29 *— Je crois qu'on est ex æquo. Nos nez sont vraiment tous les deux absolument phénoménaux. On va devoir aller en supplémentaire.*

30 *Ariane pouffe de rire, à l'autre bout du monde.*

31 *— Pourquoi pas? J'ai justement un voisin qui a des oreilles absolument for-mi-da-bles…* ♣

(Nadya Larouche)

1 Quelle atmosphère est particulière aux rues de Hong Kong? Comment le sais-tu?

2 Qui, dans les péripéties de l'aventure d'Ariane, considères-tu comme un opposant? Pourquoi?

3 Quel problème Jiwa éprouve-t-elle de son côté?

4 Où Jiwa et Ariane pourraient-elles se rendre pour capter de nouvelles photos?

Je planifie la production de mon texte

1 Rédige un texte narratif d'environ 35 lignes qui raconte une suite fictive mais vraisemblable à cet extrait.

2 Imagine les endroits où pourraient se rendre les deux jeunes filles pour relever un nouveau défi photographique.

3 Écris ton récit en débutant avec cette phrase:

«Après les salutations d'usage, les deux copines se quittent et partent relever un nouveau défi: dénicher des oreilles éléphantesques!»

4 Note tes idées. Qui, à ton avis, prendra la plus belle photo? Quelles astuces Ariane et Jiwa inventeront-elles pour «traquer» leurs sujets?

5 Tiens compte du fait que les deux jeunes filles sont de véritables amies et qu'elles ne désirent que s'amuser.

6 Essaie d'ajouter un peu d'humour à ton récit.

Je rédige

1 Tu es maintenant en mesure de rédiger ton texte. N'oublie pas la phrase de départ.

2 La narration doit être faite par une personne absente de l'histoire, mais qui sait tout des personnages.

3 N'oublie pas que ton récit doit être fictif mais vraisemblable.

4 Décris d'abord l'aventure d'Ariane, puis celle de Jiwa. Sépare convenablement les paragraphes, surtout lorsque les actions progressent.

5 Tu peux aussi décrire les sentiments que vivent les deux amies dans leur quête de la meilleure photo.

6 Relis ton texte et modifie-le au besoin. Assure la continuité et la progression du récit à l'aide des marqueurs de relation, des organisateurs textuels et par la reprise de l'information.

Je révise

1 J'ai bien conduit l'intrigue.

2 Je m'assure d'avoir inclus des péripéties pour chacun des personnages.

3 Mon récit est drôle et original, comme les deux héroïnes!

4 J'ai utilisé les bons marqueurs de relation et les bons organisateurs textuels.

5 Je relis mon texte et je m'assure qu'il contient une situation finale.

6 Je révise mon texte à l'aide de la grille de la page 640 de *La trousse*.

J'évalue ma démarche d'écriture

Tu dois maintenant évaluer tes capacités en écriture. Tu peux découvrir tes points forts et tes points faibles en répondant aux questions suivantes. Tu trouveras ensuite des façons de résoudre tes difficultés en écriture.

1 Ce texte t'est-il apparu difficile à rédiger? Pourquoi?

2 Quelles étapes de la démarche d'écriture te donnent le plus de difficulté? Selon toi et selon ton enseignante ou ton enseignant, quels points de grammaire te causent des ennuis?

3 Selon le scénario choisi par ton enseignante ou ton enseignant, trouve des solutions pour aplanir tes difficultés en écriture.

4 Écris ces solutions pour être en mesure de t'en souvenir quand tu en auras besoin. Identifie bien le problème avant d'en écrire la solution.

HALTE PLAISIR

Le visiteur du soir

Robert Soulières n'est pas un inconnu pour toi. Tu retrouveras dans ce roman sa verve habituelle et son humour. Ce récit t'amènera au Musée des beaux-arts de Montréal, où Pierre et Vincent vivront des émotions intenses. En effet, deux cambrioleurs veulent s'emparer d'une des toiles de Jean-Paul Lemieux, un de nos célèbres peintres. Comment nos deux amis se sortiront-ils de cette aventure pour le moins intrigante ? Tu le sauras en lisant ce roman.

L'île au trésor

Il te faut lire ce roman qui a fait le bonheur de nombreux jeunes à travers le monde. L'histoire se déroule au 18e siècle. Un vieux loup de mer meurt subitement dans une auberge de la côte anglaise. Il laisse un coffre dans lequel une carte révèle l'existence d'un trésor caché autrefois sur une île. Jim Hawkins, bien malgré lui, s'embarque dans une aventure étrange. Robert Louis Stevenson a publié ce roman en 1882. Depuis ce temps, les tribulations de Jim Hawkins n'ont cessé d'intéresser les jeunes. Voilà pourquoi on dit que ce roman est un classique.

L'amour de la vie suivi de Négore le lâche

Jack London, cet auteur merveilleux, devrait être un compagnon fidèle. Il a écrit de nombreux romans dans une langue riche et belle. Il te transportera dans le Grand-Nord, au Yukon, en Alaska. Ce livre exalte le courage, la volonté, l'intelligence et la bonté. Tu prendras conscience de la force et de la méchanceté des préjugés. Un livre à lire pour en discuter avec tes camarades.

Descente aux enfers

Es-tu un ou une adepte des romans à suspense aux rebondissements inattendus ? Ce roman de Denis Côté te plaira sûrement. Cet auteur prolifique te fera vivre des émotions fortes. Cette lecture t'incitera fort probablement à lire d'autres romans de Denis Côté. Alors, là, aucune interdiction. Vas-y à cœur joie.

L'île mystérieuse

Un autre roman dont l'action se déroule sur une île. Celui-ci, écrit par Jules Verne, est un autre classique. Cinq prisonniers sudistes s'enfuient en ballon et atterrissent sur une île déserte du Pacifique. Sont-ils vraiment seuls sur cette île ? Ces cinq personnages vivront des aventures insolites, étranges. Jules Verne s'y connaît en suspense et en rebondissements de toutes sortes. À lire !

Les animaux

ITINÉRAIRE

À la fin de ce thème,
tu devrais être capable :

- de reconstituer le contenu
d'un texte narratif
littéraire en cernant les
différentes caractéristiques
des personnages ;

- de reconnaître les aspects
et les sous-aspects
d'un texte descriptif
courant et de déterminer
l'ordre d'énumération de
ces aspects et sous-aspects ;

- de reconstituer
l'organisation d'un texte
poétique ;

- d'utiliser les procédés
de dérivation et
de composition ;

- d'observer différents
discours rapportés ;

- de repérer la phrase
matrice et la phrase
enchâssée ;

- d'identifier la subordonnée
circonstancielle de temps ;

- d'identifier la subordonnée
relative ;

- d'accorder correctement
le verbe avec son sujet ;

- de conjuguer les verbes
du premier groupe ;

- d'appliquer les règles de
l'orthographe d'usage ;

- d'écrire un texte narratif
en respectant ton inten-
tion de communication.

1 Observe les illustrations qui te sont présentées sur ces deux pages.

2 **a)** Parmi les animaux que tu vois, lesquels sont des prédateurs ?

b) Parmi les animaux que tu vois, lesquels sont des proies ?

3 **a)** Quels sont, selon toi, les animaux menacés ?

b) Peux-tu nommer deux menaces que ces animaux doivent affronter ?

4 Qu'est-ce qu'une chaîne alimentaire ?

5 Sur une feuille, rédige ta propre définition de la chaîne alimentaire et donne un exemple.

MISE EN COMMUN

1 En sous-groupe, prends connaissance des définitions de tes camarades. Ces définitions correspondent-elles à celle que tu as apprise en écologie ?

2 **a)** Ensemble, dressez une liste de 10 animaux en indiquant s'il s'agit de proies ou de prédateurs.

b) Par la suite, identifiez trois animaux (inscrits sur la liste ou non) qui sont de réels prédateurs, c'est-à-dire qui ne sont jamais la proie d'un autre animal.

c) Que remarquez-vous ? Quel animal se situe au tout premier rang ? Pourquoi ?

3 Que penses-tu de l'affirmation suivante : « L'être humain est le plus grand prédateur » ? Es-tu d'accord avec cette idée ? Explique ta réponse.

Amorce

Dans ce thème sur les animaux, plusieurs lectures te sont proposées. Elles traitent, pour la plupart, du même animal : le loup. Celui-ci fait partie des légendes depuis fort longtemps ; tu n'as qu'à penser au fameux conte de Charles Perrault, *Le petit chaperon rouge*. À cette époque, à la fin du 17e siècle, le loup était encore mal connu des humains et son évocation servait à faire peur aux enfants. Aujourd'hui, le loup a su intéresser les chercheurs et les chercheuses : son intelligence, autrefois sous-estimée, a été démontrée par diverses recherches sur ses comportements complexes et ses rites particuliers.

Le premier extrait que tu liras raconte l'angoisse vécue par les membres d'une famille qui se sentent traqués par un loup. Celui-ci rôde sans cesse autour de leur demeure, flairant les odeurs, épiant les gestes…

Je planifie ma lecture

Tu viens de lire l'amorce. Observe le titre et les illustrations du texte des pages suivantes.

1 Quel type de texte t'attends-tu à lire ? Comment le sais-tu ?

2 Quel schéma, que tu connais bien, pourrait servir de charpente à cette histoire ?

3 Quels seront les personnages de cet extrait, selon toi ?

4 Quel mot dans le titre t'apporte une précision sur le loup ?

5 **a)** Que sais-tu du loup ? Quels sentiments éprouves-tu à l'égard de cet animal ?

b) En quoi ces connaissances peuvent-elles t'aider à mieux comprendre le récit ?

6 Si tu possèdes ta propre copie, n'hésite pas à annoter le texte pour rendre sa compréhension plus facile.

je fouille dans ma mémoire

Tu as appris que le texte narratif raconte une histoire sous forme de récit. Celui-ci met en situation des personnages qui évoluent selon un schéma narratif. Rappelle-toi les différentes parties qui constituent ce schéma.

Le loup solitaire

CHAPITRE 5

1 *Un loup que nous ne connaissons pas est passé au chenil la nuit. Cette fois, nous pressentons du danger. Quelques jappements des chiens ont suffi à le chasser mais ses pistes sont très proches de la maison, trop proches même.*

2 *Autre passage du loup solitaire 11 jours plus tard. Il pénètre dans notre île, la traverse par le milieu et s'avance jusque dans le voisinage de notre meute, transformée en bande de chiens enragés. Ceux-ci font claquer leurs chaînes, invitent l'intrus au combat, aboient tant et si bien que le loup finit par quitter les lieux après une reconnaissance rapide. Mais il revient de nouveau, cette fois pour plus longtemps.*

3 *Le terrain entouré de glace où nous habitons en compagnie de 6 poules et de 15 chiens est véritablement mis sous la tutelle du loup. Presque partout, de jour ou de nuit, il foule la neige de ses pattes énormes. Non sans audace d'ailleurs : dort à un mètre d'un chien de traîneau, mange les harnais de raquettes de Shéma, nous poursuit au rond de bois de chauffage assez longtemps pour bien renifler l'odeur de notre fils glissant dans la neige, vient s'asseoir sur le bac à compost à trois mètres de la maison, nous regarde par la fenêtre…*

4 *De quoi rêver au petit chaperon rouge des nuits durant. Si tant est qu'on peut réussir à dormir dans le vacarme que font les chiens en état de constante alerte. Pendant ce temps-là, le maître loup se familiarise tranquillement avec les lieux et devient de plus en plus hardi. Problème sérieux pour quelqu'un qui s'est juré de ne plus jamais tuer d'animaux et de toujours leur reconnaître le droit à la vie.*

5 Les conseils se multiplient :
« Tue-le avant qu'il ne tue un de tes chiens ou, encore pire, un de tes gars. » – « Peut-être a-t-il la rage ? » – « Veux-tu que j'aille te régler ça ? N'attends pas trop. » – « Claude Arbour, tu sais parfaitement ce que tu as à faire. »

6 Mes réflexions à moi, diurnes et nocturnes, vont dans le sens inverse :
Jamais un être humain ne fut attaqué par un loup ici au Québec. – Ce loup repoussé de ses territoires ne cherche qu'un refuge temporaire, un « asile politique » le temps de se remettre. – Il ne faut pas faire couler le sang de cette bête.

7 Mais toujours le loup gagne du terrain sur nous. Il ne quitte plus notre île. Même lorsque je le cerne à plusieurs reprises en motoneige pendant qu'un ami, muni d'une hache, le poursuit à la piste. Impossible de le chasser d'ici. Les enfants ne peuvent plus sortir seuls. Tout ce qu'il trouve sur son passage, il essaie de le déchiqueter : glacière à viande, baril de moulée à chiens, bac à compost, poulailler. Les chiens, en mal de sommeil, deviennent même moins aptes au traîneau.

8 La première fois que nous avons réussi à l'observer à la lunette d'approche, nous avons découvert une belle bête brune, énorme, chez qui on sentait la fatigue, le désespoir. Ce n'était aucune de celles que nous avions déjà nourries. En tout cas, cette bête refoulée par la coupe à blanc ne pouvait plus en supporter.

9 Au bout d'une semaine, je décidai qu'elle devait nous quitter, debout ou autrement. Je chargeai mon fusil et m'en allai faire le guet au centre du chenil, sous la lumière de la pleine lune. Le regard des chiens m'indiquerait la direction d'où elle viendrait. Tremblant devant le geste que je m'apprêtais à faire, je me remémorai les mille

inquiétudes et pensées contradictoires des derniers jours : les chiens en état d'alerte, sentant venir la bête... mes fils... l'arme meurtrière dans mes mains... le loup... le bruit de ses pattes sur la croûte de neige à quelques mètres seulement de la maison, dans la pénombre de la forêt... la rupture de ma promesse aux animaux... le bruit du fusil... le sang sur la neige... les soubresauts qui n'en finissent plus...

10 Heureusement, ce n'était que des pensées, des pensées que peut-être le loup a comprises car il ne se montra pas ce soir-là – et je l'en remercie. Je pus retourner dormir une heure avant le lever du soleil.

11 Au matin, en transportant les 100 litres d'eau dont nous avions besoin pour la journée, j'eus l'idée de faire une virée sur le lac pour réchauffer la motoneige avant de l'« atteler » au traîneau. Le loup eut l'idée d'une promenade lui aussi. À vitesse réduite, je contournais l'île lorsqu'il posa les pattes sur le lac et ses yeux dans les miens. De très beaux yeux couleur d'or. « Te voilà, ma bête, toi qui est devenue la hantise de mes rêves. Je t'invite sur le lac ce matin, viens,

on va faire une course. » Tout à fait comme dans les films, sous un soleil levant qui aurait pu être son dernier, la bête se mit à courir dans la poudreuse, pourchassée par l'homme et sa machine.

12 La poursuite ne dura que quelques secondes qui pourtant me semblèrent des heures. Juste au moment où je rejoignais le loup sur ma Bombardier, partagé entre le désir de foncer sur lui et celui de cesser de le harceler, le moteur, encore trop froid pour une pareille performance, cala. La superbe bête prit assez d'avance pour s'engouffrer en forêt, de l'autre côté du lac. La nature, la vie, venaient de choisir à ma place… Du moins pour l'instant.

13 Espérons que ce loup ne remettra jamais les pattes ici. Espérons qu'il ne me replacera jamais devant ce terrible choix. Prions-le, s'il a envie de se faire abattre, d'aller le faire ailleurs…

(Claude Arbour)

Je construis le sens du texte

1 **a)** Où l'histoire de l'extrait précédent se déroule-t-elle?

b) Cite trois passages du texte qui te le prouvent.

c) Qui est le narrateur de cette histoire? Quel indice te le prouve?

d) Quel lien établis-tu entre le narrateur et l'auteur?

2 Qui est, mis à part le loup, le personnage principal de cet extrait? Comment le sais-tu?

3 **a)** Quel sentiment ou valeur morale habite le héros tout au long de cet extrait?

b) Sur quels mots ou expressions du texte appuies-tu ta réponse?

4 Qui le héros cherche-t-il à protéger? Pourquoi?

5  a) Que signifient les mots « diurnes et nocturnes » (paragr. 6) ? Observe l'astuce qui t'est suggérée ci-contre.

b) Quel suffixe ces mots ont-ils en commun ?

c) En quoi ces mots s'opposent-ils ? Comment le sais-tu ?

astuce

-urne : propre à ;
diu- : jour ; **noct-** : nuit.

6 Cette histoire est-elle vraisemblable ? Explique ta réponse en trois lignes.

7 Dresse le schéma narratif de cet extrait en reproduisant la grille ci-dessous et en la remplissant.

Péripétie	Paragr.	Indices de temps	Indices du texte	Résultat	Mieux ou pire ?
Première présence du loup	1	≈	≈	≈	≈
Seconde apparition	≈	≈	Il pénètre dans notre île…	≈	≈
Tutelle du loup	3	De jour ou de nuit	≈	Il fait peur aux enfants.	≈
Chiens en constante alerte	≈	≈	≈	≈	≈
Le loup gagne du terrain	7	Toujours	≈	≈	≈
Décision de chasser la bête	≈	≈	Je décidai qu'elle devait nous quitter…	≈	≈
Absence du loup	10	≈	≈	≈	≈
Idée de faire une virée sur le lac	≈	≈	Je contournais l'île lorsqu'il posa les pattes sur le lac…	≈	≈
Poursuite	12	≈	≈	Le moteur cala.	≈

8 Cette histoire est-elle racontée dans l'ordre où elle s'est déroulée ? Explique ta réponse.

9 Selon toi, pourquoi le héros n'a-t-il pas tué le loup ?

Le second texte est une fable de Jean de La Fontaine : « Le loup et l'agneau ». Tu constateras que la fable contient souvent une morale. À toi de la découvrir !

Je planifie ma lecture

1 a) Connais-tu Jean de La Fontaine ?

b) À quelle époque a-t-il vécu ? Cherche dans le dictionnaire l'année de sa naissance et celle de sa mort.

2 a) Peux-tu nommer une des fables de La Fontaine ? Laquelle ?

b) Quelle est la morale de cette fable ?

3 a) Observe l'organisation du texte suivant. Que remarques-tu ?

b) Connais-tu d'autres textes qui prennent cette forme ? Quels sont-ils ?

4 Lis le titre de la fable suivante. À l'aide de tes connaissances sur le loup, rédige une prédiction sur le déroulement de cette fable.

Je lis

Le loup et l'agneau

La raison du plus fort est toujours la meilleure :
Nous l'allons montrer tout à l'heure.

Un agneau se désaltéroit
Dans le courant d'une onde pure ;
Un loup survient à jeun, qui cherchoit aventure,
Et que la faim en ces lieux attiroit.
« Qui te rend si hardi de troubler mon breuvage ?
Dit cet animal plein de rage :
Tu seras châtié de ta témérité.
— Sire, répond l'agneau, que Votre Majesté
Ne se mette pas en colère ;
Mais plutôt qu'elle considère
Que je me vas désaltérant
Dans le courant,

Plus de vingt pas au-dessous d'elle;
Et que par conséquent, en aucune façon,
Je ne puis troubler sa boisson.
— Tu la troubles, reprit cette bête cruelle;
Et je sais que de moi tu médis l'an passé.
— Comment l'aurois-je fait si je n'étois pas né?
Reprit l'agneau, je tette encor ma mère.
— Si ce n'est toi, c'est donc ton frère.
— Je n'en ai point. — C'est donc quelqu'un des tiens;
Car vous ne m'épargnez guère,
Vous, vos bergers et vos chiens.
On me l'a dit : il faut que je me venge. »
Là-dessus, au fond des forêts
Le loup l'emporte, et puis le mange,
Sans autre forme de procès. ♣

(Jean de La Fontaine)

carnet-info

Jean de La Fontaine (1621-1695) écrit dans la langue de son temps. Celle-ci subira de nombreux changements amenés par la fondation de l'Académie française en 1634 par Richelieu. De plus, la mise en chantier du Dictionnaire de l'Académie en 1639, qui ne verra le jour qu'en 1694, accélérera ces processus de changement.

Il semble que ce soit Voltaire (François Marie Arouet, dit), écrivain français (1694-1778), qui ait proposé la nouvelle graphie des terminaisons de l'imparfait de l'indicatif dans le but de se conformer à la prononciation parisienne de l'époque.

Je construis le sens du texte

1 En ce qui concerne la fin de chaque ligne du texte précédent, que remarques-tu?

2 Relis attentivement les deux premiers vers. Que t'annoncent-ils?

3 Pourquoi l'agneau appelle-t-il le loup «Votre Majesté»?

4 Quels sont les deux crimes dont l'agneau est injustement accusé?

5 Des deux personnages, lequel est :
   a) le dominant?   **c)** la proie?
   b) la victime?   **d)** le prédateur?

6 Quelle espèce rend justice par des procès? Comment le sais-tu?

7 Quel phénomène naturel la morale de cette fable illustre-t-elle?

carnet-info

Les fables, comme les contes, contiennent une morale. Les personnages des fables sont généralement des animaux qui personnifient des humains et jouent les mêmes rôles que ces derniers.

Je réagis aux textes

1 **a)** Dans le premier texte, « Le loup solitaire », le personnage principal n'a pas tué le loup. Selon toi, a-t-il bien fait ? Explique ta réponse.

b) Aurais-tu agi comme lui ? Pourquoi ?

2 Crois-tu que le loup constitue une menace pour les habitants du Québec ? Explique ta réponse.

3 Récemment au Québec, des battues étaient organisées pour chasser le loup et en faire baisser la population. Cette pratique porte le nom de « louveterie ». Que penses-tu de cette pratique ? Explique ta réponse.

4 Tu as lu la fable « Le loup et l'agneau ».

a) As-tu déjà vécu ou connu une situation où un plus fort abusait d'un plus faible ? Illustre ta réponse par un exemple.

b) Admires-tu les gens qui ressemblent au loup de cette fable ? Pourquoi ?

c) Quels sentiments éprouves-tu en pensant à eux ?

5 Place tous les personnages présentés dans les deux textes précédents selon la hiérarchie de la chaîne alimentaire.

6 Compare ta réponse au numéro 5 avec celle de la question 2 de la Mise en commun, à la page 583. Qu'observes-tu ?

J'évalue ma démarche de lecture

Tu as terminé ta démarche de lecture. Tu dois maintenant évaluer la qualité de tes apprentissages.

1 Les textes « Le loup solitaire » et « Le loup et l'agneau » te sont-ils apparus difficiles à lire ? Pourquoi ?

2 Tes difficultés concernent-elles le vocabulaire utilisé ? Si oui, précise ta réponse.

3 Les phrases sont-elles trop longues ?

4 Les textes contiennent-ils trop d'informations nouvelles ?

5 Les grilles de la page suivante correspondent aux questionnaires des textes que tu as lus. Reproduis ces grilles et mets un X à côté du numéro des questions auxquelles tu n'as pas répondu correctement.

Le loup solitaire
Je planifie ma lecture

1 ≋		3 ≋		5 ≋	
2 ≋		4 ≋		6 ≋	

Je construis le sens du texte

1 ≋		4 ≋		7 ≋	
2 ≋		5 ≋		8 ≋	
3 ≋		6 ≋		9 ≋	

Le loup et l'agneau
Je planifie ma lecture

1 ≋	2 ≋	3 ≋	4 ≋

Je construis le sens du texte

1 ≋	3 ≋	5 ≋	7 ≋
2 ≋	4 ≋	6 ≋	

Je réagis aux textes

1 ≋		3 ≋		5 ≋	
2 ≋		4 ≋		6 ≋	

6 Maintenant, note les étapes où tu as éprouvé de la difficulté. Demande-toi pourquoi cette partie est plus difficile pour toi.

• Je planifie ma lecture ≋

• Je construis le sens du texte ≋

• Je réagis aux textes ≋

7 Trouve des moyens de surmonter tes difficultés en lecture, note-les sur une feuille et soumets-les à ton enseignante ou à ton enseignant.

8 Conserve ta feuille pour être en mesure de te souvenir de ces moyens quand tu en auras besoin. Identifie bien le problème avant d'en écrire la solution.

La dérivation et la composition

J'observe

Lis attentivement l'extrait qui suit.

Loup, qui es-tu ?

Certains Amérindiens honoraient le loup lunawiko, dieu de la chasse. De leur côté, les Romains disent que c'est une louve qui a élevé les fondateurs de Rome, Romulus et Remus. Et toi, tu as déjà eu une « faim de loup » ? Cet appétit de l'animal, devenu légendaire, a fini par ternir sa réputation. C'est ainsi qu'au 16e siècle sont nés les loups-garous. Il s'agissait, disait-on, d'hommes qui se transformaient en loups la nuit et qui reprenaient leur forme humaine dès les premières lueurs du jour. ■

(Sophie Leclerc)

Dans le texte précédent :

a) Relève trois mots pour lesquels le procédé de dérivation a été utilisé. Comment t'y prendras-tu pour le prouver ?

b) Relève deux mots pour lesquels le procédé de composition a été utilisé. Comment peux-tu prouver que ces mots sont composés ?

Je garde en mémoire

1 La dérivation est un procédé qui consiste à ajouter un élément avant (préfixe) ou après (suffixe) à un mot de base (radical) dans le but de former un nouveau mot. Ces ajouts sont des affixes.

A	Préfixe	Radical (mot de base)	Résultats
	re- dé- sur-	charge	recharge (nom) décharge (nom) surcharge (nom)

Combinés à un mot de base, les préfixes ne changent pas la classe de ce mot.

B

Radical (mot de base)	Suffixes	Résultats
fin	-al, -ale, -aux	final, finale, finaux (adjectifs)
	-ir	finir (verbe)
	-aliste	finaliste (nom)
	-alement	finalement (adverbe)

Combinés à un mot de base, les suffixes peuvent changer la classe de ce mot.

C

Préfixe	Suffixe	Résultats
bio- (vie)	-logie (science qui étudie)	biologie
géo- (terre)	-graphie (écrit ou étude)	géographie

2 La composition est un procédé qui consiste à former un mot nouveau par l'union de deux mots ou plus.

a) Tu peux joindre les mots :
- par la soudure : tournevis ;
- à l'aide d'un trait d'union : cerf-volant ;
- sans trait d'union ni soudure : chemin de fer.

b) La composition permet de former :
- des noms : chauve-souris, montre-bracelet ;
- des adjectifs : vert forêt, bleu ciel ;
- des verbes : prendre peur, faire part ;
- des adverbes : sur-le-champ ;
- des marqueurs de relation : étant donné que.

Je m'exerce

1 **a)** À l'aide du procédé de la dérivation, crée des mots à partir du radical **dire.**

b) Refais le même travail avec le radical **grand.**

2 **a)** Trouve trois mots joints par la soudure.

b) Trouve trois mots joints par un trait d'union.

c) Trouve trois expressions où le trait d'union et la soudure ne jouent aucun rôle.

3 Associe chacun des mots suivants à la définition appropriée.

a) Louvet.

b) Loup-cervier.

c) Loup de mer.

d) Lycopode.

e) Louveteau.

f) Louveter.

g) Lycanthrope.

1) Mettre au monde des petits loups.

2) Petit du loup.

3) Autre nom du lynx.

4) Plante aussi appelée pied-de-loup.

5) Vieux marin solitaire qui a beaucoup voyagé.

6) Couleur du loup.

7) Autre nom du loup-garou.

4 a) Quels mots du numéro précédent sont le résultat de la dérivation?

b) Lesquels de ces mots sont le résultat de la composition?

grammaire du texte

Les discours rapportés

J'observe

Lis attentivement le texte suivant.

Baleines en péril

1 Depuis le début du siècle, le nombre de cétacés diminue de façon inquiétante.

2 Le premier cri d'alarme a été poussé en 1912, par l'écrivain norvégien Collet : « Le canon à harpon de Foyn poursuit sa marche meurtrière à travers les océans, avec une puissance sans précédent. Pour quelque temps encore, il permettra de tirer de la mer une grande richesse ; mais un prélèvement aussi lourd, effectué sur un groupe animal aussi limité que celui des cétacés, réduira inévitablement l'effectif des populations. »

3 Ce cri d'alarme n'a pas été entendu à temps. ■

(Yves Cohat)

a) Dans le texte précédent, qui est l'auteur de la partie entre guillemets?

b) Est-ce la même personne qui a écrit : «Ce cri d'alarme n'a pas été entendu à temps.» Explique ta réponse.

c) Quel intérêt peut-il y avoir à rapporter les paroles de quelqu'un dans un texte courant?

d) Pourquoi utiliserais-tu le dialogue dans un texte narratif?

Je garde en mémoire

Les discours rapportés permettent à un auteur ou une auteure de te faire prendre connaissance de ce qui a été dit ou écrit par quelqu'un d'autre sur le même sujet. Il y a différentes façons d'utiliser les discours rapportés. (Lorsque les paroles rapportées sont exactement celles prononcées ou écrites, il s'agit d'un discours direct.)

1 Dans un texte littéraire :
- Le dialogue (des personnages se parlent).
- Le monologue (un personnage se parle à lui-même).
- Le mot entre guillemets (il désigne une expression ayant un sens particulier pour les personnages).

Dans un texte littéraire, les discours rapportés directement te permettent d'en savoir davantage sur les personnages. (Se fâchent-ils facilement? Sont-ils courageux, menteurs, intelligents?)

Exemple : – Shere Khan nous fait grand honneur – dit Père Loup, les yeux mauvais. – Que veut Shere Khan?

2 Dans un texte courant : la citation (lorsqu'on rapporte les paroles ou les écrits d'un expert ou d'une experte, d'une personne importante, d'un témoin d'un événement, etc.).

Dans un texte courant, la citation appuie, illustre ou explique les informations transmises par l'auteur ou l'auteure du texte.

Je m'exerce

L'extrait que tu liras à la page suivante est tiré d'un roman de Rudyard Kipling. La scène se déroule dans la caverne d'une famille de loups. Mère Louve et Père Loup viennent tout juste de découvrir un petit d'homme qui passait près de leur repaire.

Lis attentivement le dialogue suivant.

Le livre de la jungle

1 — [...] *Ainsi, c'est un petit d'homme. A-t-il jamais existé une louve qui pût se vanter d'un petit d'homme parmi ses enfants?*

2 — *J'ai parfois ouï parler de semblable chose, mais pas dans notre clan ni de mon temps, dit Père Loup. Il n'a pas un poil, et je pourrais le tuer en le touchant du pied. Mais, voyez, il me regarde et n'a pas peur!*

3 *Le clair de lune s'éteignit à la bouche de la caverne, car la grosse tête carrée et les fortes épaules de Shere Khan en bloquaient l'ou-* *verture et tentaient d'y pénétrer. Tabaqui, derrière lui, piaulait:*

4 — *Monseigneur, Monseigneur, il est entré ici!*

5 — *Shere Khan nous fait grand honneur — dit Père Loup, les yeux mauvais. — Que veut Shere Khan?*

6 — *Ma proie. Un petit d'homme a pris ce chemin. Ses parents se sont enfuis. Donnez-le-moi!*

(Rudyard Kipling)

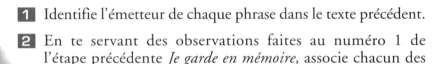

1 Identifie l'émetteur de chaque phrase dans le texte précédent.

2 En te servant des observations faites au numéro 1 de l'étape précédente *Je garde en mémoire,* associe chacun des personnages suivants à la description appropriée.

a) Père Loup.   **1)** Brave, prêt à défendre un plus faible.

b) Shere Khan.   **2)** Faible et peureux, au service d'un plus fort.

c) Tabaqui.   **3)** Aime s'en prendre aux plus faibles.

3 Comment as-tu procédé pour faire les associations au numéro 2?

4 Quelles marques ou quels signes l'auteur a-t-il employés pour introduire les dialogues?

5 Relève les verbes introducteurs qui permettent de connaître les sentiments des locuteurs.

grammaire de la phrase

Place et organisation de la subordonnée dans la phrase

J'observe

Lis les phrases suivantes.

A L'orignal que la meute a pris en chasse se sauve.

B Le chevreuil et le lièvre sont des herbivores qui peuvent nuire aux potagers.

C Dès qu'il aperçoit les loups, l'orignal s'enfuit.

D Quand arrive la nuit, la meute hurle.

1 **a)** Récris les phrases précédentes en respectant le modèle P$_1$ (phrase matrice), P$_2$ (subordonnée).

    b) Encadre les expressions ou mots subordonnants.

2 **a)** Parmi ces phrases, repère celles qui contiennent un élément effaçable.

    b) Quel nom donnes-tu à ces phrases ? Quelle est la fonction de ces phrases ?

3 **a)** Quelles phrases comptent un élément effaçable qui peut aussi être déplacé ?

    b) Quel nom donnes-tu à ces phrases ? Quelle est la fonction de ces phrases ?

4 Selon toi, quel est le rôle de ces phrases que tu peux effacer ou effacer et déplacer ?

Je garde en mémoire

Voici, comme aide-mémoire, les fiches signalétiques de la subordonnée circonstancielle de temps et de la subordonnée relative.

Énoncés	Exemples
1. La subordonnée circonstancielle de temps. Fonction syntaxique : complément de phrase **(GFcp)**. Signe distinctif : peut être effacée et déplacée. Fonction sémantique : ajout d'informations.	P$_1$ P$_2$ Quand l'orignal approche, ⟶ **Phrase matrice** **Sub. circ.** le loup organise sa chasse.
2. La subordonnée relative Fonction syntaxique : complément du nom. Signes distinctifs : peut être effacée, mais non déplacée ; se place à la droite du **GN** qu'elle complète. Fonction sémantique : ajout d'informations.	L'odorat du loup, qui compte plus de 200 millions de cellules olfactives, est d'environ 100 fois supérieur à celui de l'être humain. P$_1$ L'odorat du loup est ⟶ P$_2$ d'environ 100 fois supérieur , qui compte plus à celui de l'être humain. de 200 millions de de cellules olfactives,

Je m'exerce

Lis les phrases suivantes.

A Lorsque les loups poursuivent un animal, on dirait une danse de la mort.

B Les loups cessent la poursuite lorsque la proie se retourne pour se défendre.

C Les loups qui surgissent de tous les côtés forcent la proie à se diriger vers les loups dominants.

D Les loups hurlent aussitôt que leur festin est terminé.

E Les hurlements qu'ils poussent sont une façon de garder un contact entre eux.

F Les loups dominants attaquent l'orignal tandis que leurs congénères s'élancent sur la proie de tous les côtés.

G Un loup qui n'obéit pas au chef doit s'excuser.

H Un loup qui s'excuse abaisse les oreilles et la queue.

I L'animal qui domine la meute tourne autour d'un congénère qui se soumet, mais il attaque rarement un loup qui ne veut pas se battre.

J Les Romains adoraient la louve qui avait élevé les fondateurs de Rome.

1 Récris les phrases précédentes et, en te basant sur l'exemple suivant, sépare la phrase enchâssée de la phrase matrice par une barre oblique. Encadre l'expression ou le mot subordonnant.

Exemple :

P₁ **P**₂

Le mâle dominant attrapera la proie / dès qu' elle passera.

Phrase matrice **Phrase enchâssée**

2 **a)** À côté de chacune des phrases enchâssées du numéro 1, précise s'il s'agit d'une subordonnée relative ou d'une subordonnée circonstancielle de temps.

b) Comment as-tu procédé?

L'accord du verbe avec différents sujets

J'observe

1 Observe la phrase suivante.

Les victimes des attaques sont nombreuses.

a) Quelle partie de la phrase est effaçable?

b) Par rapport à la phrase observée, laquelle des affirmations suivantes est fausse ?

- Ce sont les victimes qui sont nombreuses.
- Ce sont les attaques qui sont nombreuses.

2 Observe les trois phrases suivantes.

- Le rorqual et le cachalot sont encore chassés.
- Vous et moi devons réagir.
- Tes amis et toi pourrez participer à la marche.

a) Qu'est-ce qui est encore chassé ?

b) Qui doit réagir ?

c) Qui pourra participer à la marche ?

d) Précise à quelle personne sont conjugués les verbes des trois phrases.

3 Quelle manipulation syntaxique as-tu utilisée pour résoudre tes difficultés ?

Je garde en mémoire

Le verbe s'accorde avec son sujet (GNs) selon la personne (1re, 2e, 3e) et le nombre (singulier, pluriel). Le sujet d'un verbe est une composante obligatoire de la phrase.

Comment peux-tu trouver le sujet d'un verbe ?

Voici quatre façons d'isoler le sujet :

- à l'aide des questions « Qui est-ce qui ? » ou « Qu'est-ce qui ? »
  Exemple : Le loup avait attrapé l'orignal.
  Qui est-ce qui avait attrapé l'orignal ? Le loup.

- en utilisant le détachement : c'est… qui, ce sont… qui.
  Exemple : L'homme accusait le loup de tous les maux.
  C'est l'homme qui accusait le loup de tous les maux.

- en utilisant la pronominalisation.
  Exemple : Louise et toi (vous) irez camper.

- L'effacement du noyau du GNs est impossible.

astuce

Dans le thème 18, à la page 571, se trouve une liste des cas où l'accord du verbe avec son sujet est plus difficile. Il serait bon de la consulter.

Je m'exerce

1 Repère, s'il y a lieu, les expansions facultatives du GNs dans chacune des phrases suivantes et identifie le sujet du verbe.

a) Le petit prince et le renard allaient s'apprivoiser.

b) Ni le temps ni la distance ne changeraient leur amitié.

c) La proie du loup ne peut rien faire.

d) Les leaders du clan planifient la prochaine excursion.

e) La meute de loups se déplace à 45 km à l'heure.

2 Accorde les verbes suivants avec leur sujet.

a) Je vous (expliquer, futur simple de l'ind.) ce qui me fascine chez cet animal.

b) Les élèves de cette classe (travailler, présent de l'ind.).

c) Le loup et le renard (partir, présent de l'ind.) à la chasse.

d) Un lièvre ou une loutre (déclencher, plus-que-parfait de l'ind.) le piège.

e) Ni le vent ni la pluie n'(arrêter, imparfait de l'ind.) le clan en marche.

3 Indique pour chacune des phrases du numéro 2 la stratégie employée pour repérer le GNs.

orthographe d'usage

Les règles d'usage

J'observe

Lis le texte suivant.

Bye Bye Chaperon rouge

Curieuse, Fanny examinait cet animal qui avait un peu l'allure d'un chien et qui, pourtant, n'en était pas un. Elle regardait son pelage gris acier, les taches pâles autour de ses yeux perçants, son museau allongé. Elle s'avisa soudain qu'elle était en pleine conversation avec cet animal étrange.

(Viviane Julien)

1 Comment la lettre « c » se prononce-t-elle dans les mots suivants ? [k] ou [s]

a) curieuse   **c)** perçants   **e)** cet

b) acier   **d)** conversation

2 Comment la lettre « e » se prononce-t-elle dans les mots suivants ? [ɛ], [e] ou [ə]

a) cerner   **c)** conversation   **e)** épée

b) perçants   **d)** fermer

Je garde en mémoire

Dans le thème 18, tu as vu un tableau synthèse des principales règles de l'orthographe d'usage. En voici un bref rappel.

Énoncés	Exemples
1. Devant A, O, U, tu dois placer : • une cédille sous le « c » pour que celui-ci se prononce [s].	perçants
• un « e » après le « g » pour que celui-ci se prononce [ʒ].	mangeoire
2. Avant P, B ou M : • « n » devient « m ».	plomb
3. Entre deux voyelles : • « s » se prononce [z].	désert
4. Devant D, F, Z à la fin d'un mot : • pas d'accent aigu sur le « e » pour faire le son [e].	nez
5. Devant une double consonne : • pas d'accent grave sur le « e » pour faire le son [ɛ].	elle, essai, effroi

Je m'exerce

1 Récris le mot correctement orthographié dans chacun des ensembles suivants.

a) champ, chemp, chanp

b) pijon, pigeon, pijonc

c) errer, èrer, hèrer

d) hamesson, hameçon, hameson

e) cèrf, cerre, cerf

f) definitif, définitif, défénitif

g) enmêler, emmèler, emmêler

h) gendre, gemdre, jendre

i) prèscription, préscription, prescription

j) gépard, guépars, guépard

2 Quelle stratégie as-tu employée pour repérer les mots correctement orthographiés dans le numéro précédent ?

Amorce

Ce thème sur les animaux se termine par une aventure dans le monde imaginaire des Inuits. Lis bien l'extrait qui suit, car tu devras t'en inspirer pour mener à bien ton projet d'écriture. Essaie de t'imprégner du caractère de Maïna.

Je prépare la production de mon texte

Lis le texte suivant.

Maïna

CHAPITRE 6

1 *Les caribous tardaient à venir. Maïna attendait, roulée en boule derrière un monticule de pierres. C'était la première fois qu'elle guettait la grande migration d'automne sans son père. D'autres rabatteurs attendaient dans la vallée et sur les sommets, mais Mishtenapeu était encore trop faible pour l'accompagner. Il ne pourrait, comme aux autres chasses, lui décrire d'avance l'arrivée des bêtes, le sifflement des lances ou encore le regard du caribou lorsqu'il sent son intérieur se remplir de sang. Mishtenapeu s'était sans doute intoxiqué en mangeant du poisson mauvais. Tekahera avait juré qu'il s'en remettrait.*

2 *Elle avait regagné son île avant que les Presque Loups retournent à la forêt. La veille de son départ, elle avait parlé des mangeurs de viande crue qui ne connaissent rien du commencement du monde et vénèrent les esprits de la grande eau plutôt que ceux de la terre et du ciel. Les Presque Loups avaient ri, comme toujours,*

de cette extraordinaire bêtise. Puis Tekahera s'était tue et son regard s'était posé sur Maïna.

3   Maïna savait pourquoi. Elle avait même longtemps espéré ce moment. Mais voilà que tous ces yeux braqués sur elle la rendaient muette. Elle laissa son regard errer parmi l'assemblée. Les Presque Loups attendaient, suspendus à ses lèvres. Elle aperçut Manutabi de l'autre côté du feu, les yeux brillants, avide de paroles lui aussi. Des personnages surgirent soudain et Maïna eut immédiatement envie de peindre avec des mots les tableaux qui se construisaient en elle.

4   Elle raconta l'histoire d'une enfant des hommes que les loups avaient arrachée au ventre de sa mère. La fillette avait grandi parmi les loups, parcourant d'immenses territoires en chassant le caribou. Lorsqu'elle devint femme, les loups évitèrent les hommes de crainte qu'ils ne la leur ravissent. Un matin d'ennui, alors que la fille-loup fouillait le ciel de la grande eau, un cormoran vint se poser à ses pieds.

5   [...] Le cormoran offrit à la fille-loup un vêtement à sa taille fabriqué avec des plumes d'oiseaux infiniment douces et lustrées. La jeune fille grimpa sur le dos du grand oiseau et se blottit dans son duvet soyeux. Le cormoran s'envola. Furieux de se faire ravir sa captive, le chef de la meute ordonna aux siens de chasser tous les cormorans et même les geais gris et les corbeaux, mais les oiseaux leur échappaient toujours. Alors les loups abandonnèrent.

6   Le chef devint très vieux et il tomba malade. Ce printemps-là, un magnifique cormoran vint se poser à ses côtés. Dans ses plumes

dormait une toute petite femme que le loup reconnut. Elle se leva, glissa du dos de l'oiseau, avança vers le loup et caressa longuement, de ses mains minuscules, son pauvre museau qui ne savait plus distinguer l'odeur du lièvre et celle du caribou. Le vieux chef mourut peu après; aucun des siens ne sut qu'il avait revu sa presque fille avant de basculer dans l'autre monde.

7 *À la fin du récit de Maïna, un murmure de surprise avait traversé la tribu. La fille de Mishtenapeu n'avait pas raconté une légende connue. Elle avait inventé un monde de toutes pièces, juste avec des mots. Pendant qu'elle racontait, le temps s'était arrêté. Les Presque Loups avaient oublié leur fatigue, les chasses à venir, l'hiver déjà si près, les campements à défaire et à reconstruire. Ils s'étaient laissé transporter dans un monde de rêve et souhaitaient tous y retourner.* ♣

(Dominique Demers)

1 À ton avis, qui est Mishtenapeu?

2 Pourquoi n'accompagne-t-il pas Maïna à la chasse?

3 Dans quelle intention Maïna a-t-elle raconté son histoire?

4 Quelle phrase de l'extrait indique que Maïna a envie de raconter une histoire?

5 Comment la tribu a-t-elle réagi au récit de Maïna?

6 Pour quelles raisons son récit a-t-il captivé les Presque Loups?

7 Reproduis le schéma narratif de l'histoire racontée par Maïna.

8 L'histoire de Maïna est-elle vraisemblable ou invraisemblable? Explique ta réponse.

9 Que craignaient les loups, dans l'histoire de Maïna?

10 **a)** Qui a finalement ravi l'enfant aux loups?
   b) Que prouve cet événement?

Je planifie la production de mon texte

1 Le soir suivant, les Presque Loups demandèrent à Maïna de raconter une nouvelle histoire autour du feu. Rédige un texte narratif d'environ 30 lignes (300 mots) dans lequel tu raconteras une histoire semblable à celle de Maïna, dans le but de distraire tes compagnons de chasse.

2 **a)** Imagine un univers merveilleux dans lequel pourraient évoluer des personnages (personnes ou animaux) inspirés des légendes amérindiennes. Formule tes idées à partir du schéma suivant.

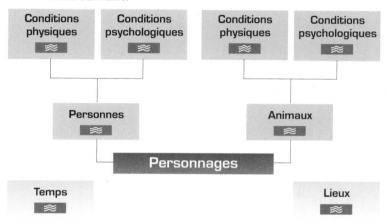

b) Choisis ton personnage principal et tes personnages secondaires.

3 Construis un schéma narratif qui présente les principaux personnages dans les différentes étapes du récit : la situation initiale, le déroulement des actions, le dénouement et la situation finale.

4 N'oublie pas d'imaginer des actions et de t'inspirer du plan de l'histoire de Maïna.

5 Pour raconter ton histoire, tu dois te mettre dans la peau de Maïna : celle-ci est donc la narratrice de ton récit.

Je rédige

1 Tu es maintenant en mesure de rédiger ton histoire. Respecte bien ton plan.

2 Assure-toi de présenter un ou plusieurs personnages, de déterminer le lieu et le temps où se déroule ton histoire.

3 Si tu le désires, tu peux faire parler des animaux.

4 Ton histoire doit contenir une leçon, une morale. Inspire-toi de la fable « Le loup et l'agneau », aux pages 590 et 591. Place cette morale à la fin de ton récit.

5 Relis ton texte et modifie-le pour le rendre clair et cohérent : les différentes parties du schéma narratif doivent être liées avec précision. Insère des marqueurs de relation et des organisateurs textuels.

6 Utilise des paragraphes pour séparer les différentes parties du schéma narratif.

Je révise

1 Je relis mon texte et je m'assure qu'il contient tous les éléments du schéma narratif requis.

2 J'ai bien mené l'intrigue.

3 Je vérifie la présence du « je » mis pour Maïna, qui est la narratrice.

4 Je révise mon texte à l'aide de la grille prévue à cet effet dans *La trousse,* à la page 640 de mon manuel.

J'évalue ma démarche d'écriture

Tu dois maintenant évaluer tes capacités en écriture. Tu peux découvrir tes points forts et tes points faibles en répondant aux questions suivantes. Tu trouveras ensuite des façons de résoudre tes difficultés en écriture.

1 Ce texte t'est-il apparu difficile à rédiger ? Pourquoi ?

2 Quelles étapes de la démarche d'écriture te donnent le plus de difficulté ? Selon toi et selon ton enseignant ou ton enseignante, quels points de grammaire vus dans ce thème te causent des ennuis ?

3 Selon le scénario choisi par ton enseignant ou ton enseignante, trouve des solutions pour aplanir tes difficultés en écriture.

4 Écris ces solutions pour être en mesure de t'en souvenir quand tu en auras besoin. Identifie bien le problème avant d'en écrire la solution.

HALTE PLAISIR

Le jour-de-trop

Aimes-tu la science-fiction ?
Ce roman de Joël Champetier
te transporte dans le monde
de la planète Milanéra.
Ce roman de science-fiction
te surprendra. Il t'obligera
à te poser des questions
sur le sens de la vie.

Garfield

Une bande dessinée que
tu ne te lasseras pas de lire
pour rire, pour réfléchir,
pour en discuter avec
tes camarades. Tous
les albums de Garfield
sont amusants…
Bonne détente !

Le crime de l'Enchanteresse

Francine Pelletier te présente son univers
de science-fiction. À 10 ans, Alexandrina
est déjà une chanteuse célèbre. Sa voix
est un enchantement pour
son entourage, d'où
son surnom, l'Enchanteresse.
Toute son équipe se déplace
avec elle. Un crime
est commis sur la planète
Arkadia… Alexandrina
est-elle aussi innocente
qu'elle le paraît ?
Découvre-le !

Crin-Blanc

Ce roman t'amène en Camargue, où Eusébio
voudrait que son petit-fils devienne pêcheur
comme lui. Hélas ! Folco préfère les chevaux.
Il veut capturer et dompter les
chevaux sauvages de sa
Camargue. Il apprivoisera
Crin-Blanc. Ce beau cheval
suscitera la jalousie dans
l'entourage de Folco.
Toutes les bassesses sont
présentes dans ce beau
roman, déjà porté à l'écran.
Tu liras comment Folco
parvient à s'enfuir
et à sauver Crin-Blanc.

Comme une peau de chagrin

Sonia Sarfati a reçu un prix pour ce roman
qui traite d'un problème grave chez les jeunes :
l'anorexie. Si ce phénomène te préoccupe,
si tu veux en savoir plus, lis
l'histoire de ces deux amies
dont les vies seront boulever-
sées par un premier amour
pour l'une et par un mal
étrange pour l'autre. Ce
récit émouvant, où se glisse
une teinte d'humour, est
surtout coloré d'espoir et
d'un goût de vivre propres
aux jeunes de ton âge.
Bonne lecture !

THÈME 20

Les vacances

À la fin de ce thème,
tu devrais être capable :

Dans le texte descriptif :

- de reconnaître le sujet
  et les éléments d'un texte
  descriptif ;

Dans le texte narratif :

- d'identifier les lieux
  désignés ou localisés
  dans l'espace et l'époque
  désignée ou située dans
  le temps ;

- de reconnaître les parties
  du schéma narratif ;

- de reconnaître la part
  d'imaginaire dans le récit ;

- de cerner les traits
  psychologiques
  des personnages ;

- d'identifier les éléments
  de continuité et de progression qui contribuent
  à la cohérence d'un texte
  narratif ;

- d'observer l'insertion
  d'un passage d'un autre
  type dans un texte et
  d'en reconnaître l'intérêt ;

Dans le texte poétique :

- de reconnaître l'univers poétique évoqué par le lexique ;

- de discerner la répétition de sonorités et de mots, l'effacement de mots ou de parties de mots ;

- de relever les champs lexicaux, les synonymes, les antonymes, les familles de mots ;

- d'observer les différentes formes du discours rapporté ;

- d'identifier les différents groupes de mots.

Amorce

Après une année bien remplie, quoi de mieux que de penser aux vacances! Le temps est venu de clore l'année et, pour ce faire, pourquoi ne pas penser aux nombreuses activités que t'offre la saison estivale? Ce thème te propose donc la lecture de différents textes abordant les vacances et les plaisirs de l'été. Bonne lecture et, avant d'oublier, bonnes vacances!

Je lis

Quelles questions devrais-tu te poser avant de lire le texte suivant? Formule trois questions qui permettraient une planification efficace de ta lecture. Observe d'abord la rubrique *Je fouille dans ma mémoire* ci-contre.

je fouille dans ma mémoire

Tu connais maintenant les conditions de lecture optimales qui te permettront de lire efficacement ce texte. Rappelle-toi la marche à suivre avant de le lire : observe le titre, les illustrations, les intertitres ; identifie les éléments qui attirent ton attention ; questionne-toi sur le sujet du texte : que sais-tu sur ce sujet ? Aimerais-tu en savoir davantage sur ce sujet ? Que voudrais-tu savoir en particulier ? Comment t'y prendras-tu pour en apprendre davantage ?

Des vacances dans l'espace

1 En septembre 1994, Julie et Caroline Gagnon-Charron ont passé une fin de semaine au Camp spatial, une sorte de camp de vacances où tout est axé sur l'exploration spatiale. Leur père, Pierre Charron, et sa conjointe, Lise Brodeur, les accompagnaient. Ensemble, ils ont essayé les appareils d'entraînement des astronautes, fait des expériences, vu des films. Et surtout, ils ont participé à une mission dans une navette spatiale!

2 Nous sommes à bord d'une réplique grandeur nature de la navette américaine Endeavour. Un apprenti astronaute marche vers l'arrière. «Personne ne me voit, pense-t-il, je vais m'amuser un peu...» Il fait semblant qu'il est vraiment en microgravité : il se déplace lentement, se faisant rebondir sur le sol. Il oublie qu'une caméra vidéo le surveille! À quelques mètres de lui, dans la salle de contrôle, ses amis l'observent sur un écran. Tous ont des rôles : directeurs de vol, de lancement ou de mission, spécialiste de charge utile, officier de météo... Et tous rient en le voyant! Mais l'animateur finit par élever le ton : «Arrêtez de rire! On a une mission à faire.» Quand on va au Cosmodôme, il faut s'attendre à un tel mélange de jeu, de rire et de sérieux.

3 Lise et Pierre étaient dans la salle de contrôle; Julie et Caroline, dans la navette. Avant d'accomplir cette mission à bord d'Endeavour, ils ont suivi un entraînement d'astronaute. Tout ça au cours de la même fin de semaine passée dans ce Camp spatial, situé à Laval (au nord de Montréal).

4 Durant l'entraînement, ils apprennent à manipuler différents appareils, ils se préparent à réagir aux situations d'urgence, etc. Par exemple, le multiaxe apprend à l'astronaute à travailler même si la capsule tourne dans tous les sens. Cette chaise tourne à la fois de bas en haut, de gauche à droite et de l'avant à l'arrière. Quand Neil Armstrong (le premier homme à marcher sur la Lune) l'a essayée, il a été malade. Chaque personne réagit différemment : Julie a adoré ça! « Je serais restée plus longtemps », dit-elle.

5 La chaise 1/6 est un autre simulateur utilisé pour entraîner les astronautes qui sont allés sur la Lune. Caroline l'a essayée : suspendue à un câble relié à un système de ressorts, elle ne pèse plus qu'un sixième de son poids. Comme si elle était sur la Lune! (La gravité y est en effet beaucoup plus faible que sur la Terre.) À un sixième de son poids, il est très difficile de marcher. « On fait plutôt des bonds », dit notre astronaute. [...]

6 Miam! Miam! Une bonne pizza au fromage et une bonne crème glacée... spatiales! Lors de leur visite au Cosmodôme, Julie et Caroline ont eu droit à un repas spécial : de la nourriture d'astronaute!

7 Cette nourriture a été séchée, pour économiser du poids. On peut l'humecter avec la salive en la mastiquant. La pizza au fromage a eu du succès. La crème glacée aussi... mais c'est assez bizarre de manger une crème glacée chaude qui ressemble à un biscuit!

8 Les fraises... ça dépend des goûts. La texture, d'abord sèche puis un peu pâteuse, n'a pas vraiment plu à Julie. Elle préfère la pizza! ■

(Étienne Denis)

1 Quel lien le texte précédent a-t-il avec les vacances?

2 Quel est le sujet précis de cet article? Comment le sais-tu?

3 Relis le premier paragraphe. Quel intertitre pourrais-tu insérer avant le deuxième paragraphe?

4 Relis les trois derniers paragraphes. Quel intertitre pourrais-tu insérer avant le dernier paragraphe?

5 **a)** Savais-tu que ce genre de camp existait?

b) Ce texte te donne-t-il envie de visiter un camp spatial cet été? Explique ta réponse.

c) Qu'est-ce qui rend la réalité virtuelle si captivante, selon toi?

6 🌞Ⓛ **a)** Trouve un nom de la même famille que l'adjectif «spatial».

b) Forme un verbe avec ce nom.

7 🌞ⒼⓉ Quelle phrase, dans le paragraphe 2, exprime la pensée d'une personne? Comment le sais-tu?

8 🌞ⒼⓉ Quels marqueurs d'organisation de texte (temps) trouves-tu aux paragraphes 1 et 4?

9 🌞ⒼⓅ Dans le paragraphe 2, relève un groupe adjectival qui signifie «débutant».

10 🌞ⒼⓅ Quelle phrase de base a servi à bâtir la première phrase de cet extrait?

11 🌞ⒼⓅ **a)** Lis la phrase suivante.
«[...] il se déplace lentement, se faisant rebondir sur le sol.»

b) Quel groupe adverbial modifie le GV?

12 Qu'as-tu appris en lisant le texte «Des vacances dans l'espace»?

13 Tu liras maintenant un texte descriptif. Quelle est l'intention de l'auteur, selon toi? Est-elle la même que pour l'extrait précédent? Explique ta réponse.

14 Que pourrait contenir le texte suivant?

je fouille dans ma mémoire

La phrase de base est résumée dans la formule suivante:

P = GNs + GV + GFcp

La guerre des mouches !

1   Ah ! les bonheurs de la nature. Que demander de plus qu'un bon feu de camp et des amis, sur le bord d'un lac ? Ça serait un paradis si... bzzzzz Ayoille ! Eh oui, le Québec est le royaume du maringouin ! Dès que tu te promènes dans la nature en été, tu risques de subir l'attaque des moustiques.

2   Les maringouins sont sûrement les plus connus des moustiques. Ils nous piquent surtout le soir, après la tombée du jour. Une nuée de maringouins peut transformer une expédition en un véritable enfer ! Les mouches noires, beaucoup plus petites mais souvent très nombreuses, attaquent surtout le jour. Elles nous font de minuscules morsures.

3   Les mouches à chevreuil, ainsi que les mouches à orignal (qu'on appelle aussi mouches à cheval ou taons), sont beaucoup plus grosses... et leurs morsures font beaucoup plus mal. Si deux ou trois d'entre elles tournent autour de ta tête, elles peuvent te rendre fou ! Ces mouches volent habituellement trop vite pour que tu puisses les tuer. Quand tu ne les vois plus, tu te demandes si elles sont enfin parties... ou si elles ne sont pas plutôt sur toi, prêtes à te mordre.

4   Voici quelques conseils pour gagner la guerre des mouches. Porte des vêtements amples. Rentre ton pantalon dans tes bas, ton t-shirt dans ton pantalon et ferme le col de ta chemise. Fais un feu : la fumée éloignera beaucoup de mouches. Campe sur une plage, où il y a moins de moustiques, plutôt que dans le bois ou, pire, près d'un marécage. ■

1 Quel paragraphe présente le sujet de l'article précédent?

2 Quels sont les deux indices qui te permettent de connaître le sujet de cet extrait?

3 Reproduis le schéma suivant et complète-le à l'aide des informations contenues dans le texte.

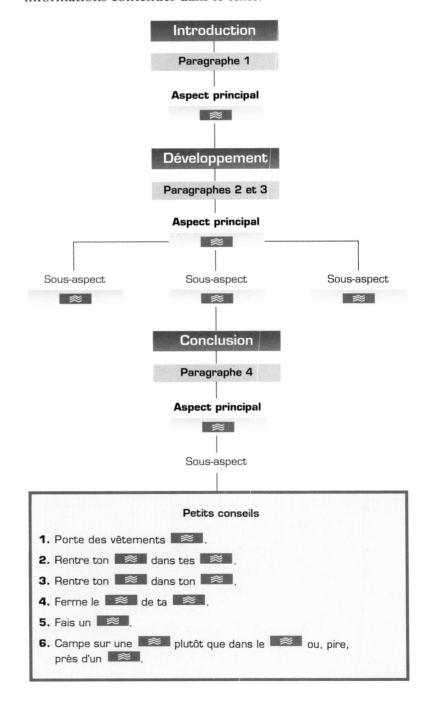

4 En quoi le texte « La guerre des mouches ! » pourra-t-il t'être utile cet été ?

5 ☀️⃞L⃞ Que signifie une « nuée de maringouins » ? Comment as-tu procédé pour trouver la réponse ?

6 ☀️⃞GT⃞ Au paragraphe 1, relève un mot qui est une parole rapportée. Quelle stratégie t'a permis de le découvrir ?

7 ☀️⃞GP⃞ Quel complément du nom se trouve dans la première phrase de cet extrait ? Quelle manipulation as-tu utilisée pour le reconnaître ?

8 ☀️⃞GP⃞ Quel groupe adjectival complète « vêtements », dans le paragraphe 4 ?

9 ☀️⃞GP⃞ Récris la phrase de base qui a servi à construire la deuxième phrase du paragraphe 4.

10 ☀️⃞GP⃞ Dans le paragraphe 3, relève deux groupes adverbiaux.

11 ☀️⃞C⃞ **a)** Observe les verbes du paragraphe 4.

   b) À quel mode les verbes des conseils sont-ils conjugués dans ce paragraphe ?

   c) À quelle personne (1ʳᵉ, 2ᵉ, 3ᵉ) formules-tu généralement un conseil ?

12 ☀️⃞GP⃞ Relève une subordonnée circonstancielle de temps dans le paragraphe 1.

13 ☀️⃞GP⃞ **a)** Dans le paragraphe 3, relève une subordonnée relative complément du nom.

   b) Quelle manipulation te démontre qu'il s'agit d'une information qui n'est pas essentielle à la compréhension du texte ?

Le prochain extrait te propose un moment dans la vie d'Emma, héroïne du roman *Comme la fleur du nénuphar,* de Madeleine Arsenault. Emma et sa comparse Doris adorent admirer les fleurs, les arbres, le lac et ses nénuphars, et... les garçons !

1 Note deux stratégies que tu peux employer avant de lire l'extrait suivant.

2 Selon toi, sur combien de temps l'histoire entière du roman *Comme la fleur du nénuphar* s'étale-t-elle ?

3 Relativement à l'extrait que tu liras, peux-tu déjà nommer un personnage secondaire ?

Comme la fleur du nénuphar

AU CHALET

1   *Un rayon de soleil vint chatouiller le bout du nez d'Emma. Une odeur appétissante la tira hors du lit. Le samedi, son père préparait des œufs et du bacon pour le déjeuner. Et au menu du dimanche, des crêpes… fourrées de jambon, bananes, fromage, fraises ou framboises et arrosées copieusement du meilleur sirop d'érable de la région, celui du père de Doris. Un pur délice !*

2   *Emma monopolisa la salle de bain pendant une heure au moins. Journée de grande toilette ! La jeune fille lava soigneusement ses longs cheveux – trop épais, à son avis –, coupa ses ongles d'orteils – ça pousse à une vitesse ! –, appliqua généreusement une crème hydratante sur tout son corps, vérifia les ongles de ses mains – tiens, il faudra remettre du vernis – et se sécha les cheveux en les brossant pour les rendre bien droits. L'adolescente sortit finalement, vêtue d'un short et d'un t-shirt. Enfin samedi ! Et ce soir, elle irait danser !*

3   *La veille au soir, Emma avait appréhendé le moment où Iola rapporterait leur dispute à son mari. Mais sa belle-mère avait parlé d'autre chose. Plus tard, ils avaient joué aux cartes, tous les trois. Toujours pas un mot sur l'interdiction de sortie du samedi ni sur l'escapade en auto-stop. « Elle attend d'être seule avec papa », avait songé la jeune fille. Mais vers onze heures, Iola l'avait regardée d'un œil complice :*

— *Tu ferais mieux d'aller te coucher, jeune fille, si tu veux te sentir en forme pour danser demain !*

Emma était restée sans voix.

***

4 *Quelques heures plus tard, Emma et Doris rôtissaient au soleil. Étendues sur le quai, dans la petite baie près de chez Doris, elles essayaient de comprendre le revirement de Iola. Emma venait de raconter, en long et en large, l'épisode de la dispute et celui de l'auto-stop.*

— *Je n'en reviens pas ! répéta Emma pour la énième fois. Elle paraissait tellement furieuse quand je suis partie. Et à mon retour, un vrai miracle ! Une nouvelle Iola... vraiment différente. Je ne l'avais jamais vue comme ça.*

— *Peut-être parce que tu es revenue dans tous tes états ?*

— *Iola me voit souvent dans tous mes états ! rit Emma.*

— *Oui, mais hier, ce n'était pas pareil. Tu avais eu très peur, tu pleurais et elle t'a consolée. Tu te confiais à elle pour la première fois, pas vrai ?*

— *Je crois. Et le soir, nous avons parlé comme de vieilles amies ! Nous n'avions jamais été aussi proches. Tu penses que de lui avoir tout raconté sur le gars...*

— *Peut-être. Moi, en tout cas, quand je confie des choses à ma mère, elle devient un ange, je te jure... elle se sent plus « mère » ! s'esclaffa Doris.*

— *Alors, c'est ça... ! s'exclama Emma. Iola joue à la maman et devient une sainte ! Sainte Iola...*

Tout à leurs confidences, les jeunes filles n'avaient pas entendu le petit bateau approcher. Doris pinça soudain le bras d'Emma et lui souffla :

— *Regarde ! Alain Cormier, mon amoureux de l'été dernier. Il vient par ici !*

Emma écarquilla les yeux. Elle le reconnaissait à peine. Qu'il était beau ! Et grand ! Quel âge avait-il déjà ?

— *Salut, Doris. Ça va ? fit le jeune homme en éteignant le moteur.*

— *Ça va, ça va. Et toi ?*

— *Bien, bien...*

Il lança un regard rapide à Emma.

— Salut... heu...

— Emma! Tu la reconnais, non? se moqua gentiment Doris.

— Oui, évidemment, mais je n'étais pas sûr.

— Moi non plus, dit Emma en rougissant.

Un silence gêné suivit, que Doris s'empressa de rompre.

— Tu viens à la danse, ce soir?

— Peut-être... je ne sais pas. Et vous, vous y allez?

— Bien sûr, affirma Doris. Il n'y a pas beaucoup d'autres activités. Alors autant aller danser!

— Bon. On se verra peut-être là-bas, alors?

— D'accord, heu... ton frère est avec toi?

— Non, il travaille en ville cet été.

— Ah! dit Doris, déçue.

— Salut, les filles! fit Alain en s'éloignant du quai.

Il démarra et fila vers le large. Doris jeta un regard en coin à son amie :

— Alors?

— Quoi? dit Emma.

— Comment tu le trouves?

— Eh bien, il a changé. Quel âge il a?

— Seize ou presque dix-sept ans, je ne sais plus. Il t'intéresse?

— Tu es folle! Je suis trop jeune pour lui!

— Tu n'as pas vu comment il te regardait?!

— Moi?

— Oui, toi! Il n'arrêtait pas de loucher vers toi!

— Arrête, Doris! Tu veux rire de moi!

— Non, je te dis! Je le connais. C'est comme ça qu'il m'a fait de l'œil, au début.

— Tu penses qu'il viendra ce soir?

— Sûre et certaine!

Doris se pencha à l'oreille de son amie et lui chuchota :
— Il embrasse bien, tu sais.
Emma pouffa de rire.
— C'est vrai ! reprit Doris.
— Bon alors, si c'est comme ça, ma vieille… !
Elle tourna la tête vers le large, un sourire dans les
yeux. ⚜

(Madeleine Arsenault)

4 Crois-tu que l'histoire que tu as lue est vraisemblable ? Justifie ta réponse en fournissant un exemple.

5 **a)** Relève une pensée d'Emma. Où as-tu repéré cette information ?

   b) Quel indice t'a permis de relever cette pensée ?

   c) Quel verbe démontre qu'Emma pense ?

6 Quel personnage intervient dans le dialogue entre Doris et Emma ?

7 ☼L Trouve un synonyme au mot « escapade ».

8 ☼GP Relève trois compléments du nom dans les deux premières phrases de cet extrait.

9 ☼GP Dans le paragraphe 2, relève un GAdv qui modifie le verbe « laver ».

10 ☼GT Qu'indiquent les astérisques entre les paragraphes 3 et 4 ?

11 ☼GT Relève trois indices de temps dans le paragraphe 3.

12 ☼GP Lis la phrase suivante : « Elle paraissait tellement furieuse quand je suis partie. »

   a) Relève la subordonnée circonstancielle de temps.

   b) Quel indice te permet de la repérer ?

   c) Quelles manipulations te permettent de t'assurer qu'il s'agit bien d'une subordonnée circonstancielle ?

   d) Applique ces manipulations à la phrase observée.

J'évalue mes connaissances

Étant donné que ce thème est le dernier de l'année, il est maintenant temps de faire un bilan des connaissances que tu as acquises au cours des 10 derniers mois. Tu dois cibler tes forces et tes faiblesses, et trouver des moyens de résoudre tes difficultés avant de passer tes examens de fin d'année.

1 Reproduis la grille ci-dessous, qui correspond à la numérotation des questionnaires des textes que tu viens de lire. Indique dans cette grille les questions auxquelles tu n'as pas répondu correctement.

	1	2	3	4	5	6	7	8	9	10	11	12	13	14
Des vacances dans l'espace	≈	≈	≈	≈	≈	≈	≈	≈	≈	≈	≈	≈	≈	≈
La guerres des mouches !	≈	≈	≈	≈	≈	≈	≈	≈	≈	≈	≈	≈	≈	
Comme la fleur du nénuphar	≈	≈	≈	≈	≈	≈	≈	≈	≈	≈	≈	≈		

Légende

Lecture :

Lexique :

Grammaire
de la phrase :

Grammaire du texte :

Conjugaison :

2 Maintenant, identifie les notions étudiées qui te causent des difficultés.

- Lecture ≈
- Lexique ≈
- Grammaire
  de la phrase ≈
- Grammaire du texte ≈
- Conjugaison ≈

3 Selon le scénario choisi par ton enseignant ou ton enseignante, trouve des solutions pour résoudre tes difficultés.

4 Écris ces solutions pour être en mesure de t'en souvenir quand tu en auras besoin. Identifie bien le problème avant d'en écrire la solution.

Pour reconnaître rapidement tes points faibles, consulte la légende du code des couleurs de la grille.

Je fais le bilan de mes connaissances

Afin de savoir ce que tu as retenu en grammaire cette année, réponds aux questions suivantes.

1 **a)** Rédige ta propre définition du lexique.

b) Énumère deux nouvelles compétences que tu as développées concernant le lexique.

c) Trouve un synonyme au mot «lexique».

d) Quel outil renferme le lexique d'une langue?

e) En situation de lecture et d'écriture, quels sont les avantages que te procure une bonne connaissance du lexique? Nommes-en au moins deux.

2 **a)** Rédige ta propre définition de la grammaire du texte.

b) Énumère deux nouvelles compétences que tu as développées concernant la grammaire du texte.

c) En situation de lecture et d'écriture, quels sont les avantages que te procure une bonne connaissance de la grammaire du texte? Nommes-en au moins deux.

3 **a)** Rédige ta propre définition de la grammaire de la phrase.

b) Énumère deux nouvelles compétences que tu as développées concernant la grammaire de la phrase.

c) En situation de lecture et d'écriture, quels sont les avantages que te procure une bonne connaissance de la grammaire de la phrase? Nommes-en au moins deux.

4 **a)** Rédige ta propre définition de l'orthographe grammaticale.

b) Énumère deux nouvelles compétences que tu as développées concernant l'orthographe grammaticale.

c) En situation de lecture et d'écriture, quels sont les avantages que te procure une bonne connaissance de l'orthographe grammaticale? Nommes-en au moins deux.

5 **a)** Rédige ta propre définition de l'orthographe d'usage.

b) Énumère deux nouvelles compétences que tu as développées concernant l'orthographe d'usage.

c) Quel outil te renseigne sur l'orthographe d'usage des mots?

d) En situation de lecture et d'écriture, quels sont les avantages que te procure une bonne connaissance de l'orthographe d'usage? Nommes-en au moins deux.

Amorce

En guise de dernière activité d'écriture, deux différents projets te sont suggérés. Choisis celui qui te convient et suis la démarche d'écriture qui t'est proposée. Inspire-toi des vacances qui approchent!

PROJET 1

1 **a)** Souviens-toi du thème 17. Quel type de texte peut te permettre d'explorer l'univers des sonorités et du rythme de la langue parlée?

b) Quelles sont les principales caractéristiques de ce type de texte?

2 Dans quelle intention liras-tu ce texte?

Je prépare la production de mon texte

Lis le poème suivant. Il a été écrit par Jacques Prévert, poète français né en 1900 à Neuilly-sur-Seine, en France. Jacques Prévert empruntait la plupart de ses thèmes à la réalité quotidienne. Ce texte te révèle l'imaginaire, l'humour et la fantaisie de ce grand poète.

En sortant de l'école

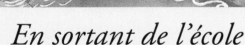

1 *En sortant de l'école*
   nous avons rencontré
   un grand chemin de fer
   qui nous a emmenés
   tout autour de la terre
   dans un wagon doré

2 *Tout autour de la terre*
   nous avons rencontré
   la mer qui se promenait

   avec tous ses coquillages
   ses îles parfumées
   et puis ses beaux naufrages
   et ses saumons fumés

3 *Au-dessus de la mer*
   nous avons rencontré
   la lune et les étoiles
   sur un bateau à voiles
   partant pour le Japon

et les trois mousquetaires des cinq doigts
   de la main
tournant la manivelle d'un petit
   sous-marin
plongeant au fond des mers
pour chercher des oursins

4 Revenant sur la terre
   nous avons rencontré
   sur la voie de chemin de fer
   une maison qui fuyait
   fuyait tout autour de la terre
   fuyait tout autour de la mer
   fuyait devant l'hiver
   qui voulait l'attraper

5 Mais nous sur notre chemin de fer
   on s'est mis à rouler
   rouler derrière l'hiver
   et on l'a écrasé

et la maison s'est arrêtée
et le printemps nous a salués

6 C'était lui le garde-barrière
   et il nous a bien remerciés
   et toutes les fleurs de toute la terre
   soudain se sont mises à pousser
   pousser à tort et à travers
   sur la voie du chemin de fer
   qui ne voulait plus avancer
   de peur de les abîmer

7 Alors on est revenu à pied
   à pied tout autour de la terre
   à pied tout autour de la mer
   tout autour du soleil
   de la lune et des étoiles
   À pied à cheval en voiture et en bateau
      à voiles. ☘

(Jacques Prévert)

1 a) Dans quelle intention Jacques Prévert a-t-il écrit
      le poème précédent?
   b) À qui le destinait-il selon toi?

2 ☀ GT a) À qui appartiennent les saumons fumés, les beaux
      naufrages, les îles parfumées et les coquillages?
   b) Quels indices te permettent de le découvrir?

3 ☀ L Trouve dans le texte une expression synonyme
   de «voie ferrée».

4 ☀ L a) Selon toi, que signifie «garde-barrière»?
      (strophe 6)
   b) Dans ce poème, qui est le «garde-barrière»?
      Explique ta réponse.

5 ☀ GT a) Relis la quatrième strophe.
   b) À ton avis, la maison fuyait-elle vraiment?
   c) Pourquoi l'auteur utilise-t-il ce verbe?
   d) Selon le contexte, que signifie cette expression?

6 **a)** Relève la strophe que tu préfères.

b) Explique pourquoi tu la préfères aux autres strophes.

7 ☀L **a)** Dans la strophe 6, relève une répétition.

b) Quelle idée sert-elle à illustrer ?

Je planifie la production de mon texte

1 Rédige un texte poétique de six strophes de six vers qui traitera de tes prochaines vacances. Inspire-toi du poème « En sortant de l'école », de Jacques Prévert. Pense à ce que tu sais de la poésie.

2 **a)** Dans quelle intention écriras-tu ton texte poétique ?

b) À qui le destineras-tu ?

3 Imagine des projets fantaisistes que tu comptes réaliser cet été et inscris-les dans une constellation. Tu pourras t'en inspirer au cours de ta rédaction.

4 Pense à former des rimes à la fin de tes vers. Quel type de rimes préfères-tu ? Tu peux aussi utiliser des constellations pour regrouper les mots ayant les mêmes sonorités.

Exemple :

Je rédige

1 Te voilà en mesure d'écrire ton texte. Note tes idées, les images qui te viennent en tête en pensant à l'été. Utilise le sens figuré des mots.

Exemple : Voilà, c'est l'été !
La fête du Soleil est arrivée !

2 Au besoin, retourne à tes constellations pour modifier un mot ou un vers. Fais preuve d'originalité.

3 Utilise les figures de style que tu connais pour améliorer ton poème.

Exemples : La répétition : Saute, saute, saute dans l'eau cristalline !

La métaphore : un soleil de plomb

L'antithèse : le jour et la nuit

4 Relis ton poème et modifie-le au besoin. Joue avec les mots, crée des images.

Je révise

1 Je relis mon texte et je m'assure qu'il respecte les caractéristiques du poème.

2 Ai-je choisi des mots originaux ? Mon poème contient-il des images, des figures de style ?

3 Je révise mon texte à l'aide de la grille prévue à cet effet à la page 640 de *La trousse*.

PROJET 2

Je prépare la production de mon texte

1 Relis le texte « Comme la fleur du nénuphar » de Madeleine Arsenault, aux pages 618 à 621, en imaginant une suite possible à cette histoire.

2 a) À la fin de l'extrait, quel événement semble se concrétiser pour les deux jeunes filles ?

b) Cet événement pourrait-il servir de cadre à ton récit ?

3 Quel personnage adulte nommé dans l'extrait pourrait tenir un rôle important si le récit se poursuivait ?

Je planifie la production de mon texte

1 Rédige un texte de 30 lignes (300 mots) qui sera une suite à l'aventure du personnage principal, Emma, et de sa copine Doris. Tu devras, comme l'a fait Madeleine Arsenault, distraire et captiver tes lecteurs ou lectrices. Peut-être as-tu d'autres intentions en tête? Faire rire, faire pleurer?

2 Avant de commencer la rédaction de ton texte, précise tes idées, pense à différents scénarios. Choisis le meilleur.

3 La situation initiale pourrait correspondre à l'arrivée à la danse. Imagine un événement qui viendrait perturber la situation initiale. Poursuis ensuite avec les péripéties. Inscris-les dans la partie « Déroulement » de ton schéma.

4 Imagine les événements de la soirée et note tes idées dans un schéma narratif. Ton récit doit être vraisemblable.

5 Quel sera le dénouement? Emma deviendra-t-elle amoureuse d'Alain Cormier? Choisis une situation finale qui saura plaire à tes lecteurs et à tes lectrices.

Je rédige

1 Tu en es maintenant à l'étape de la rédaction. Commence ton texte par la phrase suivante : « Le soir venu, Emma et Doris se retrouvèrent à la danse. » Respecte le schéma narratif que tu as préparé.

2 Fais parler certains personnages en utilisant les formes de discours rapporté que tu connais.

3 N'oublie pas que ton récit doit être fictif (inventé), mais vraisemblable (réaliste).

4 Introduis une partie descriptive en décrivant les sentiments vécus par l'héroïne, Emma.

5 Relis ton texte et modifie-le au besoin. Assure la continuité et la progression du récit à l'aide de marqueurs de relation et d'organisateurs textuels.

Je révise

1 Je relis mon texte et je m'assure qu'il contient tous les éléments du schéma narratif requis.

2 J'ai bien amené l'intrigue.

3 Les sentiments d'Emma sont clairement décrits. J'ai utilisé des adjectifs pour bien les décrire.

4 J'ai introduit une partie dialoguée.

5 Je révise mon texte à l'aide de la grille prévue à cet effet à la page 640 de *La trousse*.

J'évalue ma démarche d'écriture

Tu dois maintenant évaluer ton habileté en écriture. Identifie tes points forts et tes points faibles en répondant aux questions suivantes. Tu trouveras ensuite des moyens qui t'aideront à résoudre tes difficultés en écriture.

1 Ce texte t'est-il apparu difficile à rédiger? Pourquoi?

2 Quelles étapes de la démarche d'écriture te donnent le plus de difficulté? Quels points de grammaire vus au cours de l'année te causent toujours des ennuis, selon toi et selon ton enseignante ou ton enseignant?

3 Selon le scénario choisi par ton enseignante ou ton enseignant, trouve des moyens de résoudre tes difficultés en écriture. Ils te serviront aux examens finaux.

4 Écris ces solutions pour être en mesure de faire une bonne révision. Identifie bien le problème avant d'en écrire la solution.

HALTE PLAISIR

Des hot-dogs sous le soleil

Tu as fait connaissance avec François Gougeon, « le dernier des raisins ». Suis-le maintenant dans son premier emploi d'été. Tu rencontreras un adolescent qui se pose des questions sur lui-même et sur les autres. Peut-être lui ressembles-tu, d'une certaine façon ? Tu le sauras si tu lis ce best-seller. Bon livre pour des vacances à la plage.

Le cœur en bataille

Marie-Francine Hébert te présente Léa, une adolescente qui perd tous ses amis. Léa se sent seule, abandonnée de tous. Sa mère, médecin, est trop prise par son travail ; son père est engagé dans une aventure qui entraînera possiblement un divorce... Léa se sent vraiment seule, mais il y a le beau Bruno... Comment Léa survivra-t-elle à tous ses problèmes ?

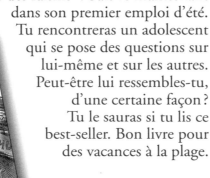

Aller retour

Martin pleure de rage et de douleur. Recueilli par un oncle alcoolique et violent, il n'en peut plus de vivre avec cet homme. Une fugue le mène à Montréal, où il se réfugie, seul, dans une école désaffectée. Découvert par le concierge, Martin ne se laisse pas faire. Il est rusé, audacieux, intelligent et débrouillard. Si tu veux en connaître plus sur Martin, lis ce roman de David Schinkel et d'Yves Beauchesne.

Le nombril du monde

Ce roman de Jean-Marie Poupart t'intéressera sûrement, surtout si quelqu'un a déjà utilisé cette épithète à ton égard. C'est le cas d'Alex. Mais il a de la chance. Il correspond avec sa tante Irène, qui vit à Paris. Il lui raconte son quotidien, ses amours, ses peines. Le récit que fait Alex de la disparition de son ami Max, mort d'une leucémie, te touchera sûrement au point que tu voudras lire les deux autres romans écrits par cet auteur et qui sont la suite des réflexions d'Alex sur tout ce qu'il vit. *Libre comme l'air* et *Les grandes confidences* sont deux romans dans lesquels tu te reconnaîtras.

La trousse

Le schéma narratif... 632

Le schéma descriptif....................................... 632

La reprise de l'information :
les mots de substitution................................ 633

Les manipulations syntaxiques 634

Les groupes de mots et la phrase de base..... 637

La jonction de phrases 640

La grille de correction
des productions écrites.................................. 640

La progression de l'information :
le thème et le propos 642

Le schéma narratif

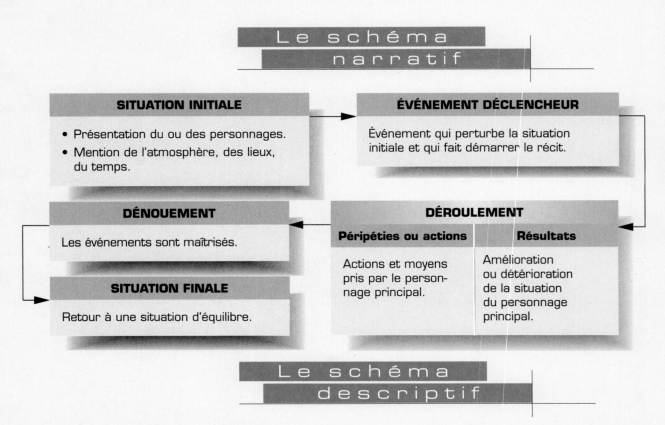

SITUATION INITIALE

- Présentation du ou des personnages.
- Mention de l'atmosphère, des lieux, du temps.

ÉVÉNEMENT DÉCLENCHEUR

Événement qui perturbe la situation initiale et qui fait démarrer le récit.

DÉNOUEMENT

Les événements sont maîtrisés.

SITUATION FINALE

Retour à une situation d'équilibre.

DÉROULEMENT

Péripéties ou actions

Actions et moyens pris par le personnage principal.

Résultats

Amélioration ou détérioration de la situation du personnage principal.

Le schéma descriptif

Exemple : Description d'un lieu, le Québec

Tu as décidé de décrire le Québec. Ton introduction doit donc présenter le sujet choisi : tu énumères les aspects que tu traiteras et tu expliques pourquoi tu as fait ce choix.

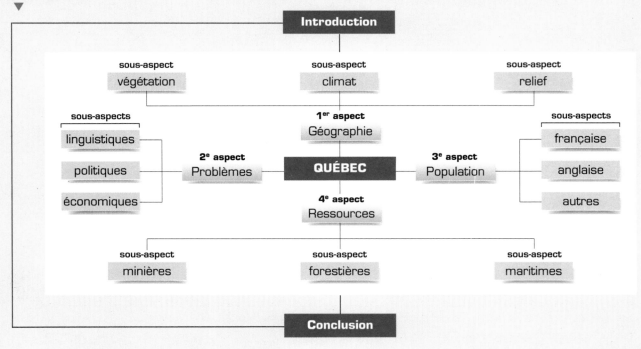

Introduction

sous-aspect
végétation

sous-aspect
climat

sous-aspect
relief

sous-aspects
linguistiques
politiques
économiques

1er aspect
Géographie

sous-aspects
française
anglaise
autres

2e aspect
Problèmes

QUÉBEC

3e aspect
Population

4e aspect
Ressources

sous-aspect
minières

sous-aspect
forestières

sous-aspect
maritimes

Conclusion

Remarque la présence des aspects près du sujet central. Les sous-aspects sont placés près des aspects.

Dans la rédaction d'un texte descriptif, tu as intérêt à bien utiliser les ressources de la langue. L'emploi de bons **organisateurs textuels,** de bons **marqueurs de relation** et de **mots de substitution** est essentiel à la **cohérence de ton texte.**

Certains marqueurs de relation		Certains organisateurs textuels
Opposition et restriction	Mais, au contraire, par contre, pourtant, cependant, néanmoins, toutefois... seulement, sinon, au moins...	En premier lieu, premièrement, tout d'abord...
Addition	De plus, quant à, en outre, et d'ailleurs, ensuite...	En deuxième lieu, maintenant, deuxièmement, troisièmement, ensuite, de plus...
Explication	En effet, c'est-à-dire, soit, par exemple, car...	
Conséquence	Aussi, donc, c'est pourquoi, en conséquence, si bien que, tellement, alors...	En conclusion, enfin, finalement, pour conclure, en somme, en définitive, en résumé, en bref...
Temps	Quand, lorsque, aussitôt, en attendant, hier, lundi...	
Habituellement, ces mots ou groupes de mots se trouvent au début ou au milieu des phrases. Ce sont des mots liens ; ils établissent des relations entre les phrases. Il existe plusieurs marqueurs de relation. Tu les découvriras tout au long de ton cours.		Habituellement, ces mots ou groupes de mots se trouvent au début des paragraphes. Ils permettent de mettre de l'ordre dans les idées et de faire progresser le texte. Ils aident à la cohérence du texte.

La reprise de l'information : les mots de substitution

Un texte est une suite de phrases qui doivent être cohérentes, c'est-à-dire que, entre autres qualités, elles doivent avoir un fil conducteur. Le sujet traité doit toujours être le même. Une bonne façon de reprendre l'information d'une phrase à l'autre sans répéter les mêmes mots est d'utiliser les **mots de substitution.**

Tu peux le faire	Exemples
par le lexique	
• le synonyme (deux synonymes appartiennent toujours à la même classe)	Ces gens n'ont pas **dit** d'où ils venaient. Ils ont seulement **déclaré** qu'ils n'étaient pas d'ici. **Une enfant** courait le long du ruisseau. **La fillette** poursuivait les libellules.
• le terme générique	**Le coq, la poule et les poussins** picorent dans le jardin. Ces **volatiles** sont attentifs à ce qu'ils font.

Tu peux le faire	Exemples
• le terme spécifique	Le Saint-Laurent abrite beaucoup de **cétacés.** Les touristes viennent à l'embouchure du Saguenay pour voir **le béluga et le rorqual.**
par le déterminant	Malgré un froid très rigoureux, **Kim** s'amuse dehors. Prudente, elle a enfilé **sa** tuque et **ses** mitaines.
par le pronom	Au lever du jour, **Julie** alla à la fenêtre. **Elle** regarda à l'horizon, et la beauté du jour **l'**éblouit.
par la périphrase (explication d'un mot à l'aide de plusieurs mots)	Les **bélugas** s'ébattent à l'embouchure du Saguenay. Ces **mammifères marins** font la joie des touristes.

Les manipulations syntaxiques

La définition

Les **manipulations syntaxiques** sont des **procédures** qui te permettent de découvrir comment la phrase fonctionne. Plus précisément, elles servent :

- à reconnaître les classes de mots et la fonction des mots ;
- à vérifier les accords grammaticaux ;
- à enrichir une phrase et à nuancer ta pensée ;
- à réviser ton texte.

Les types de manipulations syntaxiques

Addition : ajout d'éléments à un groupe de mots ou à une phrase.

Utilité	Exemples
1. Étoffer une phrase pour :	**Phrase de base (P) :** Cette chanteuse a accordé une entrevue.
• enrichir le **GNs** ;	Cette **grande (GAdj)** chanteuse a accordé une entrevue.
• enrichir le **GV** ;	Cette grande chanteuse a accordé une entrevue **fascinante (GAdj).**
• enrichir la phrase **P** en ajoutant un complément de phrase.	**Samedi soir (cp),** cette chanteuse a accordé une entrevue.
2. Transformer une phrase :	**Phrases réalisées**
• en phrase interrogative ;	**Est-ce que** cette chanteuse a accordé une entrevue **?**
• en phrase négative ;	Cette chanteuse **n'**a **pas** accordé une entrevue.
• en phrase exclamative.	**Comme** cette chanteuse a accordé une entrevue fascinante **!**

Effacement : retrait d'éléments dans une phrase ou dans un groupe de mots.

Utilité	Exemples
1. Trouver les constituants obligatoires et facultatifs dans la phrase.	**cp** Samedi soir, **GNs** cette grande chanteuse **GV** accordera une entrevue **cp** devant tous ses admirateurs.

<table>
<tr><td rowspan="5">

1. Trouver les constituants obligatoires et facultatifs dans la phrase.

Phrase (P)

Groupes obligatoires + Groupes facultatifs

GNs + GV   GFcp

</td>
<td>

cp   **GNs**   **GV**   **cp**
Samedi soir,   cette grande chanteuse   accordera une entrevue   devant tous ses admirateurs.

</td></tr>
<tr><td>

cp   **GNs**   **GV**   **cp**
~~Samedi soir,~~   cette grande chanteuse   accordera une entrevue   devant tous ses admirateurs.

</td></tr>
<tr><td>

cp   **GNs**   **GV**   **cp**
~~Samedi soir,~~   cette ~~grande~~ chanteuse   accordera une entrevue   ~~devant tous~~ ~~ses admirateurs~~.

</td></tr>
<tr><td>

Au minimum, je dois conserver :

P
GNs   **GV**
Cette chanteuse / accordera une entrevue. (Phrase minimale)

</td></tr>
</table>

2. Reconnaître le noyau d'un groupe de mots en vue de faire les accords dans les groupes suivants :	**P :** Cette grande chanteuse / accordera une entrevue.
• **GN**	Cette grande chanteuse *~~Cette~~ grande chanteuse *Cette grande ~~chanteuse~~ Cette ~~grande~~ chanteuse Le nom « chanteuse » accompagné du déterminant « cette » est le **noyau** féminin singulier. Il détermine l'accord du mot « grande ».
• **GV**	accordera ~~une entrevue~~ ~~accordera~~ une entrevue Le verbe « accordera » est le **noyau.**
3. Distinguer le complément du verbe (non effaçable) du complément de phrase (effaçable).	**P :** Paul fait du vélo dans les rues de Laval.
	*Paul fait ~~du vélo~~ dans les rues de Laval. « Du vélo » n'est pas effaçable. C'est donc un complément du verbe.
	Paul fait du vélo ~~dans les rues de Laval~~. « Dans les rues de Laval » est effaçable. C'est donc un complément de phrase ou **cp** (groupe facultatif).

* Phrase agrammaticale

Déplacement : changement de la position d'un groupe de mots à l'intérieur d'une phrase.

Utilité	Exemples
1. Mettre en relief certains éléments d'une phrase.	**P :** Louise et Paul, l'air heureux, quittent la maison.
	▸ **L'air heureux,** Louise et Paul quittent la maison.
2. Distinguer le complément du verbe, direct ou indirect (généralement non déplaçable), du complément de phrase (déplaçable).	**P :** Je mange un fruit tous les jours.
	▸ ***Un fruit** je mange tous les jours. Le complément « un fruit » est lié au verbe « mange » et ne se déplace pas.
	▸ **Tous les jours,** je mange un fruit. Le complément de phrase « tous les jours » peut être déplacé.

Note : Le complément de phrase est déplaçable et effaçable.

Remplacement : substitution d'un groupe de mots, d'un mot ou d'un élément de la phrase à un autre.

Utilité	Exemples
1. Trouver à quelle classe appartient un mot en lui substituant un mot de la même classe :	**P :** Quelques adolescents attentifs écoutent les directives.
• remplacement du déterminant ;	▸ **Ces** adolescents attentifs écoutent les directives.
• remplacement du nom ;	▸ Quelques **garçons** attentifs écoutent les directives.
• remplacement de l'adjectif.	▸ Quelques adolescents **studieux** écoutent les directives. Il serait impossible de remplacer l'adjectif par un nom : *Quelques adolescents **garçons** écoutent les directives.
2. Vérifier l'accord dans le **GN** à partir du noyau.	▸ **Cette** adolescente **studieuse** a terminé ses devoirs. ***Cet** adolescente **studieux** a terminé ses devoirs.
3. Vérifier l'accord du verbe avec le **GNs.**	▸ Un adolescent studieux **a terminé** ses devoirs. *Un adolescent studieux **ont terminé** ses devoirs.
4. Transformer une phrase.	▸ Est-ce que cet adolescent studieux écoute les directives ? (phrase interrogative)
	▸ Comme cet adolescent studieux écoute les directives ! (phrase exclamative)

* Phrase agrammaticale

Pronominalisation : remplacement d'un élément d'une phrase ou du contenu d'une phrase entière.

Utilité	Exemples
1. Alléger la construction d'une phrase pour éviter une répétition.	► **Ce problème** est difficile et **ce problème** exige de la concentration. **Ce problème** est difficile et **il** exige de la concentration.
2. Reconnaître les fonctions suivantes : • sujet,	► **Paule** ira au cinéma. ► **Elle** ira au cinéma. **Mes amis et moi** irons au cinéma. ► **Nous** irons au cinéma.
• complément direct,	► J'étudie **mes leçons.** ► Je **les** étudie.
• complément indirect,	► Je parle **à mes parents.** ► Je **leur** parle.
• attribut du sujet.	► Elle est **studieuse.** ► Elle **l'**est.

Les groupes de mots et la phrase de base

Une phrase est une suite de groupes de mots qui s'enchaînent de manière logique et cohérente.

Un **groupe de mots** contient obligatoirement un mot de base appelé **noyau.** C'est lui qui donne son nom au groupe. Il peut être seul ou complété par d'autres mots que l'on nomme « expansions » ou « compléments ».

Il existe cinq groupes de mots. Attention! On parle toujours de « groupe de mots » même si le groupe ne contient qu'un seul mot.

Tous les mots de la langue française font partie d'une des classes suivantes.

Il existe cinq groupes de mots.

Le groupe nominal	**GN**
Le groupe verbal	**GV**
Le groupe adjectival	**GAdj**
Le groupe adverbial	**GAdv**
Le groupe prépositionnel	**GPrép**

Mots variables		Mots invariables	
• la classe des déterminants • la classe des noms • la classe des pronoms	**GN**	• la classe des adverbes	→ **GAdv**
• la classe des adjectifs	→ **GAdj**	• la classe des prépositions	→ **GPrép**
• la classe des verbes	→ **GV**	• la classe des conjonctions (Les conjonctions créent des liens entre les mots, mais ne font partie d'aucun groupe.)	

Un même mot peut appartenir à plusieurs classes, selon le sens. Ainsi, le mot « élève » peut être un **nom** ou un **verbe.**

Exemple : Cet **élève** réussit bien. (nom)

Pierre **élève** des chevaux. (verbe)

Groupe nominal (GN)	Exemples
Constituants • un nom et un déterminant ou • un nom propre ou • un pronom	▶ **cette table, le jour** ▶ **Louise** ▶ **elle, chacun, plusieurs**
Noyau du GN Le **noyau** est un **nom commun** accompagné d'un déterminant, un nom propre ou un pronom.	▶ **Il** a fait son **travail** avec **Luce.**

Groupe verbal (GV)	Exemples
Constituants • un verbe seul • un verbe et un complément • un verbe et deux compléments • un verbe et un attribut • un verbe et un modificateur (**GAdv**)	▶ Jean **lit.** ▶ Jean **lit un roman.** ▶ Jean **donne un livre à Nathalie.** ▶ Jean et Nathalie **paraissent sérieux.** ▶ Jean **lit rapidement.**
Noyau du GV Le noyau est toujours un verbe.	

Groupe adjectival (GAdj)	Exemples
Noyau du GAdj Le noyau est toujours un adjectif.	▶ Il a raconté une histoire **incroyable.** ▶ Éric est un élève **fier de ses notes.** ▶ Ce paysage est **enchanteur.** ▶ Je suis **contente de te parler.**
Quand il fait partie d'un **GN**, l'effacement du **GAdj** est possible. La phrase reste correcte.	▶ Il a raconté une histoire incroyable. Il a raconté une histoire ~~incroyable~~. ▶ Éric est un élève fier de ses notes. Éric est un élève ~~fier de ses notes~~.
Quand il fait partie d'un **GV** en position **attribut, l'effacement du GAdj** est impossible.	▶ Ce paysage est **enchanteur.** *Ce paysage est ~~enchanteur~~. ▶ Je suis **contente de te parler.** *Je suis ~~contente de te parler~~.

* Phrase agrammaticale

Groupe adverbial (GAdv)	Exemples
Noyau du GAdv Le noyau est toujours un adverbe.	▸ un **très** grand arbre ▸ marcher **rapidement**

Groupe prépositionnel (GPrép)	Exemples
C'est une **préposition** suivie : • d'un **GN** ; • d'un **GAdv** ; • d'un **verbe à l'infinitif**.	▸ par **la porte avant** ▸ pour **demain** ▸ sans **perdre patience**

La phrase de base

La phrase de base est simultanément de type déclaratif et de formes positive, active et neutre. Elle contient obligatoirement un **GN sujet (GNs)** et un **GV.** Elle peut contenir un ou des groupes facultatifs.

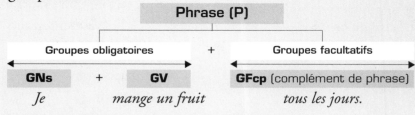

Phrase (P)	
Groupes obligatoires	Groupes facultatifs

GNs	+	GV	GFcp (complément de phrase)
Je		*mange un fruit*	*tous les jours.*

Les types de phrases

La phrase de base est toujours de type **déclaratif** : Vous interprétez de belles pièces classiques.

Il y a trois autres types de phrases :
• la phrase **impérative** : Interprétez de belles pièces classiques.
• la phrase **interrogative** : Interprétez-vous de belles pièces classiques ? Est-ce que vous interprétez de belles pièces classiques ?
• la phrase **exclamative** : Comme vous interprétez de belles pièces classiques !

Les types de phrases ne peuvent pas être combinés. Par exemple, tu ne peux pas **combiner** une phrase interrogative et une phrase impérative.

Exemple : * Pourquoi lis-tu ce livre, ferme-le ?
Pourquoi lis-tu ce livre ? Ferme-le.

Par contre, tu peux combiner les types de phrases avec la forme négative. Il est également possible de le faire avec d'autres formes, ce que tu verras plus tard.

Exemples : Ne fais pas cette erreur.
Louise ne jouera pas aux échecs.
Ne viendront-ils pas ce soir ?

* Phrase agrammaticale

Pour réaliser des phrases, tu peux vouloir les joindre. Pour ce faire, il existe trois façons de lier les phrases les unes aux autres :

	P : J'ai goûté ce dessert. Il était délicieux.
• la juxtaposition par la ponctuation ;	J'ai goûté ce dessert, il était délicieux.
• la coordination à l'aide de mots coordonnants ;	J'ai goûté ce dessert **et** il était délicieux.
• la subordination à l'aide d'un mot subordonnant.	J'ai goûté ce dessert **qui** était délicieux.

Lorsque deux phrases sont jointes à l'aide d'un mot subordonnant, la P_1 qui accepte d'autres **P** est la **matrice,** traditionnellement appelée proposition principale. L'autre ou les autres phrases sont appelées subordonnées (P_2, P_3, etc.), c'est-à-dire la phrase insérée ou enchâssée dans la phrase matrice. La phrase subordonnée est introduite par un marqueur appelé subordonnant.

$$P_1 \qquad\qquad P_2$$

Exemple : J'ai goûté ce dessert ⟶ qui était délicieux.
(Il était délicieux.)

Tu as fini ta production écrite. Tu trouves que tes idées sont géniales. Tes phrases sont complètes **(GNs + GV).** À certaines, tu as ajouté des groupes facultatifs. Il te reste une étape importante pour parfaire ton travail : la correction de l'**orthographe.** Suis les consignes suivantes.

1 Relève tous les groupes nominaux **(GN).** Vérifie si le genre et le nombre du nom ainsi que le genre et le nombre du déterminant et des adjectifs qui complètent ce nom sont respectés.

Exemples : les robe[s] bleu[es] (fém. plur.),

le chandail perdu (masc. sing.).

2 Relève les verbes conjugués. Trouve leur sujet. Accorde ces verbes. Au besoin, utilise les outils de conjugaison dont tu disposes et relie le verbe au sujet à l'aide d'une flèche.

Exemple : Les aventuriers fo**nt** de beaux voyages.

3 Porte une attention particulière aux **homophones.** Pour vérifier ton choix, remplace chacun d'eux par un mot de substitution.

Exemples : Il **a** rencontré des amis **à** l'école.
*Il avait rencontré des amis ~~avait~~ l'école.

Je me dirige **vers** le camion **vert.**
*Je me dirige ~~bleu~~ le camion bleu.

4 Vérifie dans le dictionnaire lorsque tu doutes de l'orthographe d'un mot. Le problème le plus fréquent est le **dédoublement** de certaines consonnes.

Exemples : innatention ou inattention ?
pommiculteur ou pomiculteur ?

a) Fais appel à la dérivation, aux mots de la même famille.

Exemple : grand, grandeur.

b) Rappelle-toi les règles d'usage :
- la lettre **c** devant une **voyelle** ;
Exemple : exercice, exerçons.
- la lettre **g** devant une **voyelle** ;
Exemple : j'engage, nous engageons.
- la lettre **m** devant **p, b, m** ;
Exemples : emporter, emballage, emmener.
- la lettre **s** entre deux voyelles ;
Exemple : saison, saisissons.
- l'accentuation de la voyelle **e** en **é** ou en **è**.
Exemples : sèche → sécher
lève → lever
élève → élever

Attention aux autres graphies possibles des sons **é** [e] et **è** [ε] **:** **ai**gu, pi**ed**, **e**ssence, n**ei**ge, etc.

c) Prépare une liste des mots qui te causent toujours de la difficulté et apprends-les. Tu pourrais te créer ton propre dictionnaire.

5 Vérifie la majuscule au début des phrases et la ponctuation (point, point d'exclamation, point d'interrogation à la fin des phrases, virgule dans l'énumération et dans le déplacement du complément de phrase au début de la phrase).

6 Vérifie la clarté de ta mise en page :
les paragraphes, les alinéas.

7 Écris lisiblement.

* Phrase agrammaticale

La progression de l'information : le thème et le propos

Quand tu rédiges un texte, tu dois t'assurer que les renseignements que tu fournis suscitent l'intérêt des lecteurs et des lectrices. Mais tu dois d'abord te rappeler qu'une phrase contient **deux** parties : le **thème** et le **propos.**

Pour bien comprendre, observe le tableau suivant.

THÈMES De qui ou de quoi parle-t-on ?	PROPOS Ce que l'on en dit.
a) Mon chat	est différent des autres.
b) Mistigri	préfère la compagnie.
c) Il	n'aime pas être seul.
d) J' (changement de thème)	écris,
e) il	s'assoit sur moi.
f) Il	s'installe sur mes feuilles.
g) Ce cher Mistigri	se place entre mon stylo et ma feuille.

Tu remarques que le **thème** est placé au début de la phrase et que le **propos** vient après. Cependant, tu ne dois pas croire que le thème est toujours le **GNs** et que le propos est toujours contenu dans le **GV.** Tu découvriras au cours du secondaire que ces notions sont plus complexes.

En résumé, tu dois te souvenir que le **thème** est l'élément sur lequel une information est donnée et que le **propos** contient l'information donnée ou ce que tu dis du thème.

En observant le tableau ci-dessus, tu remarques que l'expression «Mon chat» (thème) est reprise par «Mistigri», «Il», «il», «Ce cher Mistigri». C'est la reprise de l'information. La répétition constante de «Mon chat» rendrait le texte monotone. Tu connais le procédé qui permet d'assurer la cohérence d'un texte (la reprise de l'information).

Tu constates aussi que les informations (**propos**) diffèrent d'une phrase à l'autre. Elles sont nouvelles pour les lecteurs ou les lectrices. Cette remarque est importante parce que si tu veux faire progresser ton texte, tu dois donner des informations qui ne sont pas connues des lecteurs ou des lectrices. Ces informations doivent être cohérentes et ne pas se contredire.

Dans ce tableau, tu remarques également l'entrée d'un second thème (J'). Un texte peut contenir plus d'un thème. La présence de plusieurs thèmes rend le texte plus complexe à lire. Tu dois donc être très attentif ou attentive dans ta lecture pour être en mesure de repérer les nouveaux thèmes, les nouveaux propos (nouvelles informations).

Exemple :

De quoi parle-t-on ?

(L'air en mouvement : le vent)   *Grand thème*

De quoi parle-t-on ?   *Qu'en dit-on ?*   *De quoi parle-t-on ?*
(L'air)[qui se déplace crée le vent.] (La vitesse du déplacement du vent)

Qu'en dit-on ?
[se mesure en kilomètres/heure à l'aide d'un *anémomètre.*]

De quoi parle-t-on ?   *Qu'en dit-on ?*   *De quoi parle-t-on ?*
(Les effets du vent)[varient en fonction de sa vitesse.] (Un vent)

Qu'en dit-on ?
[qui se déplace à une vitesse supérieure à 90 km/h est souvent dévastateur.]

Thème   *Propos*
(Le vent)[modifie la perception des températures, car il rafraîchit l'air.]

De quoi parle-t-on ?   *Qu'en dit-on ?*
(En été,)[les jours de grand vent sont plus frais] et,

Thème   *Propos*   *Thème*
(en hiver,)[ils sont plus froids.] (Les bulletins météorologiques)

Propos
[font souvent référence au *facteur de refroidissement du vent.*]

THÈMES De qui ou de quoi parle-t-on ?	PROPOS Ce que l'on en dit.
a) L'air	qui se déplace…
b) La vitesse du déplacement du vent	se mesure…
c) Les effets du vent	varient…
d) Un vent	qui se déplace…
e) Le vent	modifie…
f) En été,	les jours de…
g) en hiver,	ils sont…
h) Les bulletins météorologiques	font souvent…

Pour mieux comprendre un problème de mathématique, une consigne ou un texte, recherche le thème et le propos. Ainsi, tu sauras ce qui t'est demandé, ce qu'on veut t'apprendre. Ces nouvelles connaissances te seront utiles dans toutes les matières scolaires.

index général

A

abréviation 467
  d'unités de mesure 467
  par initiales 467
action (récit) 445, 447, 478, 491, 632
adjectif 465, 543-545, 574, 595, 636-638, 640
  accord de l' 545, 550, 635, 636
  classifiant 543
  connotatif *voir* adjectif qualifiant
  genre 545, 640
  nombre 545, 640
  qualifiant 539, 543
  sens de l' 544
adverbe 464-465, 545, 567, 595, 637, 639
  comparatif 465
    d'infériorité 465
    de supériorité 465
  complexe 465
  de lieu 464
  de manière 464
  de négation 464
  de temps 464
  superlatif 465
acrostiche 429
addition *voir* manipulation syntaxique
affixe 564, 594-595
alinéa 447, 641
antécédent 420, 422, 424
antithèse 564
antonyme 415, 488, 564
apostrophe 449
article 440
  de revue 440
  d'encyclopédie 440
  de journal 561
aspect (développement) *voir* développement (texte)
astérisques (***) 447
attribut *voir* attribut du sujet, attribut du verbe
auteur(e) 406-407, 412, 426, 445, 448, 452, 499, 508, 513-514, 531, 539, 551, 597, 606

B

bande dessinée 405, 407, 445-447
best-seller 408
bible 408 *voir aussi* best-sellers
biographie 407
bulle 445 *voir aussi* bande dessinée

C

calligramme 548-550
calligraphie 470
caractère typographique 484, 561
  couleurs 484
  en italique 449, 484
  gras 484
  souligné 484

case 445, 447 *voir aussi* bande dessinée
cédille 497, 574, 603, 641
champ lexical 452, 549
chanson 540, 551
chapitre(s) 440
  titre des 440
Charlemagne 406
cinéma 506, 515
citation 448, 561, 597
comparaison 530, 550
complément
  de phrase 449, 462, 568-569, 599, 634-636, 641
  direct 424, 636-637
  du nom 543, 599
  du verbe 635-636, 638
  indirect 636-637
composition 456-457, 538, 595
  procédé de 456, 488, 595
conclusion (texte) 410, 435, 481, 632
conjonction 449, 569, 637
  de coordination 571
  de subordination
    complexe 569
    simple 569
conjugaison, outils de *voir* dictionnaire, grammaire, verbe
connotation 457
consonne 425, 427
  dédoublement 641
  doublement de 425, 547, 603
  muette 573
conte 406, 412, 591
contrepèterie 427 *voir aussi* Sol
coordination 640
copiste *voir* scribe
crochet 448

D

dénotation 456-457
dénouement (texte) 469, 478, 632
déplacement *voir* manipulation syntaxique
dérivation 456-457, 538, 594, 641
déroulement (texte) 443, 469, 478, 632
dessin 445 *voir aussi* bande dessinée
détachement 571, 601
déterminant 539, 567, 633, 636-638, 640
  complexe 494
  de quantité 571
  défini 571
  simple 494
deux-points 448, 561
développement (texte) 410, 435, 481, 632
dialecte *voir* langue d'oc, langue d'oïl
dialogue 445, 448, 467, 469, 506, 514, 561, 597

dictionnaire 406-407, 425, 430, 475, 485, 496, 506, 538, 573-574, 641 *voir aussi* livre documentaire
discours 597
  direct 561, 597
  indirect 561
  rapporté 597

E

écrit 406-407, 597
  satirique *voir* pamphlet
écrit, l' 467, 561, 597
écrivain 406-407, 499
effacement *voir* manipulation syntaxique
élément 530, 538, 612, 636-637, 642
  déclencheur 469, 478, 632
  grec 467, 488, 595
  latin 467, 488, 595
encyclopédie 407 *voir aussi* livre documentaire
  partie d' *voir* article d'encyclopédie
énumération 449, 641
essai 407
exposé *voir* présentation
expression 485, 530, 539, 563-564, 597
  introductrice *voir* incise

F

fable 471, 590-591
français 404-406
  ancien 406
  international 408
  moderne 406
francien *voir* langue d'oïl

G

galli *voir* Gaulois
Gaulois 405
genre littéraire *voir* essai, journal, lettre, maxime, mémoire, nouvelle, pamphlet, roman, souvenir
graphie 573, 641
grammaire 422, 496, 545, 573
groupe
  adjectival 543, 637-638
  adverbial 461, 569, 637-639
  facultatif 568-569, 599, 614, 635, 639-640
  nominal sujet 423, 461-462, 543, 569, 571, 599, 601, 614, 634-640, 642
  obligatoire 635, 639
  prépositionnel 461, 569, 637
  verbal 423, 462, 543, 614, 634-635, 637-638, 640, 642
guillemets 448, 561, 597

H

homonyme 415
homophone 573, 641
humoriste 426-427

I

incise 561
indice de temps 568-569
  déplacé 569
  effacé 569
information 448-449, 452, 464, 469, 543, 563-566, 597, 599, 633, 642-643
  reprise de l' *voir* mots de substitution
intertitre 447, 449, 484, 612
intonation 448, 493
introduction (texte) 410, 435, 481, 484, 632

J

journal 407
juxtaposition 449, 640

L

langue 404-406, 411, 426, 460, 563, 633
  celtique 405
  d'oc 405
  d'oïl 405
  expressive 539
  française 405
  histoire de la 405
  maternelle 408
  parlée 408
  registre de 405
  vivante 405 *voir aussi* français
latin 405-406
  classique 405
  vulgaire 405
lettre
  (mot) 467, 497-498
  initiale 467
  médiane 467
  (genre littéraire) 407
lexique 634
littérature 404-408
livre 407-408, 493
  documentaire 407
locuteur 514
locution 467, 494, 571

M

majuscule 536, 574, 641
manipulation syntaxique 423, 571, 573, 601, 634, 638, 641
marque
  d'organisation 445-446
  linguistique 449
marqueur de relation 595, 633
maxime 407

mémoire 407
métaphore 530, 550
monologue 427, 561, 597
morale 590-591 *voir aussi* conte, fable
mot(s) 404-406, 411-412, 414-415, 418, 421, 426-427, 449, 452, 456, 467, 470, 475, 488, 500, 510, 530, 548, 551, 563, 573, 595, 597, 603, 633, 641
  agencé 536
  classe de 564, 573, 595, 634, 636-637
  comparatif 530
  coordonnant 640
  de base *voir* radical, noyau
  de la même famille 456, 506, 573-574, 641
  de relation 418
  de substitution 469, 565-567, 633, 641
  écran 571
  groupe de 423, 449, 492, 494, 551, 633-637
  invariable 418, 464
  latin 405
  lien 633
  nouveau 506, 538, 594-595
  origine des 406
  polysémique *voir* plusieurs sens
  réduction du 467
  sens 456, 464, 506, 564, 637
    figuré *voir* connotation
    plusieurs 564
    propre *voir* dénotation
  subordonnant 640
  (-) valise 428-429, 538

N

narrateur(trice) 469, 500
nom 543, 545, 571, 595, 636-638, 640
  collectif 571
  commun 638
  complément du *voir* complément du nom
  de lieu *voir* nom propre
  pluriel 495
  propre 430, 574, 638
  singulier 495
  terminaison d'un *voir* terminaison
  nominalisation 567
nouvelle 407, 412
noyau (mot) 543, 635-639

O

onomatopée 445
oral, l' 467, 484, 561, 597
organisateur textuel 449, 470, 484, 633
orthographe 406, 425, 495, 640-641
  règle 573, 603

P

pamphlet 407
paragraphe 418-419, 447, 449, 470, 475, 484, 506, 508, 541, 633, 641
parenthèses 448

paronyme 415
participe passé 424
partie (récit)
  descriptive 501
  narrative 501, 584
pause (phrase) 418
péripétie *voir* action
périphrase 567, 634
personnage 418, 427, 445, 448-449, 514, 584, 591, 632
phrase 418, 421, 423, 448-449, 459, 464, 492, 500, 506, 545, 548, 568, 570, 574, 597, 601, 633-638, 640-643
  agrammaticale 635-636, 638-639, 641
  complément de *voir* complément de phrase
  de base 614, 639
  déclarative 448, 639
    négative 448, 634, 639
    positive 448, 639
  enchâssée 458, 640
  exclamative 445, 634, 639
  impérative 448, 639
  interrogative 571, 634, 639
  inversée 571
  matrice 458-459, 462, 569, 640
  non verbale 493
  ponctuation 418, 493, 548, 568, 571, 640-641
poème 531, 536, 541, 549, 551, 624
poésie 412, 426, 530, 535, 538-539, 548
  recueil de 407
poète 539, 624
point(s) 448, 467, 493, 641
  d'exclamation 448, 641
  d'interrogation 448, 641
  de suspension 448
  deux (:) *voir* deux-points
  (-) virgule 449
préfixe 415, 456, 488, 538, 564, 573, 594
préposition 637, 639
présentation orale
  ajustement 434-435
  des propos 434, 436, 552
  évaluation de la 434, 436, 552
  planification 434-435, 551
  répétition 434-435
procédé de composition *voir* composition, procédé de
pronom 421-424, 543, 545, 567, 571, 634, 637-638
  complexe 422
  genre 424
  nombre 424
  nominal 422, 424
  personnel 539
  référent 422, 424
  simple 422
pronominalisation *voir* manipulation syntaxique
prononciation 467, 573-574, 603
propos 427, 642-643
prose 412, 530, 535 *voir aussi* texte littéraire

Q

québécisme 408

R

radical 456, 594-595
récit 406-407, 418, 446, 470, 491, 499, 584, 632
règle 404, 406, 484, 547-548, 641
remplacement *voir* manipulation syntaxique
répétition 469, 565-566, 637, 642
rime 536, 626
  croisée 536, 626
  embrassée 536, 626
  libre 626
  pauvre 536
  plate 536, 626
  riche 536
Romains 405
roman
  (genre) 407, 412, 440, 447, 513, 561
  commun *voir* latin vulgaire
  court *voir* nouvelle
  partie *voir* chapitre(s)

S

schéma 478, 484, 508, 584
  descriptif 481, 632
  narratif 584, 632
scribe 406
sigle 467
situation (texte)
  d'équilibre 469, 632
  finale 469, 478, 632
  initiale 478, 632
son (phonétique) 427, 497-498, 603, 641
sonorité semblable *voir* rime
soudure (mot) 595
sous-titre 484
souvenir 407
strophe 541
  quatrain 541
  tercet 541
subordination 640
subordonnant 462, 640
subordonnée
  circonstancielle 459, 462, 569, 571, 599, 640
  relative 599
substituts lexicaux *voir* nominalisation, périphrase, synonyme, terme général, terme générique
suffixe 456, 465, 538, 573, 594-595
sujet
  attribut du 545, 637
  (d'un texte) 427, 447, 484, 506, 597, 612, 633
  du verbe 421, 570-571, 601, 637, 640
syllabe
  homophone 574
  prononcée 541
synonyme 415, 564, 567, 633

T

temps des verbes 418, 459, 461, 479, 491, 501
texte 412, 418, 421, 445-446, 448-449, 452, 470, 484, 496, 500, 506, 509-510 , 548, 551, 606, 612, 634, 642-643 *voir aussi* introduction, développement, conclusion
  argumentatif 412
  cohérence 418-419, 549, 565-566, 633, 642
  courant 411-412, 447, 484, 539, 597
  descriptif 412, 508, 539, 633
  dialogal 412
  explicatif 412
  informatif 506
  littéraire 411-412, 447, 530, 539, 597
  mise en page 447
  narratif 412, 584
  poétique 412, 541
  progression 418, 565-566, 633, 643
terme
  comparé 530
  général 567
  générique 567, 633
  spécifique *voir* lexique
terminaison 495-496
thème 427, 468, 474, 517, 519, 575, 604, 612, 622, 624, 642-643
tiret 448, 561
titre 447, 449, 484, 493, 612
trait d'union 595

V

verbe(s) 421, 459, 499-500, 543, 545, 547, 570-571, 595, 601, 637-638, 640
  attributif 543, 638
  au subjonctif 459
  auxiliaire 424
  conditionnel présent 491
  futur antérieur 459
  futur simple 459
  imparfait 459, 491, 501
  infinitif 639
  introducteur 514
  mode des 479
  passé composé 459, 491
  passé simple 459, 478, 491, 501
  plus-que-parfait 459, 491
  présent 459, 506
  sujet du *voir* sujet du verbe
  temps des *voir* temps des verbes
vers (poème) 412, 536, 541
  alexandrin 541
  décasyllabe 541
  libre 536
  octosyllabe 541
virgule 421, 449, 568, 571, 641
  voir aussi point-virgule
voyelle 427, 465, 574, 603, 641

index des œuvres

A

Adagio 553
Adversité, L' 427
Aller retour 630
Amour de la vie, L' 581
Ardente patience, Une 546-547
Assassin jouait du trombone, L' 513
Avec des mots 411

B

Baleines en péril 596
Béatrice 536
Bestiaire d'Anaïs, Le 553
Bestiaire : la carpe, Le 536
Bourgeois gentilhomme, Le 535
Bye Bye, Chaperon rouge 602

C

Caméra, La 521
Chanson de Roland 406
Chansonnette 541
Cœur en bataille, Le 630
Comédienne disparue, La 515-516
Comme la fleur du nénuphar 617-621
Comme une peau de chagrin 609
Crime de l'Enchanteresse, Le 609
Crin-Blanc 609

D

Dernier vol de l'engoulevent, Le 419
Descente aux enfers 581
Don, Le 471

E

Écrire un poème 531
Emprise de la nuit, L' 553

En exil... chez mon père 437
Enfants du capitaine Grant, Les 503
En sortant de l'école 624-625
Entre deux temps 446-447
Étrangère, L' 531, 533

F

Fichez-moi la paix! 441-443, 468
Fille de 3e B, La 432

G

Garfield 609
Grèce antique, La 492

H

Hiboux, Les 430
Hiver de tourmente, Un 606
Homme des vagues, L' 503
Homonymes 414
Hot-dogs sous le soleil, Des 630

I

Île au trésor, L' 581
Île mystérieuse, L' 581
Ingratitude, L' 529
Infographie : au service du cinéma, L' 566

J

J'ai quinze ans et je ne veux pas mourir 503
Jardin secret, Le 553
Jaune et blanc 525-528
Je filme en vidéo 521
Jeu dangereux, Un 471
Jiwa et Ariane 575-578

Josée l'imprévisible 437
Jour de congé, Le 553
Jour-de-trop, Le 609

K

Kamo, l'agence Babel 521

L

Léopard, Le 536
Livre de la jungle, Le 598
Loup et l'agneau, Le 590-591
Loup solitaire, Le 585-588
Loup, qui es-tu ? 594

M

Machine à beauté, La 463
Maïna 604-606
Matusalem 509-512
Microscope, Le 471
Monde à la dérive, Un 437
Monde selon Jean de …, Le 471
Montre en or, La 521
Mort suspendue, La 475-477, 499
Mots pour rêver, Des 411
Mystère de Compton, Le 471

N

Négore le lâche 581
Nombril du monde, Le 630

O

Œil de tigre 437

P

Perroquet qui bégayait, Le 419-420
Petit chaperon rouge, Le 584

Pieds nus dans l'aube 553
Premier Kyu : seconde ceinture marron 489-490

Q

Quand le cinéma s'appelait le cinématographe 507-508
Quand Rose va chez son fils 531-532

R

Rêves de gloire 503
Rose, La 536
Route du futur, La 557-559

S

Subversion créatrice, La 408-409

T

Tête pour penser, La 421
Touche pas 540
Trois inventeurs 450-451

V

Vacances dans l'espace, Des 612
Vengeance, La 503
Vent de liberté, Un 437
Vie est un rodéo, La 521
Visiteur du soir, Le 581

Y

Y a les mots 551

index des auteurs et auteures

A

Allard, Francine 418
Alonzo, Anne-Marie 408-409
Apollinaire, Guillaume 536
Arbour, Claude 588
Arnothy, Christine 503
Arsenault, Madeleine 617, 621

B

Beauchesne, Yves 471, 630
Blais, Marie-Claire 408
Briac 443, 468
Brouillet, Chrystine 471

C

Cagnati, Inès 553
Cantin, Roger 509, 512-513

Carême, Maurice 414
Champetier, Joël 609
Chen, Ying 524, 529
Cohat, Yves 596
Côté, Denis 581
Croteau, Marie-Danielle 437

D

Demers, Dominique 606
Denis, Étienne 613
Desnos, Robert 430, 536
Desrosiers, Marie Michèle 532
Dupont, Luc 451

F

Favreau, Marc 427

G

Gates, Bill 556, 559
Grenier, Christian 432-433

H

Halvorson, Marilyn 521
Hébert, Anne 408, 530-531
Hébert, Marie-Francine 630
Hitchcock, Alfred 419-420

J

Jean, Georges 411
Julien, Viviane 602

K

Kipling, Rudyard 598

L

La Fontaine, Jean de 471, 590-591
Larouche, Nadya 578
Leclerc, Félix 553
Leclerc, Sophie 594
Légaré, Pierre 540
Lévesque, Louise 447
London, Jack 581
Lopez, Isabelle 506, 508

M

Meireles, Cécilia 541
Mistral, Gabriela 533
Mitchell, Margaret 408
Molière 535

N

Nelligan, Émile 536

P

Péan, Stanley 553
Pelletier, Francine 609
Pennac, Daniel 521
Perrault, Charles 584
Perreault, Sarah 451
Plante, Raymond 463
Ponthus, René 492

Poupart, Jean-Marie 630
Prévert, Jacques 624-625
Proulx, Monique 525, 528

R

Raymond, Francine 551
Richards, Judi 540
Rodari, Gianni 421

S

Sarfati, Sonia 516, 609

Schinkel, David 471, 630
Simpson, Joe 477, 499-500
Skarméta, Antonio 547
Sol *voir* Marc Favreau
Soulières, Robert 581
Stevenson, Robert Louis 581

T

Tichey, François 492
Tremblay, Michel 408

V

Vanasse, André 503
Verne, Jules 503, 581

W

Walker, Nicholas 490

références bibliographiques

THÈME 13

La langue française

Pages 405-408
André THÉVENIN, *Histoire d'une langue,* Paris, Éditions Épigones, 1989, p. 4.
Jean-Paul DUPRÉ, *Méga junior,* Paris, Nathan, 1987, p. 120-121 et 130-131.

Pages 408 et 409
Anne-Marie ALONZO, « La subversion créatrice », dans *La littérature et la vie au collégial,* Laval, Éditions Modulo, 1991, p. 3.

Page 411
Georges JEAN, *Le plaisir des mots, Dictionnaire poétique illustré,* Paris, Gallimard, 1982, p. 4 et 333.

Page 412
Définition de « mot », *Le Petit Larousse illustré 1998,* Paris, © Larousse-Bordas, 1997, p. 671-672.

Page 414
Homonymes, extrait de « Le mât de cocagne ». © Fondation Maurice Carême, tous droits réservés.

Page 419
Francine ALLARD, *Le dernier vol de l'engoulevent,* Laval, Les Éditions HRW, 1996, p. 15-16. (coll. L'heure plaisir)

Pages 419 et 420
Alfred HITCHCOCK, *Le perroquet qui bégayait,* Paris, Hachette, 1977, p. 44-45. (coll. Bibliothèque Verte)

Page 421
Gianni RODARI, *La tête pour penser,* Paris, Éditions Messidor, 1990, p. 53.

Page 426
PEF, *L'ivre de français,* Paris, Gallimard, 1990, p. 32-33. (coll. Folio cadet)

Page 427
Marc FAVREAU, « L'adversité », dans Laurent MAILHOT et Doris-Michel MONTPETIT, *Monologues québécois 1890-1980,* Montréal, Leméac, 1980, p. 288.

Page 430
Robert DESNOS, « Les hiboux », *Chantefables et Chantefleurs/ Contes et fables de toujours,* Paris, © Librairie Gründ, 1978, p. 46.

Pages 432 et 433
Christian GRENIER, *La fille de 3e B,* Paris, Rageot Éditeur, 1996, p. 10-11.

THÈME 14

Les inventions

Pages 441-443
BRIAC, *Fichez-moi la paix !,* Laval, Éditions HRW, 1992, p. 45 à 47. (coll. L'heure plaisir)

Pages 446 et 447
Louise LÉVESQUE, *Entre deux temps,* Montréal, Éditions Québec/Amérique, 1992, p. 31-33.

Pages 450 et 451
Luc DUPONT et Sarah PERREAULT, « Trois inventeurs », *Les Débrouillards,* janvier 1997, p. 6 à 8.

Page 453
TIME-LIFE BOOKS, *Le génie inventif,* Amsterdam, Time-Life, 1991, p. 73. (Collection L'Univers de l'étrange)

Page 463
Raymond PLANTE, *La machine à beauté,* Montréal, Boréal, 1988, p. 50-52.

THÈME 15

Les sports

Pages 475-477
Joe SIMPSON, *La mort suspendue,* Paris, Éditions Glénat, 1990, p. 149 à 151.

Pages 481 et 482
Pierre LATREILLE, «Chantal Petitclerc : un exemple de courage», © *Vidéo-Presse*, vol. XXII, n° 5, janvier 1993, p. 44.

Pages 489 et 490
Nicholas Walker, *Ceinture noire*, Paris, Castor Poche Flammarion, 1995, p. 145 à 147.

Page 492
René PONTHUS, François TICHEY, *Rencontrer l'Histoire, les jeux et les sports*, Paris, Épigones, 1986, p. 8 et 9.

THÈME 16
Le cinéma

Pages 507 et 508
Isabelle LOPEZ, *Le cinéma en fête*, Paris, Gallimard Jeunesse, 1995, p. 18-19.

Pages 510-512
Roger CANTIN, *Matusalem*, Montréal, Boréal, 1993, p. 13 à 17.

Pages 515 et 516
Sonia SARFATI, *La comédienne disparue*, Montréal, La courte échelle, 1994, p. 17.

Pages 517-519
«L'équipe de tournage, Qui fait quoi?», *Cahiers du cinéma*, n° 4383, octobre 1994, p. 40-41.

THÈME 17
La poésie

Pages 525-528
Monique PROULX, *Les aurores montréales*, Montréal, Boréal, 1996, p. 53 à 57.

Page 531
Anne HÉBERT, *Le jour n'a d'égal que la nuit*, Montréal, Boréal, 1992, p. 9.

Pages 531 et 532
Marie Michèle DESROSIERS (paroles) et Pierre BERTRAND (musique), «Quand Rose va chez son fils», Les Éditions du Billet Doux.

Page 533
Gabriela MISTRAL, «L'étrangère» dans *Poèmes choisis de Gabriela Mistral*, Éditions Rombaldi, 1963, p. 6.

Page 535
MOLIÈRE, *Le bourgeois gentilhomme*, Paris, Hachette.

Page 536
Émile NELLIGAN, «Béatrice», *Poésies complètes*, Montréal, Bibliothèque québécoise, 1992.

Page 536
Guillaume APOLLINAIRE, «La carpe», *Le bestiaire*, Paris, Gallimard, 1992.

Page 536
Robert DESNOS, *Chantefables et Chantefleurs/Contes et fables de toujours*, Paris, © Librairie Gründ, 1978, p. 7 et 25.

Page 540
Judi RICHARDS, Pierre LÉGARÉ et Robert MARCHAND, «Touche pas», Éditions Courantes/Éditions Faxées.

Page 541
Cécilia MEIRELES, *Poèmes du Brésil*, choisis et traduits par Bernard Lorraine, Paris, Les éditions ouvrières/Dessain et Tolra, 1985, p. 15.

Pages 546 et 547
Antonio SKARMÉTA, *Une ardente patience*, Paris, Éditions du Seuil, 1987, p. 26-27.

Page 548
Guillaume APOLLINAIRE, *Calligrammes*, Paris, Gallimard, 1968, p. 64.

Page 551
Francine RAYMOND et Christian PÉLOQUIN, «Y a les mots», Les éditions Francine Raymond/Les éditions Dernière minute.

THÈME 18
L'informatique

Pages 557-559
Bill GATES, *La route du futur*, Paris, Robert Laffont, 1995, p. 90 à 92.

Page 566
Christine LAURENT, « Du télégraphe à Internet : la genèse du multimédia », *Géo*, n° 203, janvier 1996, p. 125 (adaptation).

THÈME 19
Les animaux

Pages 585-588
Claude ARBOUR, *Sur la piste*, Waterloo, Éditions Michel Quintin, 1996, p. 39 à 44.

Pages 590 et 591
Jean de LA FONTAINE, «Le loup et l'agneau», *Livre premier*, Paris, Éditions Ars Mundi, 1993, p. 20.

Page 594
Sophie LECLERC, «Loup, qui es-tu?», *Hibou*, vol. 16, n° 1, janvier 1995, p. 14.

Page 596
Yves COHAT, *Vie et mort des baleines*, Paris, Gallimard, 1986, p. 124-125.

Page 598
Rudyard KIPLING, *Le livre de la jungle*, traduction française de L. FABULET et R. d'HUMIERES, Paris, © Mercure de France, 1968, p. 7.

Page 602
Viviane JULIEN, *Bye Bye Chaperon rouge*, Montréal, Éditions Québec/Amérique, 1989, p. 18. (coll. Conte pour tous)

Pages 604-606
Dominique DEMERS, *Maïna*, Montréal, Éditions Québec/Amérique, 1997, p. 81 à 83.

THÈME 20
Les vacances

Pages 612 et 613
Étienne DENIS, « Des vacances dans l'espace », *Les débrouillards, cahier spécial 3... 2... 1... Partez!*, n⁰ 141, février 1995, p. 4 et 5.

Page 615
« La guerre des mouches! », *Les débrouillards*, n⁰ 141, février 1995, p. 30.

Pages 618-621
Madeleine ARSENAULT, *Comme la fleur du nénuphar*, Montréal, Éditions Québec/Amérique Jeunesse, 1996, p. 104 à 108.

Pages 624 et 625
Jacques PRÉVERT, « En sortant de l'école », *Jacques Prévert, un poète*, Paris, Gallimard, 1980, p. 54-55.

crédits photographiques

h : haut   b : bas   c : centre   g : gauche   d : droit

THÈME 13
p. 402 : Jean F. Leblanc/Les FrancoFolies de Montréal, 1996 - p. 408, 427 : La Presse - p. 437hg : Johanne Robert, Éditions HRW (Collection L'heure plaisir) - p. 437bg : Judy Blume, 1987/L'école des Loisirs/Les éditions françaises inc. - p. 437hd : Marie-Danielle Croteau, Éditions de la courte échelle inc., Montréal - p. 437bd : André Tousignant, Éditions HRW (Collection L'heure plaisir).

THÈME 14
p. 438h : Nasa - p. 438b : Groupes Éducalivres inc. - p. 439h : C. Nawrocki Stock Photo-NSP/PP/Réflexion - p. 439b : Stockman - International Stock/Réflexion - p. 450, 451 : Marcel La Haye/Les Débrouillards - p. 452 : Général Motors du Canada, usine de montage de Boisbriand - p. 471hg : Chrystine Brouillet, Éditions de la courte échelle inc., Montréal 1989 - p. 471bg : Ian Bailey, 1992/Éditions Gallimard (Collection Un livre dont vous êtes le héros) - p. 471hd : André Vandal, illustration Stéphane Jorisch/ Doutre Vandal éditeurs Montréal, 1993 - p. 471cd : H. Comte et J.-L. Didelot/avec l'aimable autorisation des Éditions Casterman (Collection Des objets font l'histoire)/Dimédia - p. 471bd : David Schinkel et Yves Beauchesne, Éditions Pierre Tisseyre, 1990.

THÈME 15
p. 472b, 473h : Stock Imagery/Réflexion - p. 472h : Ken Gallard-Int'l Stock/Réflexion - p. 473b : C. Nawrocki Stock Photo-NSP-PP/Réflexion - p. 482 : La Presse - p. 485 : Réflexion - p. 503hg : André Tousignant, Éditions HRW (Collection L'heure plaisir) - p. 503bg : Christine Arnothy, Livre de poche, 1988/Québec-Livres - p. 503hd : Hugo Verlomme, Éditions Gallimard (Collection Lecture junior), 1992 - p. 503cd : Jules Verne, Le livre de poche/Québec-Livres - p. 503bd : André Vanasse, Éditions de la courte échelle inc., Montréal.

THÈME 16
p. 504, 507, 510 : Cinémathèque québécoise - p. 505, 508 : BIFI, Paris - p. 521hg : François Dejust, Éditions Fleurus, 1994/Prologue - p. 521bg : Daniel Pennac, Éditions Gallimard (Collection Lecture junior)/Socadis - p. 521hd : F. Revault d'Allonnes, avec l'aimable autorisation des Éditions Casterman/Dimédia - p. 521cd : Léon Garfield, Éditions Gallimard, 1992 (Collection Lecture junior)/Socadis - p. 521bd : Marilyn Halvorson, Éditions Pierre Tisseyre, 1993 (Collection des Deux solitudes jeunesse).

THÈME 17
p. 522h : Illustration de Gustave Doré - p. 522b : Groupe Éducalivres inc. - p. 523 : Gracieuseté des Nouvelles Éditions de l'Arc - p. 525 : P. Bis Raymonde Bergeron/Huno - p. 529 : Tie-Ting, 1995. Tous les droits réservés - p. 531 : La Presse - p. 553hg : Frances H. Burnett, Éditions Gallimard, 1992 (Collection Folio junior)/Socadis - p. 553bg : Félix Leclerc, Bibliothèque québécoise, Montréal, 1994 - p. 553hd : Stanley Péan, Éditions de la courte échelle inc., Montréal - p. 553cd : André Vigeant, Éditions du Boréal, 1991 (Collection Boréal junior) - p. 553bd : Inès Cagnati, Éditions Gallimard (Collection Folio)/Socadis.

THÈME 18
p. 554 : M. Howell-Camerique/Réflexion - p. 556 à 560 : Réflexion - p. 570 : J. P. Navicet-Explorer/Publiphoto - p. 581hg : Robert Soulières, Éditions Pierre Tisseyre - p. 581bg : Robert Louis Stevenson, Éditions Gallimard, 1980 (Collection Folio junior édition spéciale)/Socadis - p. 581hd : Jack London, Éditions Gallimard (Collection Folio junior édition spéciale)/Socadis - p. 581cd : Denis Côté, Éditions de la courte échelle inc., Montréal - p. 581bd : Jules Verne, Éditions Hachette/ Québec-Livres.

THÈME 19
p. 582h : A. Lorenzini-Édimédia/H12915 1/Publiphoto - p. 582b : Stock Imagery/Imagine/Réflexion - p. 583 : Pierre Bernier M.E.F./Publiphoto - p. 590 : Illustration de Gustave Doré - p. 609hg : Davis, Éditions Dargaud, 1996/DLM - p. 609bg : René Guillot, Éditions Hachette/ Québec-Livres - p. 609hd : Joël Champetier, Médiaspaul (Éditions Paulines) - Francine Pelletier, Médiaspaul (Éditions Paulines) - p. 609bd : Sonia Sarfati, Éditions de la courte échelle inc., Montréal.

THÈME 20
p. 610 : Jean F. Leblanc/Les FrancoFolies de Montréal, 1996 - p. 611g : SuperStock inc. - p. 611d, 613 : Ève-Lucie Bourque/Les Débrouillards - p. 630hg : Raymond Plante, Éditions du Boréal - p. 630bg : Marie-Francine Hébert, Éditions de la courte échelle inc., Montréal, 1990 - p. 630hd : David Schinkel et Yves Beauchesne, Éditions Pierre Tisseyre - p. 630bd : Jean-Marie Poupart, Éditions de la courte échelle inc., Montréal.